U0830910

21 世纪全国高职高专规划教材

新编公共关系教程

New Course of Public Relations

崔景茂　主编

胡戴新　王培俊　副主编

高　岚　韩凤芝　汪建刚　何　莉　张善智　郑　义　张　祎　陈时禄　参编

北京大学出版社
PEKING UNIVERSITY PRESS

内容简介

本教材围绕管理、营销、服务等领域从业人员的公关素质的培养要求，全面系统地介绍了公共关系的知识和技能体系，反映了时代特点，突出了实用性和实践性。本教材内容丰富、新颖，主要内容包括：公共关系基本概念、基本原理和工作流程；公关工作的目标策略、公众策略和传播策略；主体公关、客体公关、危机公关的基本要领；公关礼仪艺术、公关沟通艺术。

本书可供高职高专院校公共关系原理、礼仪、沟通等类型的课程使用，也可作为管理、服务领域职前公关素质的培养、培训教材。

图书在版编目（CIP）数据

新编公共关系教程/崔景茂主编．—2 版．—北京：北京大学出版社，2006.2
（21 世纪全国高职高专规划教材）
ISBN 978-7-301-08994-1

I．新… II．崔… III．公共关系学—教材 IV．C912.3

中国版本图书馆 CIP 数据核字（2005）第 035800 号

书　　名：新编公共关系教程
著作责任者：崔景茂　主编
责 任 编 辑：郭芳　高冠乔
标 准 书 号：ISBN 978-7-301-08994-1/C・0332
出　版　者：北京大学出版社
地　　址：北京市海淀区成府路 205 号　100871
电　　话：邮购部 62752015　发行部 62750672　编辑部 62765126　出版部 62754962
网　　址：http://www.pup.cn
电 子 信 箱：xxjs@pup.pku.edu.cn
印　刷　者：北京飞达印刷有限责任公司
发　行　者：北京大学出版社
经　销　者：新华书店
787 毫米×980 毫米　16 开本　15.5 印张　339 千字
2005 年 8 月第 1 版　2006 年 2 月第 2 版　2011 年 6 月第 2 版第10次印刷
定　　价：22.00 元

前　　言

随着我国改革开放和经济建设的发展，公关意识已经深入人心，公关应用正如火如荼，公关人才需求旺盛，因此，公关教育方兴未艾，不少高校设置了公共关系专业，公共关系课程成为热门课程；同时，各类公共关系专著和教科书也琳琅满目地摆上各类书架。但是，由于高职高专的教材建设尚处于起步阶段，现行教材难以满足高职高专高级技能型、应用型人才的培养要求。在这个背景下，我们组织了部分在高职院校长期从事专业教学的教师编写了这本适用教材。

本教材具有以下三点特色。

（1）贯彻了能力本位的思想。现行教材受传统本科的影响，多以学科为本位，围绕系统性做文章。近年来，部分高职高专院校尝试开发了一些教材，做出了有益的尝试，但是由于没有很好的把握公共关系课程的定位，教材仍缺乏高职教育的特色。高职高专的课程体系，是围绕职业核心技能设计的，课程教学为培养核心技能服务。目前国际公认有交流与合作能力、解决问题能力、应用技术能力、计算能力、组织能力、应用信息能力等六大核心技能。本教材把公共关系课程目标定位为培养学生“交流与合作”的核心技能，这种编写思路，是对学科本位教材模式的突破。

（2）知识体系具有时代特点。本教材参照 2004 年新版公关员职业国家标准（中级）的要求，整合了公关原理与实务、礼仪、沟通艺术三门课程，涵盖了公关原理、公关实务、公关礼仪、公关沟通四个板块的内容，从而形成了新的内容体系。本教材能够满足大学生学习公关基本理论，掌握公关活动策划、实施、礼仪交际、沟通协调等职业基本技能的要求。

（3）突出实用性和实践性。所谓实用性，是指知识体系围绕形成公关职业能力进行设计，力求对学生的职业生涯具有现实的指导意义；所谓实践性，是指知识体系来源于实践并能够指导实践，并且便于在教学过程中强化实训教学。为此，在编写过程中，编写人员走访了浪潮、华为、万友、三一通讯、六安西都时代广场等许多企业，多方了解职业人士在公关实际工作中的新探索，学习企业公关人才培训、培养经验，了解企业对公关人才培养的要求。

本教材由崔景茂主编并统稿，与副主编胡戴新、王培俊等共同研究确定编写大纲。本教材正式出版后，在全国高职高专院校中得到了广泛的采用，各院校老师在使用过程中提出了很多建设性的意见。因此，我们在总结自己教学经验并结合各地教学反馈的基础上，重新对本教材进行了修订。具体任务分配为：崔景茂（安徽工业经济职业技术学院）第一章、第六章第四节、第九章；张善智（安徽工业经济职业技术学院）第二章；高岚（安徽电气工程职业技术学院）第三、十二章；汪建刚（三联学院）第四章；王培俊（安徽职业技术学院）第五章；何莉（安徽财贸职业技术学院）第六章三节；韩凤芝（安徽国际商务职业技术学院）第七、八章；胡戴新（安徽财贸职业技术学院）第十章；张祎（安徽职业技术学院）第十一章；陈时禄（安徽水利水电职业技术学院）附录一；郑义（安徽工业经济职业技术学院）、张显萍（安徽工商职业技术学院）参与了本书第1版的编写。本教材编写得益于安徽省公共关系学会提供的活动平台，受到参编院校有关领导的关注与支持，北京大学出版社也为本书编写提供了优质的服务，编者在此表示感谢。

由于编者水平有限，书中难免存在错误和疏漏之处，敬请广大读者批评指正。

编　者

2006年1月

目　　录

第一章　公共关系导论

【学习目标】通过本章的学习，理解公共关系的基本含义、基本要素、基本职能和基本特征，初步把握公关工作的基本内容，概略了解公共关系学的性质、对象和任务，掌握本教程的学习目标和学习方法。

第一节　公共关系的概念

公共关系，是二十世纪初形成、发展的新生事物。随着公关的广泛应用和发展，公关又不断地被赋予新的含义，关于公关活动的研究也方兴未艾。很久以来，人们从各自的角度试图给公共关系下一个准确的定义，但由于公共关系具有丰富的内涵，人们各自有不同的理解，也就产生了诸多不同的定义。

一、公共关系含义

“公共关系”简称“公关”，从英文“Public Relations”翻译而来。Public 意思为公众、公共的，Relations 意为关系，其词根“relate”为动词，有关联、联系、联络的含义。公共关系英语缩写为 PR。公共关系这个概念至少可以归纳为六层含义。

1．公关是静态关系的集合。从静态角度考察，公共关系表现为各种公众关系的状态，包含社会组织与各种内部公众以及外部公众间的相互影响、相互作用的关系状态。任何社会组织不可避免地会和相关公众发生这样或那样的联系，这种与公众联系所呈现的状态就是公共关系。对社会组织而言，这种公共关系的状态是一种客观存在，直接影响着社会组织的生存与发展。

这种状态的集合构成了社会组织的公众关系，影响着组织的生存环境；关系的状态同时也是可以被认知并且可以改变的。组织可以通过科学的手段对这种关系状态进行监测和评估，并通过各种活动去改变和影响这种关系的状态，从而改善组织的生存环境。

2．公关是关系活动的集合。从动态的角度考察，公关是社会组织实施的各种与公众建立良好关系的传播与沟通活动的集合或总称。社会组织总是试图通过某种具体的手段去影响社会组织的相关公众，以期与公众保持良好的相互关系。这种与公众建立良好关系活动的总和就是公共关系。

这种含义赋予了公关以动态的、实践性的特点，现代公关产生以前，这些活动是自发地和不自觉地，称之为准公关。现代公关是指社会组织有意识、有组织、主动开展的各类与公众建立良好关系的活动。

3．公关是一种管理职能。从管理的角度来看，公关是一种特殊的管理职能。正如美国著名公共关系学者莱克斯·哈罗博士所言，这种管理职能帮助一个组织建立并保持与公众之间的交流、理解、认可与合作；它参与处理各种问题与事件；它帮助管理部门了解民意，并对之作出反应；它确定并强调企业为公众利益服务的责任；它作为社会趋势的监测者，帮助企业保持与社会同步；它使用有效的传播技能和研究方法作为基本工具。

4．公共关系是一种职业。公共关系作为一种职业和一门学科，最早产生于20世纪初的美国，20世纪80年代以后传入中国。现代公关工作的先驱之一——美国著名的公共关系顾问爱德华·伯内斯认为："公共关系是处理一个团体与公众（决定该团体活力的公众）之间的关系的职业。"目前，公关作为一门职业在全球范围被广泛认可，并有越来越多的人加入这种职业。从1999年起，国家劳动和社会保障部正式将公关列入中华人民共和国劳动大典，成为我国的一个新职业。职业名称定为公关员，随后又颁布了《公关员国家职业标准》。

5．公共关系是一门学科。随着公关活动的普及和影响的深入，以及职业的兴盛，研究这一人类实践的学术活动也应运而生。这就是公共关系学。公共关系学和公关活动一样，诞生于美国，并随着公关的传播，从美国走向世界，成为21世纪最有前途的学科之一。

6．公共关系是一种意识。公共关系作为一种思想和意识，是社会组织关于形象塑造、传播管理、关系协调的一种思考，已成为社会组织开展各种活动的基本思想和原则。社会组织只有树立了正确的公关意识，才能在竞争中取得优势，这包括建立良好的组织形象，营造组织发展的关系环境，强调自身利益、公众利益和社会利益和谐统一，实现共赢和长期发展。

二、公共关系的定义

公共关系有着丰富的含义，而对公共关系各种含义的不同理解，就产生了不同的公共关系定义，目前具有代表性的定义主要有以下几种。

1．关系说的定义。关系说把公共关系看作是关系的一种，因而其"属性"是"社会关系"。持这种观点的主要是东方的学者，由于翻译的原因，人们自然就把公共关系作为关系的一种来对待。这种观点认为，公共关系是一种中观层次的社会关系，指的是社会组织与公众的关系。日本公共关系专家田中宽次郎认为："公共关系就是良好的公共关系状态。"

2．活动说的定义。活动说把公关看成是关系活动（relate）的集合，强调的是建立关系的活动。具有代表性的是英国学者杰弗金斯的定义，他认为公共关系就是一个组织为了达到与它的公众之间了解的确定目标，而有计划地采用的一切向内和向外的传播方式的总和。美国普林斯顿大学蔡尔滋教授指出：“公共关系是我们所从事的各种活动、所发生的各种关系的统称——这些活动与关系都是公众性的，并且都有其社会意义。”

3. 职能说的定义。职能说注重公关活动职能，代表人物是美国著名公共关系学者莱克斯·哈罗博士。他认为：“公共关系是一种特殊的管理职能。它帮助一个组织建立并保持与公众之间的交流、理解、认可与合作；它参与处理各种问题与事件；它帮助管理部门了解民意，并对之作出反应；它确定并强调企业为公众利益服务的责任；它作为社会趋势的监测者，帮助企业保持与社会同步；它使用有效的传播技能和研究方法作为基本工具。”

4. 综合的功能性定义。这种观点更注重公关的价值功能，把公共关系看成是解决社会组织与公众关系的一种艺术或技术。例如，余明阳在《公共关系学》教材中认为：“公共关系是社会组织为了塑造组织形象，通过传播、沟通手段来影响公众的科学和艺术。”1978年8月在墨西哥城召开的公共关系国际会议上产生了《墨西哥宣言》，其中对公共关系的表达是：“公共关系是分析趋势、预测结果、劝导组织领导人以及执行有计划的行动纲领的艺术和科学。”

5. 本教程定义。公共关系的定义还有很多，尽管有着不同的表述，但明显有相同的要素。首先，各种定义都承认公共关系是主体、客体之间的关系活动，是主体有计划的传播与沟通活动；其次，都认为公共关系需要通过传播、沟通的手段；再次，公关活动的目标是在主体与公众之间建立相互了解与相互合作的关系。

综上所述，本教程认为，公共关系是社会组织为了达到与公众之间相互了解与合作的既定目标，而有计划实施的传播与沟通活动的总和。

三、公共关系的基本要素

根据上述公共关系的定义，可以很清楚的看到公关活动的三个基本要素，即公共关系主体、公共关系客体和公共关系手段。

1. 公共关系的主体是社会组织。公共关系中的“关系”不是指以个体为支点的人际关系。公共关系中也包括人际关系，但是它的主体定位不应在个人的层面上，而应在社会组织的层面上。

2. 公共关系的客体是公众。社会组织总要与公众相关。公众的观点、态度和行为决定了这个组织的成败，组织必须和他们建立有效的沟通，争取公众的了解、信任与合作。社会组织的公众并不是整齐划一的，不同的公众对组织的影响也是不同的。社会组织必须对不同的公众进行研究和分析，制定不同的策略，开展相应的活动。

3. 公共关系的手段是传播沟通。公共关系要达到自己的目标，必须借助各种传播和沟通手段，包括信息技术、传播媒体和沟通方法来实现。在知识经济的年代、在信息爆炸的环境中、在全球经济一体化的条件下，组织和公众之间的传播沟通活动越来越频繁，掌握各种传播手段，强化组织的传播沟通能力非常重要。

四、公关工作的基本内容

由公共关系的基本要素，派生出公关工作的三大基本内容，也称为三大基本方法。它包括对主体的形象塑造、对客体的关系协调以及传播与沟通的手段运用。

1. 形象塑造。塑造社会组织良好的公众形象，是社会组织公共关系的主要内容之一。形象塑造包括塑造良好的组织形象、组织领导形象以及设计并导入组织行为识别系统，主要内容是社会组织的形象塑造，核心是组织行为识别系统。这一部分内容将在“公关目标策略”一章中详细讨论。

2. 关系协调。建立与公众的良好关系，促进与公众的了解与合作，是公共关系的另一个主要内容。具体工作包括内部关系的协调和外部关系的协调。对公众的研究与分析安排在“公关公众策略”一章中讨论，而公众关系的协调安排在“客体公关要领中”一章中讨论。

3. 传播与沟通。传播与沟通是公关工作的基本手段，也是公关工作的主要内容。公关传播是带有明确目的性的传播，它的总目标是树立、改善组织形象，形成有利的舆论环境，获得各界的支持。公关沟通也具有明确的目的性，它的目标是在沟通双方之间建立相对固定的、双向的、有效的沟通机制，并通过有效沟通，促进组织与公众之间的了解与合作。关于传播的概念和基本方法安排在第六章“公关传播策略”一章中学习；与不同的对象进行沟通的要领则安排在“主体公关要领”和“客体公关要领”等相关章节中学习；沟通的艺术与技巧，安排在“公关沟通艺术”一章中学习。

第二节　公共关系的职能、原则、特征

公共关系的职能是指公共关系作为社会组织的有效管理手段所应当承担的任务和发挥的作用；同时公共关系作为一门职业和工作门类，必须遵循共同的基本原则，这是开展公关活动的前提；公关工作的特征是组织开展公关活动过程所呈现的独特的行为标志。

一、公共关系的职能

公共关系的职能经历了一个不断演变、发展的历史过程，最初它只是一种简单的宣传活动，发展到今天已成为一个多元化、多层次的体系，主要包括以下几个方面。

1. 采集信息、监测环境。采集信息、监测环境是公共关系的首要职能。公共关系要通过各种调查研究的方法，收集信息、监视环境、反馈舆论、预测趋势、评估效果，以帮助

组织对复杂、多变的公众环境保持高度的敏感性，维持组织与整个社会环境之间的动态平衡；还要通过这种职能，为组织的建立预警系统，以便组织在面临危机时能够从容应对、化险为夷。

采集信息是公关工作的必要前提。在信息社会中，信息已成为公认的巨大资源，不采集信息，公共关系就成了无米之炊。监测环境，是实现公关目标的保证。所谓监测环境，是指观察和预测影响组织目标实现的公众情况和各种社会环境的情况，使组织对环境的发展变化保持清醒的头脑和敏锐的感觉以便做出灵敏的反应。

2. 咨询建议、参与决策。咨询建议、参与决策是公共关系最有价值的职能。1978 年在墨西哥召开的世界公共关系大会上提出的公共关系定义，着重强调了公共关系咨询建议、参与决策的职能。

公共关系的咨询建议就是指组织公关人员向决策层和各管理部门提供公共关系方面的意见和建议，使决策更加科学化、系统化，并照顾到社会公众的利益。咨询建议的主要内容包括对本组织内部方针、政策和行动提供咨询意见，对本组织公共关系战略、经营销售战略和广告宣传战略、CIS 战略、组织文化战略提供咨询意见，对组织生存环境的有关发展变化进行预测和咨询等。

公关人员不仅要向组织提出一般的咨询建议，而且要尽可能地参与决策，为领导决策提供必要的信息建议，直接影响决策过程，这才是公关咨询建议的最高形式。

3. 传播沟通、协调关系。传播沟通、协调关系也是公共关系的基本手段和主要工作内容。从某种意义上说，没有传播沟通和协调关系，公共关系就无从谈起。

传播沟通职能主要体现在两个方面：一是组织运用传播沟通的手段同公众进行双向交流，与公众交心，赢得公众的信任和支持；二是顺时造势，实现舆论导向，通过策划新闻、公关广告、专题活动等手段，制造声势，提高组织的知名度与美誉度，为组织创造良好的舆论环境。

公共关系中的协调是在沟通的基础上，经过调整，达到组织与公众互惠互利的和谐发展。协调关系分为广义协调和狭义协调。广义协调不仅包括组织内部的协调，而且包括组织对外的协调，如组织与政府、社区、消费者等的协调活动。狭义协调主要是指组织内部的协调，如组织内部上下级之间的协调，组织内部同一层次中的各部门、各单位之间的关系协调。内求团结，外求和谐，是公关协调工作的宗旨。

4. 教育引导、培育市场。教育引导、培育市场是公共关系的延伸职能。公共关系要发挥它的基本职能，即采集信息、监测环境、咨询建议、参与决策，传播沟通、协调关系，达到内求团结、外求发展的目标，就必须对公众进行教育引导，培育市场。组织公共关系的教育引导职能主要表现在对内、对外两个方面。

对内，公共关系的主要职能是传播公关意识，传播公共关系的思想和技巧，进行知识更新，不仅要对每个员工进行教育引导，也要说服组织领导接受公共关系思想。对外，组织公共关系主要是对公众进行教育引导。例如对企业精神、企业行为认同的引导，消费观念、服务模式的引导等。

此外，组织产品和服务领域的开拓，离不开公关的参与。随着科技的突飞猛进、产品的极大丰富，需要公共关系来培育市场；公共关系还需要不断对公众进行商品知识、消费知识、安全保险等方面的教育和引导，使公众与组织的认知保持同步。

二、公共关系的原则

公共关系的原则是指公共关系组织或公关人员在公关活动中应遵循的基本信条，是人们在长期的公共关系实践中总结形成的，包括以下几个方面。

1．真实性原则。它是公共关系的基本原则，也是对公共关系人员根本的道德要求，是公共关系的生命。公共关系为组织树立信誉的大部分工作是信息传递工作。公共关系传递信息的首要原则是真实可信，绝对不能有任何虚假，如果公共关系传递信息的真实性受到怀疑，公关工作就很难取得预期的效果，甚至适得其反。

真实性原则首先要求组织在开展公关活动时，必须建立在组织良好行为和掌握事实的基础之上，向公众如实传递有关组织的信息，同时向组织决策者如实传递有关公众的信息。

真实性原则还要求公共关系为组织提供真实的信息。信息是组织决策的依据，是组织经营等活动有秩序进行的手段，失真的信息会造成对组织真实形象的错误估量，会使组织目标决策走向歧途。

2．平等互惠原则。它是公共关系的核心原则，平等互惠原则是指公关活动要兼顾组织与公众双方面的利益，在平等的地位上使双方互利互惠。社会组织在开展公关活动中，要注意信守平等互惠原则。

公关活动必须遵守平等互惠的原则，不能单纯追求组织单方面的利益。只有在公众也同样受惠的前提下，才可能得到公众的支持和合作。事实上，任何一种良好的社会关系要得到维护和发展，都必须对双方有利。公共关系强调主体和客体平等的权利和义务，尊重双方的共同利益和各自独立的利益，谋求本组织利益与相关公众利益的平衡协调并促成组织运作与环境达成自动平衡。

公共关系必须信守组织与自己的公众对象共同发展、平等相处、互利互惠、共存共荣的坚定信念。公共关系必须以公众为本，一个失去了公众的组织也就丧失了生存的环境。所以，组织在与公众交往沟通的过程中，应从公众利益出发，真诚地对待公众，设身处地为公众着想，以公正平等的态度为人处世。

公共关系应当把公众利益放在首位。平等互惠原则不能片面地理解为简单对等的原则，平等互惠原则的基点，就是要把公众利益作为首要因素来考虑，把能否满足公众利益作为衡量公关效果的重要尺度。公共关系强调对公众和社会负责：对公众负责，即对由组织行为引起的特殊社会群体负责；对社会负责，是要为解决人们共同面临的社会问题而分担责任。这就需要组织把自身的运行建立在满足公众利益的前提下，关心由组织行为引起的问题以及由此涉及的公众利益。从长远看，把公众利益放在首位，是对组织生存环境的维护，符合组织的发展战略，是一种重要的公关投资。

3．整体一致原则。整体一致原则是指社会组织在开展公关活动时，要站在“社会”的高度，对由活动可能产生的对社会经济效益、社会生态效益及社会精神文明建设等几方面的影响综合起来统一考虑，使诸方面均符合公众的长期利益和根本利益。

社会整体效益一致原则，要求公共关系在关注组织自身经济效益的同时，还要兼顾社会经济效益、社会生态效益、精神文明建设等社会经济文化发展要求。

首先，社会经济效益要求组织的各种经济活动必须自觉地置于社会利益的控制和监督之下。当企业经济效益与社会经济效益发生矛盾时，应当服从大局。其次，社会生态效益要求组织在自身的运行中，注意保护周围良好的环境，避免对生态环境产生不良影响。再次，任何组织都是社会的一员，不仅为社会提供物质产品和服务，它的经营作风、产品设计装潢、职工精神面貌等还影响着社会精神文明生产。所以，组织的整体效益还要包括促进精神文明建设的内容，企业的各种活动都要有利于人民身心健康。

4．全员公关原则。它是指一个组织公关工作的开展，不仅要依靠专职公关机构和公关人员的不懈努力，而且要赖于组织各部门和全体员工的配合，要求组织的全体成员都注意树立公共关系观念，都要关注并参与公关工作，都要为公关工作做出贡献。

组织形象是通过组织所有人员的集体行为表现出来的，是组织内个人形象的总和。每一个成员与外界发生联系时，其个人形象直接体现组织的整体形象和风貌。因此组织的每位员工在对外交往时都必须注意自己的形象，从而维护甚至扩展组织的形象。

公共关系必须以公众利益为基准点，每个组织的成员在对本组织负责的同时，同时要对公众和社会负责，所以说，公共关系不仅仅是公关人员的事，还是全体员工的事。

全员公关要求在组织内部形成浓厚的公共关系观念、得到最高领导层的支持以及全体成员的配合，这样才能使公关成为一个系统工程，发挥公共关系的最大价值。

5．诚实守信原则。诚实守信是传统社会和商业社会对社会成员共同的道德要求，是社会正常运行的基石、是法制的基石、和谐社会的基石。

诚实守信，是我国传统的古训。长期以来，人们一直将诚实与守信并提，其实，诚实与守信是两个概念，相提并论往往削弱了守信的重要内涵。诚实就是上面所讲的真实性原则，只是解决是什么的问题；守信则是回答如何做的问题。例如，当你听到一个人对你说“对不起，我不能来了”，那么这个人肯定是诚实的，但未必是守信的。

无论在哪种社会形态，做都比说更重要。西方的文化虽然与我国的文化背景在许多方面不同，但是在守信的要求上是相通的。守信原则在市场经济环境下，就是要求“货真价实、童叟无欺”，“诚招天下客，信揽四方财”。

实际上，市场经济本身就是一种信用经济，参与市场经济的各主体之间若没有诚实守信的行为，市场经济就失去了根基。因而，建立信用经济，树立守信的社会风气势在必行。所以，诚实守信的原则，也是经济建设和社会发展的需要。

三、公共关系的特征

公共关系的特征，是指公共关系活动所特有的行为特征，也是公共关系活动的个性特点。概括起来，大致表现在以下六个方面。

1．以社会公众为工作对象。公共关系特指一定的社会组织与其公众之间的相互关系。公共关系与一般的人际关系不同。人际关系以个人为支点，是个人之间的线性关系；公共关系以组织为支点，是组织与其公众结成的网状关系。组织必须坚持着眼于自己的公众，才能生存和发展。公关活动的工作对象一刻也离不开公众。

2．以塑造形象为核心目标。公共关系的基本目标包括塑造形象、关系协调和传播管理，而形象塑造是核心目标。塑造形象是公共关系的核心问题，组织通过各种公关活动，设计形象、塑造形象、传播形象，有效地提高自身的知名度和美誉度，同时良好的组织形象也有利于拓展社会组织的生存空间和竞争能力。

3．以双向的传播沟通为工作手段。双向的传播沟通作为工作方法和手段，是公共关系区别于一般管理职能的重要方面，也是它与单纯的宣传、广告的区别之处。在组织与公众之间，一方面组织应策划对外传播，使公众认识、了解自己；另一方面，它又要吸取舆论民意以调整、改善自身。只有这样达成有效的双向意见沟通，才能使组织与公众在交流沟通、共享信息的基础上增进了解、理解和加强合作。

4．以互惠互利为工作原则。从根本上说，公共关系的内在驱动力是双方的利益要求。所以，公共关系应当处理好组织利益与公众利益之间的关系，使二者的利益都得以最大化，达到利益上的平衡。公共关系要与公众建立一种情感融洽、富有职业道德的相互了解、相互合作的关系，达到一种双赢的结果。

5．以真实诚恳为工作信条。公共关系塑造组织形象，必须奉行真实的信条、倡导诚恳的作风。真实的传播、善意的协调、友好的交往，才能在公众心目中产生信任感，才能赢得公众自觉的合作。反之，任何一种虚假的信息传播、生硬刻板的接待服务，甚至居心叵测的交往，都将使组织形象受损，是公关工作的大忌。

6．以注重长远为工作方针。注重长远是公共关系的基本方针。组织与公众间的良好关系，是长久的积累；关系的保持，更需要长期的不懈努力。“未雨绸缪”是公共关系注重长远工作方针的写照。公共关系与商品广告、市场推销不同，商品广告、市场推销的目标是直接的、局部的、战术性的，因而是短期的；公共关系的目标则是间接的、全面的、战略性的，公共关系更注重长远利益。公关活动是推广组织、塑造品牌，所以必须坚持注重长远的工作方针。

第三节　学科介绍、概念辨析与学习建议

公共关系作为一个职业门类已有百年的历史，公共关系学作为一门综合性的新兴学科，虽然已经具备较为系统的学科体系，但随着公关服务领域的扩大以及新技术手段的采用，必然有很多新的问题有待于人们进一步认识、探索。

一、公共关系学的概念

公共关系学是研究公关活动及其规律的科学，是一门综合性很强，具有应用性、交叉性和边缘性的独立学科。

1. 综合性、边缘性的特点。公共关系学是在广泛地吸收和融合大量社会科学理论的基础上构建而成的新兴学科。它以心理学、社会学、社会心理学、管理学、组织环境学、行为学、人际关系学、信息论等学科的相关理论为基础，应用了语言学、市场学、广告学、传播学、演讲学、写作学、谈判学等学科的相关方法和技巧，并借鉴了政治学、经济学、哲学、法学等科学的某些理论，因此，它是一门多学科相互渗透、兼容并蓄的综合性边缘学科。

2. 交叉性的特点。公共关系学的研究领域包括公关口才、公关演讲、公关谈判、公关礼仪、公关写作、公关策划、公关调查、公关信息、公关伦理、公关语言等，这类研究所探讨的内容基本上是公共关系原理与其他相关学科知识的结合，具有交叉学科的特性。

3. 应用性的特点。公共关系学紧密结合的应用，先有实践后有理论，理论滞后于实践。且学科紧紧围绕应用，研究解决公共关系实践的问题。

4. 公共关系学是一门独立的学科。公共关系学有着自身的研究对象，那就是公共关系的客体——公众；有着独特的研究目标，即与公众的沟通、关系的协调以及形象的塑造、品牌的打造；研究的核心理论是双向的传播与沟通，这也是学科理论的精髓；研究的内容涵盖社会组织、公众、传播与沟通、公关活动、公关历史等。

二、公共关系学的研究任务

公共关系学是一门新兴学科，其学科任务是研究公共关系要素及其作用机制和活动规律，具体包含以下几个方面。

1. 公关史的研究。它是指对公共关系发展的历史进行研究，目的是总结公共关系产生的历史条件和经济、技术的基础，揭示规律性的东西，从而指导我们营造公共关系的生存与发展环境，使公共关系更好地为生产、生活、建设和发展服务。

2. 公共关系基本理论的研究。研究内容包括基本要素、基本特征、职能和功能、基本原则、基本手段、基本程序等，基本理论的研究能够丰富、发展和完善公共关系理论体系，

为公共关系学科建设服务。

3．公共关系实践研究。它的目的在于探讨公共关系活动的规律，突出公共关系的应用和实践，丰富公共关系技巧，提高公关活动的效率。

4．相关技术、相关学科的关联研究。它是研究与公关活动密切相关的人类活动和相关的学科和技术，用以丰富公共关系的手段，提高公关活动的水平。

5．促进和谐社会的研究。公共关系是一门内求团结、外求发展的艺术。公共关系所追求的内部团结、外部认同的目标，就是一种发展的和谐；换言之，公共关系也是社会发展的和谐艺术。加强理论研究，为建立社会主义和谐社会提供理论和方法无疑是当代公共关系学的新使命。

三、公共关系概念辨析

由于公共关系在20世纪80年代才传入我国，时间不长，目前虽然已经得到长足的发展，但是在社会中还是存在很多误解，甚至存在庸俗化的理解。这里有必要进行相关概念的辨析，促进人们正确理解公共关系的真正含义。

（一）公共关系与人际关系

公共关系与人际关系是有密切联系的。首先，人际关系是公共关系的基础。无论社会组织还是公众，都是由具体的人组成的，没有人际关系的基础，就谈不上公共关系。其次，人际关系是公共关系的手段之一。社会组织的公关目标是靠人的活动来完成的，需要人际关系的铺垫。再次，公共关系的原理普遍适用于人际关系，同时，组织的公共关系状态会同时影响双方的个体成员关系的演变。

公共关系与人际关系也有很大的区别。第一，层次不同。从社会关系的层次上来说，公共关系属于社会关系的中观层次，即社会组织与公众的关系；而人际关系是社会关系的微观层次，是公民个体间的关系。第二，主体不同。公关的主体通常是组织，人际关系的主体都是个人。第三，处理内容不同。公共关系处理的是公众事务；人际关系处理的完全是私人事务。第四，交流范围不同。公关强调远距离、大范围的公众沟通，而人际关系则局限于面对面、个人对个人的交流。第五，传播手段不同。公关活动是对传播方式和手段的综合运用。公关传播既要用大众传播的手段和方法，又要开展各种专门的公关活动来建立和协调与公众之间的良好关系，还要运用人际交往中的人际传播手段；而人际关系的传播，则很少使用大众传媒，绝大部分都是采用人际传播的方法。

（二）公共关系与广告

公共关系与广告的共同之处在于，它们都是以公众为对象，都是通过传播来实现与对象公众的交流。二者是有联系的，广告可以是公共关系的工具，例如公共关系广告，公共关系经常起到广告的作用，好的公共关系会营造一个好的消费市场。

公共关系与广告的不同之处在于，两者有明显的区别。第一，目的不同。广告的直接目的是推销商品、服务或消费观念，它更多的被工商企业所使用。公共关系的目的是为了通过公关活动树立形象、打造品牌，增进组织与内外部公众的了解，为组织的发展创造良好的生存和发展空间，公共关系可以被一切社会组织所采用。第二，作用方式不同。公共关系的作用是潜进的、缓慢的，而广告的作用则是明显的、轰炸的。第三，公共关系强调感染力，而广告强调冲击力。第四，公关活动的周期长、持续时间久，而广告宣传的周期与被宣传产品的寿命周期有关，一则特定的广告通常只是在一定的时期内使用。

（三）公共关系与传播

公共关系与传播有不解之缘。第一，公共关系学与传播的相同之处就是都以公众作为其对象。第二，公共关系职业源于传播，最早的公关专家多是记者、传播专家。第三，公共关系的过程就是公共关系的主体—组织与公共关系的客体—公众之间的一种信息传递活动和信息交流过程。第四，传播是公共关系主体和客体之间的桥梁和媒介，或者说是公共关系的工具。公共关系中的传播是主体和客体之间的交互过程，因此公共关系中的传播必须是双向的传播，并且十分重视信息传递后的反馈过程。

公共关系与传播又有显著的区别。第一，两者研究的侧重点不同。传播研究的是传播现象和传播活动规律，涉及传播原理、大众媒介、新闻理论、新闻业务等。公共关系则是运用传播的原理，进行信息的传播和沟通，为公共关系的目标服务。第二，传播是公共关系的工具，而公共关系并不是传播的工具。

（四）公共关系与营销

公关与营销有共同点。首先，两者都对组织的发展起着重要的作用，尤其是对于企业的发展；其次，两者还对销售产生作用，有时还相互包容、相互渗透。公关关系与营销又有很大差别。第一，二者具有不同的职能，营销的职能是开拓市场、销售产品、取得利润；公关的职能则是传播沟通、打造品牌、赢得公众；第二，营销对市场的影响是迅速和短暂的，公关对市场的影响则是缓慢和持久的；第三，营销的指向是具体的产品，公关的指向是企业的价值；第四，营销主要运做的是有形资产，是直接的销售，而公关作为营销的策略和手段，主要运做无形资产，是一种间接的促销。

四、公共关系教程的学习建议

公共关系是一门实践性很强的学问，学习时必须把握学习者的主体定位，注意理论联系实际，同时注重综合学习和训练，广泛涉猎其他相关学科，掌握相关的技术和技巧。

1．搞好主体定位。主体，就是学习者；定位是指确定学习者的地位和作用。首先，学生必须将自己定位为学习的主体，即我自己要学习，而不是老师或者家长要自己学习，学生要在教师的指导下，自我完成知识建构和主动进行技能的训练。其次，学生必须进行角色定位，将自己定位为公共关系及其相关行业的从业人员，而学习的目的是获得相应知识和能力，为将来的职业活动和职业生涯服务。

2．要注意理论结合实践。要全面、系统地学习课程的内容，还要注意充分联系实际，积极参加社会实践，注意配合课堂教学活动，并重点掌握礼仪知识和沟通技巧，提高公关策划能力、传播沟通能力、开展公关活动的能力、处理日常事务的能力。

3．注重综合学习和训练。学习公共关系，不但要听课、自学以及进行社会实践，还要结合新闻、传播、广告、管理、营销、心理等课程的学习，将各科的理论与实践与公共关系的理论与实践结合起来，融会贯通。此外，要提高公关的职业能力，还要提高自己的信息技术运用水平以及信息检索和知识管理的能力。

4．在完成本教程的学习后，建议大家参加公关员国家职业资格的统一考试，获得初级或中级公关员国家职业资格证书，以提高择业竞争力和就业质量。

【本章小结】

公关有着丰富的含义。首先，从静态角度考察，公关表现为各种公众关系的状态；从动态角度考察，公关是各种与公众建立良好关系的传播与沟通活动的集合或总称。其次，从管理的角度来看，公关还作为一种特殊的管理职能；同时公关是一种职业、一门学科、一种意识。本教程认为，公共关系是社会组织为了达到与公众之间相互了解与合作的既定目标，而有计划实施的传播与沟通活动的总和。

本章还重点介绍了公关活动的三个基本要素、三项基本内容以及它的基本职能、基本原则和基本特征。

公共关系是一门实践性很强的学问，学生在学习时应注意把握好自己的定位，做到理论联系实际，注重综合学习和训练，还要掌握礼仪知识和沟通技巧，掌握现代信息技术手段。建议学完本课程后，参加公关员国家职业资格统一考试，取得职业资格证书。

【本章思考】

1．公共关系有哪些基本含义？请你为公共关系下一个定义。

2．公共关系有哪些基本要素？

3．公共关系有哪些工作内容？

4．公共关系有哪些基本原则和特征？如何理解？

5．你希望从本课程中学到什么内容？谈谈你学习公共关系教程的打算。

第二章　公共关系的职业概况

【学习目标】通过本章的学习，了解公共关系的主要历史事件和主要人物，以及公共关系在中国的发展；了解当代公关职业发展概况、职业规范及其对从业人员的素质要求。

第一节　公共关系历史上的主要人物和事件

现代公关作为一种专门化的社会职业，其发展至今不过百年的时间。20 世纪初，公共关系作为一门职业而出现；20 世纪 20 年代，公共关系形成了一门新的学科。随着市场体系的发育和成熟、民主政治的建构以及大众传播技术的不断发展，公共关系已经逐渐成为现代社会不可缺少的一种社会活动。

一、公共关系在美国的兴起

公共关系作为一种社会关系和社会现象，是伴随着人类社会交往活动的出现而出现的，和人类社会的历史一样久远。但是古代的公共关系并不是自觉的行为，人们只是根据常识或直觉去做，缺乏先进的传播手段，主要形式是人际传播，传播的范围也很小，具有自发性、经验性和低层次性的特点。于是，人们称古代的公共关系活动为“朴素的公共关系”，也称“准公关”或“类公关”。

现代意义上的公共关系最早出现在美国，并且在美国得到了最为广泛的发展。在美国的独立战争中，独立运动的领导人利用集会、游行、展览、庆祝等机会，以诗歌、漫画、雕像等手段，宣传自己的政见，号召人民起来赶走英国殖民者。在美国独立以后的总统竞选活动中，现代公关中常见的一些手法已经被普遍采用，如利用报刊、小册子宣传自己的政治主张，利用与选民见面、握手等机会与民众联络感情，最终达到拉选票的目的。

（一）巴纳姆时期

近代公共关系的萌芽出现在 19 世纪 30 年代，以美国的“报刊宣传运动”为标志。当时随着经济的繁荣、技术的发达，大众传播事业也获得了长足的进展。1833 年，《纽约太阳报》创办了廉价报纸——便士报，即只用一便士即可购得一份报纸，以通俗、廉价为手段，尽力扩大订户，以便在竞争中处于优势地位。《纽约太阳报》的这一举措得到了其他报纸的呼应，使许多普通民众也可以买得起报纸，因而使报纸的发行量大增，进入千家万户。但是，报纸售价的降低导致报刊上广告费的大幅度上升。这时一些大公司为了节省广告费用，便雇佣了大批专门人员，在报刊上制造煽动性新闻，为自己的产品或服务进行宣传，以此来扩大影响。有些报纸为了迎合下层民众的阅读心理，也乐意刊登这类新闻，两相配合，就出现了所谓的"报刊宣传运动"。

当时许多企业雇佣的报刊宣传员，编造了大量离奇的新闻，以便引起公众对自己及他们所代表的组织的关注。而最具有代表性的宣传员就是受雇于纽约一家马戏团的菲尼斯·泰勒·巴纳姆。他一改常规的方式，不是直接去宣传马戏团的演出如何精彩，而是说马戏团有一名黑人女仆海斯已经160多岁，曾经养育过美国第一任总统华盛顿。在报纸发表了这一耸人听闻的"新闻"以后，他又借用不同的笔名向其他报刊寄去许多"读者来信"，有的说人不能活160岁，巴纳姆是个骗子；有的说巴纳姆发现了海斯是一大功劳。人为地炒热这一"新闻"引起了公众的好奇心，使公众纷纷要求到马戏团一睹海斯的风采，为马戏团引来大量的顾客。但是很巧，不久海斯就去世了，人们对她进行了尸体解剖，确定她最多不超过80岁。一时舆论哗然，人们纷纷谴责巴纳姆是个骗子，可是他竟厚颜无耻地说："凡宣传皆是好事，只要别把他的名字拼错了。"

在报刊宣传运动时代，每个报刊宣传员在争取顾客的关注时，都是不择手段地制造神话，甚至不惜愚弄公众。他们只顾为企业赚钱，完全不顾公众的利益，甚至公开嘲笑、谩骂公众。美国铁路大王范比尔德一次在接见记者时竟说"让公众见鬼去罢！"这话在很大程度上代表了那个时代资产者及其代理人的心态。由于他们并没有认识公众的作用，以公众利益为出发点，所以，报刊宣传运动还不是真正意义上的公共关系。从思想实质上来看，这时期实际上是一个反公众、反公关的时期。不过，当时巴纳姆等人运用报刊等大众传播媒介为组织进行宣传，已经具有了现代公关活动的萌芽。

（二）艾维•李时期

19世纪末至20世纪初，以美国为首的西方资本主义国家相继进行了垄断阶段。以美国为例，占人口1%的资本家却控制了国家全部财富的54%。垄断资本家的强取豪夺极大地激化了劳资关系和社会矛盾，社会危机日益加深。一方面表现为一浪高过一浪的工人运动，另一方面则是引起了大批具有社会良知的知识分子利用新闻媒介对垄断资本家进行强烈的抨击，掀起了一场旷日持久的"揭丑运动"（又称"扒粪运动"、"清垃圾运动"）。

20世纪初，美国相继出现了几家新闻宣传公司，面向社会组织提供新闻宣传服务，这些新闻宣传活动都可以看成是早期的公关活动。不过很遗憾，他们都没有将活动坚持到底，更没有提出现代公共关系的理念，使它发展为一门独立的学科。而完成这一历史使命的任务的是被尊为"公共关系之父"的艾维·李（Ivy Lee）。

艾维·李（1877—1934年）是美国佐治亚州一个牧师的儿子，毕业于普林斯顿大学，就学于哈佛大学法学院。他曾经是《纽约时报》和《纽约世界报》记者，1903 年，艾维 • 李辞去了《纽约世界报》记者的职务，开始投身于公共关系方面的工作。1904 年，他与资深记者乔治 • 帕克一起，创立了美国第三家宣传事务顾问所，为一些企业家和政治家进行形象方面的宣传。艾维 • 李认为，解决企业的形象危机最好的办法是把事实的真相告诉新闻界，采取信息公开的政策，这样不仅可以消除误会，还可以促进企业完善自己。艾维 • 李坚持自己的信念开展公众工作，使他的公司成为公共关系公司的前身，公共关系从此进入了职业化时期。

1906 年，美国无烟煤矿业发生了工人大罢工，劳资双方尖锐对立。艾维 •李临危受命，负责为煤矿主处理这起严重的事故。他提出了两个先决条件，一是必须有权参加行业最高决策者的相关会议；二是在必要时有权向社会公开全部事实的真相。在这两条的基础上，艾维 • 李公布了一个《原则宣言》，提出了处理企业与公众关系的“公开管理原则”。这一原则的提出，彻底改变了过去企业宣传愚弄公众，欺骗新闻界的传统，为日后公共关系的进一步发展奠定了良好的基础。他一改过去企业界蔑视公众，回避记者的工作方法，积极地向报界提供各种有关的资料，以便公众能够获得和他们利益有关的情报，通过沟通来改变企业在公众心目中的形象。专家认为，《原则宣言》的提出，标志着公共关系进入了一个新的阶段，是现代公共关系真正的开端。

艾维 • 李的公关实践，为日后公共关系的发展奠定了基础，他从事公关工作的原则是“公众必须迅速被告知”和“向公众说真话”，使公共关系走上了一条正确的道路。不过在艾维•李时代，公共关系尚处于开端时期，它仅仅是一种艺术，尚未成为一门科学。艾维 • 李本人以及他的同事们，大多是从新闻记者改行过来的，他们都还是运用新闻记者的经验或直觉去开展工作。

（三）爱德华 • 伯尼斯时期

美国学者爱德华 • 伯尼斯以其杰出的研究，成为公共关系学的创始人，使公共关系进入了科学化阶段。伯尼斯是奥地利籍的美国人，他的妻子多丽丝 • 弗雷奇曼也是一位著名的公共关系专家，夫妻双方共同经营他们自己的公司——爱德华 • 伯尼斯公共关系咨询公司，为许多大公司、政府机构及美国总统提供咨询，直到 1965 年他退出公共关系第一线。

伯尼斯和艾维 • 李有一点不同，即他更注重公共关系理论的研究，他逐渐转向了教学和研究工作，并于 1923 年出版了《公众舆论之形成》一书。这是第一部研究公共关系理论的专著，因而被视为公关发展史上的一个里程碑。在这本书中，他对公共关系的实践进行了系统的研究，使之形成一整套理论。他提出了“投公众所好”的根本原则，主张一个企业或组织在决策之前，就应首先了解公众喜好什么，需要什么，在确定公众的价值取向以后，再有目的地从事宣传工作，以便迎和公众的需要。伯尼斯的思想比艾维 • 李前进了一步，不仅是在事情已经发生之后去对公众说真话，而且要求企业通过公众的调查，根据公众的态度开展公关工作。同时，他将艾维 • 李的活动与 1897 年美国《铁路文献年鉴》中出现的“公共关系”一词结合了起来，使这一词语具有了科学的含义，并在社会上流行开来。从此，公共关系正式从新闻领域分离出来，成为一门独立而又系统的管理科学。1928 年，他出版了《舆论》一书。1952 年，伯尼斯又编写了一本教材《公共关系学》，对公共关系理论进行了更为系统、详尽的阐述和发挥。

1952 年，美国著名学者斯科特·卡特里普和阿伦·森特，合作出版了一本公共关系学方面的权威著作——《有效的公共关系》。在这本书中，他们提出了“双向对称”的公关模式。这种公关理论比伯尼斯又进了一步，因为它把公共关系看成了组织与公众之间的一个互动的过程，这才是现代公共关系的真正本质。《有效的公共关系》一书提出的“四步工作法”，成为公关工作中最重要的工作流程。至此，现代公共关系学的理论框架基本构成，进入了它的成熟阶段。此后公共关系的技巧虽然不断发展，但体系基本稳定下来。特别难能可贵的是，卡特里普和他的学生们，根据全世界公共关系的发展，不断对自己的著作进行修订。2000 年，格伦·布鲁姆也加入这一工作，该书已经修订了 8 版，成为公共关系领域最具权威性的教科书，被后人誉为“公关圣经”。

二、公共关系在世界的传播

（一）公共关系在美国的高速发展

自 1960 年，美国公共关系的从业人员达到了 10 万人，有职业公关公司 1350 家，75%的企业设立了公关部。而到了 1985 年，公共关系从业人员达到 15 万人，公关公司超过 2000 家，85%的企业设立了公关部或长期外聘公关顾问。例如，美国最大的公关公司之一的伟达公司，已有 50 多年的历史，雇佣 2000 多名员工，在全世界设有 52 个办事处和 67 家联营公司，1986 年的年收入就达到了 1.2 亿美元。可以说在现代美国社会，任何一个组织离开了公共关系都将寸步难行。

（二）公共关系在其他国家和地区传播

1948 年英国成立公共关系协会，该协会在英联邦的 50 多个国家和地区拥有 2500 个会员。1967 年，英国公共关系顾问协会成立，至今已有 170 多家分支机构。1955 年法国公共关系协会成立。大约在同时，德国、意大利、荷兰、挪威等西欧国家的公共关系也相继发展起来。1940 年，公共关系传入加拿大。1947 年公共关系传入日本。1964 年日本公共关系协会成立。20 世纪 50 年代以后，公共关系的思想和实践也开始传入第三世界国家，在东南亚、拉美和非洲各国生根开花。

（三）国际公共关系行业协会纷纷成立

1955 年，国际公共关系协会（IPRA）在伦敦成立，当时有会员 20 多个，出版《国际公共关系协会通讯》和《国际公共关系评论》两本杂志。随着该组织会员不断增加，逐渐成为了世界上最大的公共关系协会。现在，这一组织已经拥有60个国家和地区的760名会员，在全世界有很大的代表性。它的总部设在瑞士日内瓦。国际公关协会的诞生标志着公共关系作为一门世界性的行业已独立存在；标志着公共关系已在世界范围内得到普遍承认和广泛的传播。紧随其后一些区域性的公共关系协会也相继出现。比如1959年欧洲公共关系联盟（CEPR）在比利时成立；1966年中美洲公共关系协会联会在阿根廷圣胡安成立；1967年泛太平洋公共关系联盟在夏威夷檀香山成立；1980年，北美公共关系委员会成立。这一切表明，公共关系已在世界范围内成为了一种专门化职业、一门独立完整的新兴学科。

当今，信息技术、互联网技术、传播技术的进步和应用，为传统的公关行业注入了新的内容，也为公关行业的创新发展提供了新的机遇。今天公关业所提供的服务产品包括媒体传播、媒介关系、活动管理、营销传播、企业传播、政府关系、危机管理以及媒体监测和评估等，主要服务领域涉及耐用消费品（汽车、家电）、IT（包括计算机软硬件及其外设）、通讯（包括手机等通讯类产品）、快速消费品、医疗保健等行业的企业传播和产品传播，文化体育、金融保险、政府及非营利机构公共关系服务成为热门服务领域。

三、公共关系在中国的传播与应用

（一）中国古代的类公关

在中国的古代，无论是零星的类公关思想，还是类公关活动，在古代的各个时期都有所体现。传说在尧舜时代，政府在宫廷外树立“诽谤木”，鼓励世人向政府进谏。《后汉书•扬震传》载：“臣闻尧舜之时，谏鼓谤木，立之于朝”，这可能是古代政府征求民意的最初设施。春秋战国时期，秦国宰相商鞅推行变法，为了取信于民，特地在城门口放了一根树干，并贴出告示说：“谁能将此树干从这个门口扛到另一个门口，就可以赏其十金。”开始人们都不相信，但有一个人完成了此事，真的得了赏金。第二天，许多希望这样轻松得到赏金的人又聚集到城门口，但这时没有了木头，而贴出了政府变法的公告。变法因商鞅“行必信，言必果”，从此在民众心目中树立了威信，这可以看成是一次成功的公关策划，在历史上被称为“徙木立信”。

汉代张骞出使西域，是人类历史上的一次冒险活动，它开辟了中西文化交流的新纪元。可以说是中国古代一次规模宏大的、艰苦卓绝的、富有成效的国际关系活动。明代郑和下西洋也是典型的国际关系活动。郑和七次远航下西洋，历时28年，途径30多个国家。他率领的船队，每到一地都以瓷器、丝绸等物品与当地的产品进行交换，并与亚非各国加强了经济和文化上的联系。

在商业活动中，也有很浓的类公关色彩。有的商号使用“惠民坊”、“仁爱堂”、“三不欺”、“同仁堂”、“全聚德”等表明自己的经商宗旨；有的在招牌上写着：“百年老店，童叟无欺”等说明品牌、信誉和经营作风；有的标榜“和气生财”、“誉从信中来”的古代经商准则，这些都说明原始状态的公关萌芽早已存在于古代的商贸活动中了。

此外，在人们日常交往中，自觉的公关意识和思想也有一定程度的体现。孔子在《论语》中说：“有朋自远方来，不亦乐乎！”这里的以交友为乐，主要指在与朋友的交往中，获取了信息和知识。孟子说：“天时不如地利，地利不如人和”，是指人与人之间的谐调关系。孟子把追求“人和”，创造一个良好的人事环境与组织环境放在重要地位，这恰恰同现代公共关系遵循的基本原则和追求的美好目标相一致。

（二）现代公关在中国

公关是踩着世界经济一体化的步伐迈入中国的，中国的公关与中国的改革开放更是同步而生，同步而长，概括起来分为三个阶段。

1．引进和开创时期

（1）在台湾、香港地区的引进。20 世纪 50 年代初，香港政府设立公共关系部，一些企业也纷纷效法，使公共关系成为企业经营过程中的重要管理方式。20 世纪 50 至 60 年代，中国台湾地区全面推行公共关系管理，1956 年各级县政府建立公共关系部，并通过了《公共关系管理规则》。

（2）在大陆地区的引进（20 世纪 80 年代初—1986 年）。首先，企业公关部的挂牌和公关从业人员出现。20 世纪 80 年代初，大陆的公共关系组织是在改革开放最早的深圳特区内的一些外商独资或中外合资企业中率先出现的，这些公司或多或少的在运作过程中参照了其海外母公司经营管理模式，设立了公共关系部。招聘培养了一大批公关从业人员，开始了早期的公共关系业务。其次，国际著名公关公司抢滩登陆中国市场。随着我国改革开放向纵深发展，我国的经济发展开始吸引了全世界关注的目光，国际公关机构陆续进入中国市场。捷足先登的是世界上最早诞生（1927 年）也是当今世界第二大公关公司的希尔—诺顿公关公司，他们于 1984 年率先在北京设立了办事处。1985 年 8 月，世界上最大的公共关系公司博雅与中国新华社下属的中国新闻发展公司两家联手成立了中国第一家公共关系公司——中国环球公共关系公司。

2．在大陆的适应和发展时期（1986 年—1993 年）

（1）行业协会相继成立，职业网络出现。1986 年 1 月，中国大陆第一个公共关系民间团体——广东地区公共关系俱乐部成立，这是中国第一个公共关系的机构。同年 6 月第一家由官方组织的公关机构——上海市公关协会成立。1987 年 6 月 22 日中国公共关系协会在北京成立，这标志着公共关系在中国得到了正式确认和接受，公共关系事业的发展进入了一个崭新的时期。1991 年 4 月 26 日中国国际公关协会在北京成立。这些学会在 80 年代中期积极发展会员，进行公共关系基本知识的培训与传播，对于推进公关事业的普及，促进公关职业的规范化，完善公共关系学科化做出了卓越贡献。

（2）公关出版物十分丰富，学术成果推广快。中国社科院新闻研究所公关课题组编著的《公共关系学概论》(塑造形象的艺术)，这是我国最早的一部全面系统论述公共关系理论和实践的专著。1993年8月我国最大的一部公关巨著——550万字的《中国公共关系大辞典》问世。在这期间，大量的公共关系译著、专著、教材、辞典纷纷出版。在传媒方面，大陆最早问世的公共关系专业报纸是由浙江省公共关系协会主办的《公共关系报》，该报于1988年1月31日在杭州创刊。1989年1月25日陕西省公共关系协会和中国公共关系专业委员会联合主办的《公共关系》杂志在西安面世。

(3) 公关培训活跃，教育层次多样化。自20世纪80年代中期开始，公共关系的培训异常活跃，这阶段公共关系的教育培训开始初具规模，规范化、系统化的正规职业教育和学历教育逐步形成。1985年9月深圳大学首先设立了公共关系专业，开设公共关系的必修与选修课程，1994年经国家教委批准中山大学创办了我国第一个公共关系本科专业，同时在行政管理专业的硕士点招收公共关系研究方向的硕士研究生。

(4) 公共关系科学研究和实践运作空前繁荣。20世纪80年代中后期，随着我国公共关系教育的迅速发展和实践经验的不断积累，一大批有识之士结合中国的政治、经济和文化的特点来探索中国公共关系的一些重大理论问题。

(5)国内外公关市场开始交流，国际公关职业市场正在开辟。中国国际公关协会自1991年成立以来，一直致力于加强中国公关界与国际公关界的联系和交流，举办了每两年一届的中国国际公共关系交流大会，取得了丰硕的成果。

3. 竞争和专业分工时期(1993年至今)

(1) 公关职能渗透到各行各业。公共关系事业经过近十年的冲浪，开始步入稳步发展时期，从一开始仅限在服务行业进入到了各种形式的企业和经济实体，并已扩展到各种社会组织和行业，如社会团体科研机构、银行、学校和党政部门。

(2) 职业公关公司开始成熟发展。专门化的公关公司经过前十年风雨的洗礼，开始步入了自我整顿自我提高时期。中国国际公关协会发布的中国公关业2004年年度调查报告显示，中国公关公司的数量已经超过2000家，估测目前公共关系服务业的年营业额超过45亿元人民币，比2003年年度的33亿元人民币增加了12亿元人民币，年增长率超过36%。2004年排名前十位的本土公关公司年平均营业收入达到3200万元人民币，比上年增长了53.5%以上，第一次超过了前十名的国际公司。

(3) 公关活动成绩斐然，公共关系行业组织活动成果显著。经过20年来的曲折发展，中国公共关系业取得了长足的进步，并得到国际同行的认可，在国际舞台上终于有了自己的一席之地。我国公关业于2003年正式将每年的12月20日确定为中国公关人自己的节日；2004年6月我国又成功地举办了中国国际公共关系大会、连续第二年举办中国公关节、经济全球化下的企业危机管理国际论坛等重要活动；2004年10月，经过精心准备、周密部署以及现场完美的申办陈述，中国赢得了2008年世界公共关系大会的举办权。这些都标志着我国公关业辉煌时代的到来。

(4) 公关教育立体化体系初步形成。公关教育经过十年的风风雨雨，目前基本形成立体多维的学历和非学历教育交叉并存的局面。到今天，我国已经形成了从短期培训，业余自学，职业教育到本科教育，研究生教育的多层次、多形式的公共关系教学与培养体系。

（5）国家开展公关员职业鉴定。在过去近二十多年中，我国的公共关系事业从无到有、从小到大，取得了长足的发展。到目前为止，国内从事公关的实体已遍布全国，到 2004 年，我国大陆公关从业人员的人数也已突破 50 万大关，广泛分布在各种组织机构的公关部、各公关公司以及科研机构、高等院校中，中国的公关事业呈现出一派欣欣向荣的景象。国家劳动和社会保障部为适应上述形势发展的需要，于 1997 年 11 月 15 日成立了中国公共关系职业审定委员会。该委员为公关职业定下了“公关员”的职业名称，并正式列入了《中国职业大典》，这标志着国家已正式承认公共关系这一职业，标志着我国的公共关系开始真正走上职业化和行业化的道路。2000 年 6 月，国家劳动和社会保障部颁布第六号令，把公共关系列为首批实行职业准入制度的 90 种社会职业之一，并决定自 2001 年 10 月 1 日起，对公关职业的从业人员，实行持证上岗制度。2004 年劳动部又颁布了新的《公关员国家职业标准》，新版标准设五个职业等级，分别是初级公关员、中级公关员、高级公关员、公关师（国家职业资格二级）和高级公关师（国家职业资格一级）。从 2000 年起，国家劳动和社会保障部开展对公关从业人员的职业资格鉴定，实行全国统一考试。这些举措不仅促进了公关业的成熟和发展，而且加快了中国公关业走上国际化运作的轨道。

第二节　我国公关业的机遇与挑战

经济全球化使各国的企业处于同一个竞争平台，信息化和网络化使国际化的竞争更加激烈，这些都为我国公关业提供了良好的发展机遇。同时，全球化也使国内公关业自身的竞争日趋白热化，公关业正面临新的挑战。

一、我国公关业发展的新机遇

当前我国经济和社会发展呈现日新月异的态势，这也为公共关系的发展提供了良好的环境和绝佳的发展机遇。

（一）全球化为公关业带来机遇

改革开放以来，尤其近几年随着经济体制改革力度加大（国企改革、发展中西部战略等），西方国家先进的管理经验和市场运作规范不断引入，使中国市场经济逐步走向成熟；经济全球化、国内国际市场的接轨，又使市场竞争进入白热化状态。大家普遍认识到，唯有善于运用多种市场手段才能立于不败之地。中国加入 WTO 以后，大批外国企业进入中国市场，必然激发公关业的快速发展。

（二）网络的普及应用为公关业带来机遇

网络经济（也称“眼球经济”、“注意力经济”）为传统公关咨询服务注入了新的内容，信息技术、传播技术突飞猛进的发展，媒体多元化、媒体互动化、信息个性化等新现象的出现，使作为传播顾问的公关行业将在这场经济革命中发挥至关重要的作用。同时，网络媒体的广泛使用，给公关业提供了更现代化的手段，为公关业的发展插上了新的翅膀。

（三）公关业的价值凸现

经过二十多年的公关实践，一批实力雄厚、信誉好的公关公司已具备相当规模和服务水准，他们的成功经验和财富效应吸引了越来越多的人加入这个新兴的产业；一些企业通过公关手段成功运作的实例，使得公关的价值得以充分体现，使越来越多的企业认识到公关与企业兴衰密切相关；公关这一行业也正成为喜欢挑战、富有创造力的年轻一代的就业首选。

二、我国公关业面临的挑战

（一）全球化、国际化的挑战

信息化促进了全球经济一体化的发展趋势，而经济一体化，首先要求的是传播的国际化、一体化、多元化，要求“有效传播”，“整合沟通”。目前国际上的大跨国公司、金融机构都在实施全球信息管理。为了赢得世界范围内的竞争优势，其市场营销和政策传播已发展为全球范围的住处传播与沟通，这就使公关业的全球化、国际化发展成为大势所趋。

（二）传统思想观念的挑战

公众和社会对公共关系的认识还存在着很多误区，认为公共关系只是一种知识而不是技能，或者认为公共关系可以“包治百病”，无所不能，而绝大多数人将“公共关系”与“人际关系”混为一谈。这都是当前开展公关业务最大的障碍。作为历史产物的全国各级公关组织、公关机构，从上到下都有不少人对“公共关系”缺乏正确的认识和深入的了解，这些组织已不适应当今市场经济形势发展的需要，很难再推动公共关系向专业化发展，而固本守旧也将对中国公关业的发展产生消极影响。

（三）公关的专业化发展趋势

现代社会可以把知识作为资本来发展经济。社会上最大的资源是信息，最大的财富是智慧。公关活动从传播、沟通、协调到管理，每一项职能中都汇聚了这种因知识和智慧而来的财富。在未来公关的市场竞争领域，越专业化的人才，就越具有竞争力，当前高素质公关人才的严重缺乏制约了中国公关业的迅速发展。而当前的公关教育仍以知识教育为主，培养的学生不能适应公关工作的需要。

三、当代公关对从业人员的要求

公共关系人员是组织开展公关活动的主体，当代经济与技术的快速发展、职业的规范化以及不断加剧的公关行业竞争，都不断地促使当代公关对从业人员提出新的更高的要求。公关人员必须具备更高的职业素养，才能满足职业要求。

（一）公关人员应具备的基本知识、能力

公关人员应具备的基本知识能力主要有以下几个方面。

1．专业公关知识和技能。它主要有三个方面。

（1）公关理论、知识：包括相关的心理学、传播学，新闻学、管理学、广告学等。

（2）相关的业务知识：主要指与所服务的行业有关的知识。

（3）操作技术与知识：主要指表达、礼仪、电脑与网络应用等相关技能。

2．丰富的想象力和创意能力。公关工作是一项不断发展变化的开放型工作，从事这项工作的人需要有一种开放和进取的心态，不断接受新的事物、新的知识和新的理念。只有具备开放进取的心态的公关人员，才能有丰富的想象力和创意能力。

3．良好的沟通能力。沟通交流的意识属于现代社会的民主意识。公关活动是一种具有民主性的经营和管理活动。组织为了争取公众的理解、支持与合作，就必然要求公关人员具备良好的沟通能力，以便开展协调沟通工作。

4．学习的能力。公关工作是深入实际的工作，公关人员要经常对组织的情况进行调查研究，以把握组织和公众各方面的变化，这就要求公关人员必须具备学习的能力。

5．组织才能。任何一个组织都与社会各界保持纵横交错、千丝万缕的联系，构成错综复杂的关系网络。要处理好这种关系，需要公关人员具有组织与协调的能力。

6．挫折耐受力。公关工作包括繁重的日常事务和各种专题活动，工作量很大。公关人员要想干好这一工作，必须有耐心、有毅力、有很好的自制自控能力，即要具备耐心、细心、严谨等情商素质。公关人员在与他人打交道时，要做到既能忍让又不失原则。

（二）公关人员应具备的职业道德

公关人员的职业道德，就是指公共关系人员在从事公关活动中所应遵循的职业修养和行为规范，包括以下两个方面。

1．自觉遵守法纪。廉洁奉公，遵纪守法，这本是每一个社会公民都应具有的道德风范，而对公共关系从业人员来说则尤为重要。鉴于公关工作的特殊性质，公共关系从业人员一

般都有着比较广泛的社会交往和人际网络关系，经常参与各种社会活动，因此也更容易受到各种不正之风的影响和诱惑。这就要求公共关系从业人员时刻保持清醒的头脑，自觉遵守法纪，注意摆正国家、社会、集体和个人之间的利益关系，决不利用自己的职权和关系资源谋取私利，乃至损公肥私，贪污受贿；决不做出违背公共关系职业道德、有损公共关系职业形象的事情。

2. 恪守行业道德准则。行业道德准则是指某行业为了进行自我规范和自我约束，使本行业朝着有利于社会健康的方向发展，所制定的行业自律规则。公关业也有自己的行业自律规则，例如《公关咨询业服务规范》、《中国国际公共关系协会会员行为准则》、《广告宣传精神文明自律规则》、《广告行业公平竞争自律守则》等，都是行业的道德准则，公关从业人员在公关活动中应自觉遵守。

此外，2004 年新修订的《公关员国家职业标准》也规定了公关人员的行业道德准则：

（1）奉公守法，遵守公德；

（2）敬业爱岗，忠于职责；

（3）坚持原则，处事公正；

（4）求真务实，高效勤奋；

（5）顾全大局，严守机密；

（6）维护信誉，诚实有信；

（7）服务公众，贡献社会；

（8）精研业务，锐意创新。

（三）公关人员应具备的公关意识

公关意识是组织建立良好公共关系的必要前提，是组织公关人员必备基本素质的核心。公关意识也被称为“公关思想”、“公关观念”，是指一种尊重公众，自觉致力于塑造组织形象、传播沟通、争取公众理解与支持的观念和思想。大致有以下几个方面。

1. 尊重公众的意识。尊重公众的意识要求在组织的发展决策中，要尊重公众的需求；在组织与公众发生矛盾时，应尊重公众的权威性；为公众服务时应礼貌热情，负责到底。

2. 塑造形象的意识。塑造形象的意识是公关传播工作的核心，其他方面的公关意识是在尊重公众意识这个逻辑核心的基础上围绕着如何塑造组织形象的实务而展开的。

3. 真诚互惠的意识。真诚互惠的意识是公共关系的交往意识和功利意识。组织不可避免地要同外界交往，要在竞争中赢利生存。但公关理论指导下的竞争，不应是“你死我活”、“尔虞我诈”的，而应该是现代文明的竞争，既竞争又合作，共同发展。

4. 传播沟通的意识。传播沟通的意识实际上也是一种重视信息的意识，一种平等民主的意识。组织为了塑造良好形象、实现其目标，必须做到：

（1）重视信息传播；

（2）当组织与外界发生矛盾时，要具备民主意识；

（3）塑造形象要深入细致，不怕麻烦。

5．创新审美的意识。创新审美的意识突出了公共关系是塑造组织形象的艺术的内涵。公共关系是一门科学，又是一门艺术，既有规律性、实验成功的可重复性，又强调创新性、惟一性。

6．立足长远的意识。立足长远的意识是塑造组织形象稳定性的要求，也是其艰苦性的表现。组织形象是主体作用于客体的一种信息，可以传播、储存，可以保留很长时间而不失真，但它不是一朝一夕可以完成的。一个形象一旦被公众认可，就具备了相对稳定性。这一特性要求组织树立形象时一定要慎重，有立足长远的意识，而不能朝三暮四。

7．全员公关意识。全员公关意识又称“全员 PR”，是指组织全体人员都要具备公关意识。全员公关有利于塑造、保持组织良好形象，有利于贯彻组织公关政策和实施公关方案，有利于员工素质的提高和组织的长久发展。在现代化的公司管理体系中，树立全员公关意识还有一个很重要的方面，就是让全部员工有危机的概念，要时刻感受着危机的存在并时刻提防着危机的发生。只有这样，才能最大限度地避免危机的发生或者危机来临时能从容应对。

第三节　公共关系组织机构简介

公共关系职能必须借助于一定的载体或实体才能得以发挥和完成。这种载体或实体便是公共关系组织机构。公共关系组织机构一般可分为三大类：一类是各种社会组织内部的公共关系部；一类是独立于单个社会组织，从事跨组织、跨地区经营的公共关系公司；还有一类是学术性、非营利性的公共关系社团。

一、公共关系部

随着市场经济的发展，社会组织的形象管理工作日趋重要，社会组织需要开展的公关活动和需要处理的各种公众事务也日趋繁重，而活动的要求和难度也随之不断提高。因此，社会组织为了顺利地开展公关活动，保持公关活动的经常性、稳定性和连续性，就有必要考虑在组织内部设置一个专门的职能机构——公共关系部。

（一）公共关系部的设置

公共关系部是组织内部针对一定的目标，为开展公关工作而设置的专门职能机构。社会组织内部如何设置公共关系部，并没有统一的规定或权威的方法，而需要根据每个组织的具体社会分工以及公关所分担的职能情况进行灵活设置。一般来说，公共关系部的设置，有以下几种思路。

1．按公共关系部工作手段设置，如图 2-1 所示。

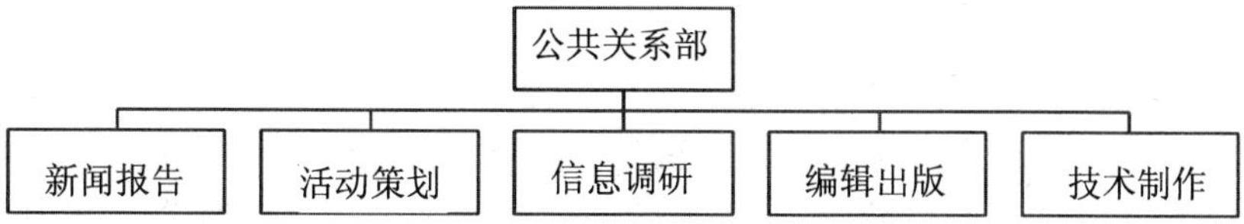

图2-1　按公共关系部工作手段设置

2．按公共关系的工作对象设置，如图 2-2 所示。

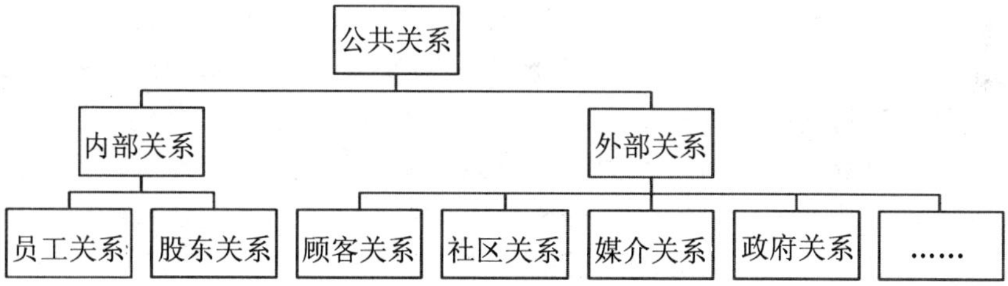

图2-2　按公共关系工作对象设置

3．按公共关系工作区域设置，如图 2-3 所示。

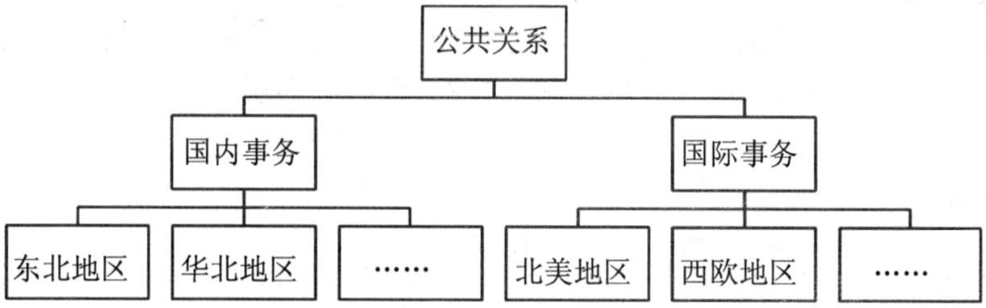

图2-3　按公共关系工作区域设置

4．按公共关系部的实际需要灵活设置，如图 2-4 所示。

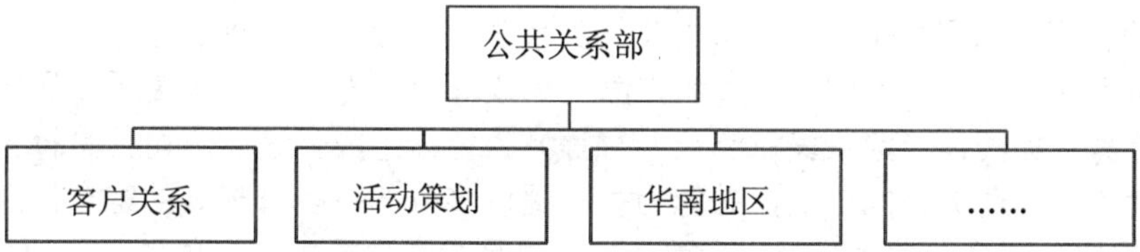

图2-4　按公共关系部的实际需要灵活设置

（二）公共关系部的日常工作

公共关系部日常工作的特点是工作量大、技术性强、形式多样。从内容上看，大致可以分为以下几个方面。

1. 调查研究、决策咨询。通过调查，了解公众的舆论、态度、需求等，同时也要对市场、竞争对手以及员工的心理和思想进行调查，只有在全面调查的基础上，才能使公关工作发挥出更大的效力。公共关系部要经常向组织领导层汇报，提供有关信息，在领导层就重大问题进行决策时，公共关系部要分析、预测该决策可能引起的公共关系效应，并提出更趋合理的方案。

2. 参与管理、协调关系。公共关系具有管理职能，必须参与组织的日常管理，协调内外关系，为组织广结良缘，沟通信息，增进了解，并尽力解决组织与公众间的矛盾或冲突。

3. 公关文书的写作。与公共关系有关的文书写作工作有：撰写新闻稿件、编辑杂志、编写年报和其他宣传材料等。从广义上讲，一个组织所有与公众进行沟通的文字、音像、图片材料，都将对公众产生影响，都应赋予公共关系的意义。

4. 策划举办公关专题活动。公共关系部的存在不应只是简单地迎来送往，接发信函等，而应审时度势地策划并推出具有轰动效应的公关专题活动，从而完成塑造和宣传社会组织形象这一任务。

5. 进行公关教育，树立全员公关意识。组织的每个成员，只要他与公众接触，他就在一定的时间内扮演着公关售货员的角色。所以通过教育、培训，建立并强化全员公关意识是公关部门的一项经常性的、重要的工作。

6. 接待投诉和来访。接待来访是公关部重要的日常工作，通过接待的过程，既可以帮助公众解决问题，又可以获得公众信息，联络与公众之间的感情。

二、公共关系公司

公共关系公司（公关咨询公司或公关顾问公司），是指由具有一定专业特长的公共关系专家及专业人员所组成，专门从事公共关系咨询或接受客户委托为其开展公关活动、提供相关服务性工作的营利性组织。

（一）公共关系公司的类型

1. 综合服务型公共关系公司。这类公共关系公司一般拥有先进的信息采集系统和信息储存与分析系统，公司以专门公共关系专家（如媒介关系专家、员工关系专家等）和公共关系技术专家（如演说专家、民意测验专家等）为主体组成。这类公司具有较大规模，经济实力较为雄厚，业务范围广泛，并能为客户提供多方面、多种形式的综合性服务。

2. 专项服务型公共关系公司。这类公关公司是为客户提供特定项目服务的公司，其服关系公司的经营规模和业务范围要小得多。

（二）公共关系公司的特点

1. 观察分析问题具有客观性。由于公司与委托业务的组织单位没有直接的利益关系，公共关系公司的人员不是客户的内部员工，因而可以从外部冷静地观察问题，实事求是地分析问题，从而对问题做出客观的评估。

2. 提出的建议和方案具有权威性。公共关系公司是由各具专长的专家组成的，这些专家有着丰富的公共关系实务经验，所以，他们提出的建议与方案更具有说服力，容易受到决策者的高度重视。

3. 信息来源的广泛性和渠道的网络性。公共关系公司长期从事公共关系实务，已经建立起一套较为完善的信息网络，同政府部门、社会团体、新闻媒介等密切联系，信息来源广泛，渠道畅通，客户可以充分地利用有关信息，作为决策的依据。

4. 公共关系活动整体规划的经济性。这一点主要是对中小企事业单位而言的。组织内部设置公关部，必然会增加人员，加重组织的负担。从规模经济角度来考虑，公共关系公司具有公关活动整体规划的经济性，针对公关公司的这一特点，那些中小企事业单位如果开展专业性强、规模较大的公关活动，也可以委托公共关系公司代理。

（三）公共关系部与公共关系公司的优缺点比较

1. 从服务水平看，专业公共关系公司可提供较为全面的服务，在公共关系调研、公共关系策划、公众事务等有较高的专业水平。

2. 从与社会的联系看，专业公共关系公司的经营是以整个社会为舞台，在社会联系方面也有自己的优势；而组织内部的公共关系部则对本行业、本组织的公众了解更为深入。

3. 从意见受重视程度看，专业公共关系公司较公共关系部容易为组织决策层重视和接受。

4. 从服务的及时性看，组织自身的公共关系部门在紧急情况下可以做出快速的决策和反应。

5. 从费用开支看，需要具体问题具体分析。一般来说，中小社会组织如果建立比较齐全的公共关系部门，独自承担所有的公关事务，则需要相当的经济实力；反之，人力资源相对较宽松的大型社会组织如果没有自己的内部公关组织，把所有的公关工作都委托给公关公司，同样也未必合算。

三、公共关系社团

公共关系社团泛指社会上自发组织的、非营利性的、从事公共关系理论和实务活动的各种群众性团体。它既是广大公共关系专家、学者及公共关系学爱好者组成的民间团体，同时也是公关界与政府、工商企事业及其他组织相互联系的纽带与桥梁。公关社团有以下四类。

1. 综合型社团。它又称行业协会，主要指不同地域范围的协会类组织，如上海市公共关系协会。

2. 学术型社团。它包括公共关系学会、研究会等纯学术性的团体，为从事公关工作的人员进行理论指导，如安徽省公共关系学会。

3. 行业型社团。这是一种行业内的公共关系社团。如美国公立学校的公共关系协会（NSPRA），图书馆公共关系理事会（LPRC）等行业型社团。

4. 联谊型社团。它一般包括公共关系俱乐部、公共关系沙龙、公共关系联谊会等。

【本章小结】

本章以公共关系职业为中心，介绍了公共关系历史上的主要事件和人物，以及公共关系在世界范围的传播与发展，重点介绍了公共关系在中国的产生和发展，展望了未来中国公关行业的发展前景。在公关史方面，本章介绍了公共关系历史上的主要人物与事件，重点介绍了巴纳姆、艾维•李和爱德华•伯尼斯。

在谈到我国公关业面临的机遇与挑战时，着重探讨了当代公关行业对从业人员基本素质的新要求。此外，本章还力求对公共关系组织进行概略的介绍，供学习参考。

【本章思考】

1. 查找材料，说一说现代公关为什么在美国兴起？
2. 艾维•李与伯尼斯对公共关系的发展各有什么贡献？
3. 中国大陆公共关系的职业名称是如何规定的？
4. 你认为当代公关从业人员须具备什么样的素质和要求？
5. 试比较公共关系部与公共关系公司的优缺点。

第三章　公关工作的流程

【学习目标】通过本章学习，熟悉公共关系活动流程的四个步骤；了解和学习公共关系调查的概念和方法；了解公共关系战略型模式与战术型模式的区别；通过进行方案策划的练习，掌握公关策划的基本方法；学会组织和实施公关专题活动。

第一节　公关活动调查研究

公关活动的调查研究是开展公关工作的第一步骤，是组织开展有效公关的基础和前提。了解和掌握公关活动调查研究的基本程序与主要方法，对公关工作具有重要意义，是公关从业人员的必修课。

一、调查的目的和意义

公关调查是社会调查的一种表现形式，它是运用科学的方法，通过收集必要的资料，综合分析各种因素及其相互关系，以达到掌握实际信息，了解和考察组织的公共关系状态，解决组织面临问题为目的的一种实践活动。

（一）公关调查是组织开展公关活动的前提

公关活动调查是开展公关工作的第一个环节，为公关活动的其他环节提供前提条件。只有通过调查研究才能了解事实真相，掌握公众的观点、态度和行为，明确组织所面临的问题，在此基础上，其他的环节才能有效的进行。

（二）公关调查是公关活动中的基础工作

公关调查贯穿整个公关活动的全过程，它是开展其他公关活动的基础。公关活动开展之前，公关调查的内容是活动策划的基础，它为策划提供材料；在活动执行过程中，公关调查的内容可以及时解决出现的新问题，纠正偏差，保证活动的顺利进行；活动结束后的调查，则是评估公关活动有效性的重要依据。

（三）公关调查为组织决策提供科学依据

公关调查为组织提供决策依据，并能有效地预测和检验决策的正确性。现代社会组织结构庞大，层级越来越多，分工越来越细，使得管理人员特别是高层管理者与公众的接触越来越少。决策者要准确的了解组织在社会公众中的地位，保证决策正确的根本就在于调查部门完善及成功的调查，准确的调查信息为社会组织的决策层提供了至关重要的科学依据。

二、调查的基本程序

公关调查程序是指对组织公共关系状况和生存发展环境的情况，进行的系统调查过程。它是由相关的几个基本步骤构成，一般包括：确立调查课题、设计调查方案、收集调查内容、提交调查报告。

（一）确立调查课题

已确立的调查课题是调查目的集中体现，也是调查者公关意识、公关水平和公关能力的具体反映。调查课题的内容有公共关系业务调查、公众意见调查、组织竞争对手调查、社会舆论调查、组织形象调查等。

1. 公共关系业务调查。公共关系业务是组织同有关公众的有意识、有计划的交往活动。它的内容包括组织与内部公众的沟通情况、与外部各类公众的沟通情况、与外部特殊团体的联系、民意测验、舆论研究等。

2. 公众意见调查。调查公众对本组织的认识、看法和心理印象。它的主要内容有知名度调查、信誉调查、公众动机调查、公关效果调查、传播效果调查、内部公众意见调查等。

3. 组织竞争对手调查。通过对组织竞争对手进行调查，可以发现竞争对手的特长和缺陷，以便采取适当的对策，扬长避短，为本组织谋求优势。它的主要内容有：竞争对手的构成、市场占有、销售策略；竞争对手产品各方面的优缺点；竞争对手的职工人数、设备能力、技术力量、领导层的素质；竞争对手的销售渠道、价格政策、销售力量、销售服务网点和广告宣传活动；竞争对手的设备投资、技术引进、人员培训、与国外企业合资经营计划及计划实施后对本企业的影响；成功者的经验、失败者的教训等。

4. 社会舆论调查。社会舆论是形势的晴雨表，是领导控制的一种重要工具。调查社会舆论的目的主要是了解社会生活和公众的意愿。舆论来源有自上而下和自下而上的两方面。自上而下的舆论是国家领导机关发出的，它的权威性极强。自下而上的舆论由公众或团体首先发出，是公众的意见或看法，它现实性强，代表了公众意愿。

5. 组织形象调查。组织形象是一个组织在社会公众和社会组织心目中的地位、信誉和影响。组织形象调查内容有：组织的知名度及在社区中的形象地位、职工形象、组织领导个人形象和领导群体形象、组织与周围社区的关系形象、社会公益事业形象等。

（二）设计调查方案

调查方案设计是对调查过程的全盘策划。它包括确定调查的目的和内容、调查的对象和范围、调查的提纲和表格、调查时间和地点、调查的方式和方法、调查的费用预算等。其目的是使调查工作能有计划、有秩序的进行。

1．调查的目的和内容。调查的目的是指调查所要解决的问题。由于目的不同，调查的内容也会有很大的不同。调查内容一般取自于上述调查课题的内容。

2．调查的对象和范围。调查的对象是由与组织调查目的有关的、具有某些相同性质的个体组成的，调查的范围是指本次调查所涉及的具体对象。

3．调查的提纲和表格。调查的提纲是对调查的内容进行分类、排列形成的。调查的表格应由调查名称、调查单位、调查项目、调查计量单位、调查者和调查日期等内容组成。

4．调查的时间和地点。调查时间包括三个方面，一是指规定资料所反映的时间，即反映调查对象有关资料的时间段；二是指统一的标准调查时间，即调查从何时开始；三是完成整个调查项目所需要的工作时间，即调查工作的开始和结束时间。调查地点是指到哪里调查，去哪里获得所需要的调查资料。

5．调查的方式和方法。获得调查资料的方式有：普遍调查、抽样调查、重点调查和典型调查等。常用的调查方法有：观察法、访谈法、问卷法、实验法等。调查采取的方式、方法不是固定的，在具体采用时，我们可以根据调查目的、内容和对象的不同加以选择运用。在有些大型调查活动中还可以将多种方式、方法结合起来运用。

6．调查的费用预算。在制定调查的费用预算时，要尽可能考虑的全面详细，以免出现问题影响调查的顺利进行。预算项目包括劳务报酬、办公经费、材料制作费、管理费和税费等。

（三）收集调查内容

公关调查的内容，一般包括组织自身形象调查；社会环境调查；公关活动效果调查。

1．组织自身形象调查。组织自身形象调查是获得社会公众对组织的认识和评价。收集的资料包括组织目标、发展战略；组织现状和基本条件；组织员工队伍的状况和评价。

2．社会环境调查。所谓社会环境是指与组织有关系的各类公众和各类社会条件的总和。社会环境调查内容主要有：与组织有关的政治、经济、技术、社会文化等方面的发展变化；与组织有关的政府机构、法律部门的方针、政策及制定和实施情况；了解新闻媒介的传播效果等情况；与组织有关的各类公众信息，其中包括顾客、合作伙伴、竞争对手和传播媒介等。

3．公关活动效果调查。要准确地评估公关活动的效果是有一定难度的，但仍可以从以下几方面的调查对公关活动效果进行综合评价：

（1）组织知名度和美誉度变化情况；

（2）从新闻媒介搜集对本组织各方面报道的情况，尤其是对开展公关活动的报道情况；

（3）通过直接和间接方法，了解公众对本次公关活动的评价等信息。分析出公关活动的效果。

（四）提交调查报告

调查报告是对某个公共关系问题或事件进行调查后所获得的结论和建议。真实、典型、及时的调查报告，是组织决策、改进工作的依据。撰写调查报告的原则是要目的明确、针对性强、用事实说话。

三、调查的主要方法

调查的具体方法有很多，在具体采用时，应根据不同的调查目的、内容和公众加以选择。最常用的调查方法主要有：实地观察法、访谈调查法、文献调查法、抽样调查法、问卷调查法。

（一）实地观察法

观察是认识的起点，实地观察法是一种直接的调查方法。实地观察法是调查者进入调查现场，有目的、有计划地运用自己的感受或借助辅助工具，以观察和记录采集为手段，获得信息资料的调查方法。

实地观察法的要领是观察对象必须是处于自然状态下的客观现象。如果观察的对象不是处于自然状态，而是人为的、故意制造的现象，就有可能作出错误的观察结论，就会失去实地观察的意义。

实地观察法的基本步骤包括明确观察任务、确定观察对象、制定观察方案、组织实施观察、整理观察资料五个步骤。

（二）访谈调查法

访谈调查法是公关调查人员通过面对面的交谈方式收集信息的调查方法。这种调查方法的优点是调查人员与公众直接见面接触，可以使公众更深地感受到组织的影响具有较强的直观性；这种方法利于沟通，既可以使公众很快地领悟组织的意图，又可使组织尽快地获得公众的反馈信息，明了公众的意向、需求。

1．访谈调查的方式

（1）个别交谈。即调查人员采取与个体公众直接接触谈话的方式收集资料的调查方法。这种调查方式的灵活性大，谈话受外界干扰少，易于深入，能观察到被调查对象的反应，根据具体的环境，随时变更谈话方式，通过努力掌握访谈过程主导权，尽可能使被访谈者按预定计划回答问题；但也可能会因调查人员的表情、询问方式，影响被调查对象对问题的态度和看法，并且调查花费时间较多。

（2）集体座谈。即公关调查人员通过采取邀请事先确定的一些公众对象进行集体会面、座谈等方式收集资料的调查方式。这种调查方式能集思广益，找出公关活动中存在的问题及症结，提出解决问题的办法或改进工作的意见和建议；但容易受访谈者之间的相互干扰，个体意见容易被他人影响而不能有效表达。集体座谈对调查者的要求较高，调查者不仅要有熟练的访谈技巧还要有驾驭会议的能力。

2．访谈的技巧

（1）接近引导。谈话要有气氛，这种气氛使受访者有话想说，但这种气氛不是一接触就形成的，要有意识地培养。调查者的引导工作要做得自然，以友好的态度出现在被调查者面前，可以先介绍自己和说明调查目的，或者谈些与调查有关或无关的问题以引出调查的话题。启发引导的目的是使谈话气氛变得融洽些，消除对方的戒备心理和心理隔阂。

（2）提问。在访谈调查中提问占有显著地位。根据调查的课题或目的，可以采取不同的提问方式。提问的方式多种多样既可开门见山也可投石问路；既可借题发挥也可耐心开导。采用何种方式要注意考虑问题的性质特点，尖锐的问题应谨慎；温和的问题则可以大胆正面提出。提问还要针对被访对象的具体情况，性格内向、思想有顾虑者应层层深入，反之则可直截了当。

（3）听取回答。在访谈过程中要有效的听。对被访谈者的回答要认真听，一丝不苟，边问、边听、边记；要虚心地听。如果被访问者回答错了，或回答得不完整，应采取适当方式进行解释、引导和询问，而不能无礼地打断对方，甚至摆出一副不屑一顾的样子。

（三）文献调查法

文献调查法也称历史文献法，是指调查人员通过收集各种文献资料，摘取与组织形象或组织发展等内容相关的调查方法。文献调查法有材料的历史性、方式的间接性、对象的无反应性等特点。

文献资料种类很多，按照文献的载体形式和记录技术大体可以分为书面文献、声像文献、电子文献等。

（四）抽样调查法

抽样调查，就是从调查对象的总体中抽取一部分单位作为样本，并以对样本进行调查的结果来推断总体的方法。这里所说的“总体”，是指调查对象的全部单位；“样本”，是指抽取出来进行调查的一部分单位。

科学的抽样调查，都是按照随机原则抽取样本的，因而称为随机抽样调查。所谓随机原则又称同等可能性原则，是指抽取样本时总体中每一个单位都有被抽中的相同可能性。如掷硬币，它的每一面出现的机会都是二分之一，对于每一面来说出现的机会都是均等的。

又如抓阄儿，在写上字或记号的纸团中，每一个纸团都有被抓中的同等可能性。

1．抽样调查的步骤。

抽样调查一般可分为以下四个步骤：第一、确定调查总体，即根据调查的目的要求，确定调查对象的内涵、外延及其数量；第二、设计和抽取样本，即设计样本的大小和抽取样本的方法，并根据设计要求抽取一部分单位作为调查样本；第三、收集样本资料，即对样本单位进行实际调查，搜集有关资料；第四、计算样本资料和推断调查总体，即对样本调查的资料进行计算，然后根据样本数值推断总体、说明总体。这四个步骤的顺序不能颠倒、缺一不可。

2．抽取样本的类型和方法

抽样调查一般都是按照随机原则抽取样本，但是，在调查对象总体的内涵和外延无法具体确定或者不需要准确推断总体的情况下，也可以按照非随机原则抽取样本。因此，根据抽样原则的不同，抽样方法可分为两种类型，即非随机抽样和随机抽样。

（1）非随机抽样。它也称立意抽样，就是调查人员根据自己的主观选择抽取样本。它常用的方法有以下三种：

- 任意抽样，也称方便抽样、偶遇抽样，是按调查者的方便任意抽选样本；
- 判断抽样，就是依调查者的印象或经验的主观判断来选择样本；
- 配解额抽样，是根据已知情况，在额度内按照一定标准和比例抽取样本。

（2）随机抽样。它是抽样的主要方法。科学的抽样调查，都是按照随机原则抽取样本的。它包括简单随机抽样、等距随机抽样和类型随机抽样。

- 简单随机抽样。简单随机抽样，也叫纯随机抽样。就是从总体中不加任何分组、划类、排队等，完全随机地抽取调查单位。它的特点是：每个样本单位被抽中的概率相等，样本的每个单位完全独立，彼此间无一定的关联性和排斥性。简单随机抽样是其他各种抽样形式的基础。通常只是在总体单位之间差异程度较小和数目较少时，才采用这种方法。
- 等距随机抽样。它又称机械随机抽样或系统随机抽样，它是先将总体各单位按一定标志顺序排列，编上序号；然后用总体单位数除以样本单位数求得抽样间隔，并在第一个抽样间隔内随机抽取一个单位作为第一个样本单位；最后，按抽样间隔作等距抽样，直到抽取最后一个样本单位为止。
- 类型随机抽样。它又称分层随机抽样，它是先将总体各单位按一定标准分成各种类型（或层）；然后根据各类型单位数与总体单位数的比例，确定从各类型中抽取样本单位的数量；最后，按照随机原则从各类型中抽取样本。

（五）问卷调查法

问卷调查法是调查者运用统一设计的问卷，利用书面回答的方式，向被调查者了解情况并收集信息的方法。这种方法是公共关系信息收集最科学、最准确的方法，它具有标准化、简单明了、成本低的优点，是公关调查使用较为广泛的调查方法。

问卷调查是一种调查方法，同时也是一种调查手段。抽象调查法也经常采用问卷调查的手段。

问卷调查分四个步骤，分别是设计调查问卷、发放问卷并组织填写、回收和统计问卷、研究分析形成调查成果。其中调查问卷的设计是问卷调查法的核心工作，在下一小节将具体介绍。

四、调查问卷的设计

问卷是问卷调查的主要工具。问卷的设计在很大程度上决定着问卷调查的回答质量、回复率、有效率，以致整个调查的成败。因此问卷设计的科学性，在问卷调查中具有关键性的意义。

（一）问卷的一般结构

问卷一般包括前言、主体和结语三个组成部分。

1. 前言。前言是对调查的目的及有关事项的说明，它的主要作用是引起被调查者的重视和兴趣，争取合作。一般来说，前言的内容包括：调查的目的和意义、对被调查者的希望和要求、问卷调查的匿名性和保密原则、回复问卷的时间和方式、以及主办调查的组织或个人的身份等。为了给被调查者以良好的"第一印象"，前言的语气要谦虚、诚恳、平易近人，文字要简洁、准确、有可读性。前言一般在问卷的开头。

2. 主体。它包括调查的问题、回答的方式及其说明等内容，它是问卷的主要组成部分。

3. 结语。结语可以只是简短的几句话，对被调查者的合作表示真诚的感谢，也可以稍长一些，征询一下对问卷设计和问卷调查本身有何看法和感受。问卷的结语力求简短，有些问卷也可不设结语。但前言和主体是必不可少的。

（二）问题的种类

调查所要询问的问题，是问卷的主要内容。问卷中要询问的问题，大体可分为三类。

1. 个人背景方面的问题。如年龄、民族、文化程度、婚姻情况、行业、职业、收入等。有时还包括被调查者家庭的某些基本情况，如：家庭人口、家庭收入等。

2. 事实或行为方面的问题，是已经发生和正在发生的各种客观情况。如："您家的居住面积有多少平方米？"，"您对今年中央电视台春节联欢晚会的小品演出满意吗？"，"您使用电子邮件吗？"，"最近三年您参加过旅行社组织的旅行团吗？"等。通过这一类问题获得相关事实性资料。

3. 态度、情感方面的问题。如："您对产品召回制度有何看法？"，"您对您居住的小区物业管理是否满意？"，"与您对企业的实际贡献相比较，您满意自己目前所得到的报酬吗？”等。

上述问题中，第一类问题是任何问卷都不可缺少的。因为，背景情况是对被调查者分类的客观标志，是对不同类型被调查者进行对比研究的重要依据。其他问题，则依调查的目的内容而定。

（三）问题的选择

设计问卷中要调查的问题，通常是先尽可能详细地列出与调查课题有关的各种问题，然后再进行慎重选择。问卷中的问题不是随意编制和堆砌的，所选择的每个问题都应该是精心设计的，每一个问题对调查的目的都是有必要性的。

1. 精挑细选最必要的问题。设计的问题要紧紧围绕调查中心，过于简略，无法达到调查的目的；过于繁琐，不仅大大增加工作量，而且会降低问卷的回复率和回答的质量，也不利于正确说明调查所要说明的问题。

2. 问题与被调查者回答的能力相适应。问卷是给调查者看的，所以从某种意义上说问卷是为调查者设计的。凡是被调查者不可能了解或不可能正确理解的问题，都不应提出。例如，有的问卷向消费者询问：“您喜欢我们产品广告的艺术表现形式吗？”，“您家的消费结构是什么？”，“您认为恩格尔系数在多少范围内你能接受？”。对于这样的问题，由于一些被调查者的文化水平有限根本就不了解或无法理解，他们是不可能做出正确回答的。即使勉强回答了，也不可能正确反映真实的情况。

3. 问题应与客观实际情况相符合。例如，组织还处于初创时期，产品和服务还未打开局面。如果这时在做市场问卷调查就设计了公众对组织的美誉度调查，则超出组织的实际情况了。如果产品的市场销售已形成供不应求的局面，还在调查产品的知名度，就没有实际意义了。

4. 避免正面提一些令人难堪的问题。凡被调查者不可能真实回答的问题，都不应正面提出。例如，有的问卷提出这样的问题：“您推销产品时是否给人送过礼？”，“您是否逃过税？”等。对这类问题，被调查者一般都不会做出真实回答，或者干脆不予理睬，因此一般都不宜正面提出。

问题的选择是问卷设计中的一个十分重要的方面。它不仅决定着问卷内容的广度、深度和难度，而且决定着问卷调查的客观性、科学性和可行性。

（四）问题的排列

问题的排列要有严密的逻辑性，一份问卷不仅应有全面准确的问题，还应有恰当完整的结构。问题的排列要便于被调查者顺利回答问题，便于调查后的资料整理和分析。

1. 按性质或类别排列。即把同类性质的问题安排在一起，而不要让不同类别的问题互相混杂。这样，就便于被调查者按照问题的顺序先回答完一类问题，然后再去回答另一类问题。跳跃性过大的题目，会打乱被调查者的思路，影响到他们的耐心，而造成回答草率。

2．按难易程度排列。应该先易后难，由简入繁；先事实、行为方面的问题，后观念、情感、态度方面的问题；先一般性质的问题，后特殊性质的问题。这样，有利于回答的逐步引向深入，顺利的完成问卷。

3. 检验性问题的安排。为了了解和检验被调查者的真实想法，应打破问题的类别顺序，分别设计在问卷的不同部位进行验证，以起到检验的作用。例如先问“您对您现在的岗位满意吗？”，在问卷的其他部分再问“您最近是否希望能调换一个岗位？”，后一个问题用以检验前一个问题的真实性。

（五）问题的陈述

调查问卷是通过书面形式与被调查者进行交流的，被调查者只能根据书面问卷来理解和回答问题，如何使被调查者能按照问卷设计目的和要求完成调查，表述好所要调查的内容是问卷设计的重点和难点。问卷中问句的表达要准确、简明、生动，避免模棱两可和似是而非的问题。

1．问题应具体，避免抽象、笼统。例如：“您对本次公益活动印象如何？”，“您所在的企业经济效益好吗？”。对于这些抽象、笼统的问题，容易造成理解的困难，被调查者是无法回答的，即使回答出来也是无法进行科学分析的，难以收到预期效果，对实际调查工作无指导意义。

2．问题要简短，避免冗长、啰嗦。文字简短的问题，回答的有效率一般都较高。问题的文字越长，就越容易含混不清或产生歧义，回答的有效率反而大大下降。

3．问题单一，界限明确。一个问句一个要点。问题的内容要单一，而不要把两个或两个以上的问题合在一起提。包含的询问过多，被调查者无从答起，统计处理也困难。例如：“您为什么跳槽？”。对于这样的问题，被调查者是难以准确回答的。因为，调换工作的原因有很多，个人的情况不同，原因也会是多种多样的，统计处理时会很困难。

4．问题的语气、用词要适合被调查者。设计问题要使用通俗易懂，适应大众群体的语言，只是在特殊群体、阶层或地域使用的词语，不应使用。因为如果问卷的语句只适用于某一群体和阶层，那么其他群体的被调查者就易产生反感而拒绝回答，或因不能正确理解含义而不便于他们回答问题。如果他们乱猜乱答，其结果就更糟。只有适合调查总体中的群体和阶层，被调查者的回答率才可能高，才能收到预期的效果。

5．用词准确，避免含混不清的词或概念。例如：“也许”、“好像”、“可能”这些模棱两可的词，应该避免使用。对“经常”、“有时”、“偶尔”这些含混不清的词应该作出具体的说明。如：“经常”指每周一次或更多，“有时”指每月一至二次，“偶尔”指每季一次或更少等。对于“闪客”、“键盘高手”，这些容易发生歧义的概念，更应该设计出明确的定义。

另外，对于那些敏感性强、威胁性大的特殊问题，为了使被调查者容易接受，应在文字表述上作些特殊处理，努力减轻问题的敏感程度和威胁程度，使被调查者敢于坦率地做出真实回答。

（六）问卷的题型

1．开放式问题。

开放式问题是指对问题的回答不提供任何具体答案，而由被调查者根据自己的实际情况自由填写。在问卷的应用中经常是作为对问题的追问，鼓励被调查者继续讨论以获得更详细的材料。例如，“供电公司的服务您满意吗？您认为还应增加哪些服务项目？”

开放式问题的优点是灵活性大、适应性强，既利于发挥被调查者的主动性和创造性，可以使被调查者充分表达自己的看法和意见，能获得大量丰富的信息，又适合于回答各种类型的问题，特别是适合于回答那些答案类型很多、或者答案比较复杂、或者事先无法确定各种可能答案的问题。

开放式问题的缺点是回答的标准化程度低，难以整理和分析。回收的信息往往会出现许多一般化的、不准确的，甚至答非所问的无价值信息；此外，回答开放式问题，要求被调查者有较高的文化素养，较强的文字表达能力，而且要花费较多时间填写。

2．封闭式问题

封闭式问题是指将问题的一切可能答案或几种主要可能答案全部列出，然后由被调查者从中选取一种或几种答案作为自己的回答，而不能做这些答案之外的回答。封闭性问题，一般都应对回答方式作某些指导或说明。答案设计的主要类型有以下几种。

（1）两项式，即提出的问题仅有两种答案可供选择。答案是非此即彼的。如：“您的性别？”答案只可能是“男”或“女”；“您今年购买住房了吗？”答案只可能是“有”和“无”。

这种回答方式，适用于互相排斥的两择一式的定类问题，答案是对立的排斥的，回答不可能有更多的选择。

（2）多项选择式，即事先列出二种以上的答案，由被调查者自由选择一项或几项的回答方式。如：

您购买××品牌手机的原因是什么？（请在您选择的项目后打✓）

品牌响（　　）；外观美（　　）；价格便宜（　　）；待机时间长（　　）；

彩色屏幕（　　）；铃声动听（　　）；操作简单（　　）；维修方便（　　）。

这种回答方式，适用于有几种互不排斥的答案的定类问题。在几种答案中，可规定选择一项，也可规定选择几项。但设计中要考虑到可能全部出现的答案。

（3）顺序式，即提出问题后，列出若干种答案，由被调查者填写各种答案先后顺序的回答方式。例如：

您认为本企业目前发展最大的困难是什么？（请按困难程度排序）

A 管理不善；　B 缺乏技术；　C 资金不足；　D 缺乏市场意识；

E 产品更新慢；　F 信息闭塞；　G 员工队伍庞大。

封闭式问题有许多优点，它的标准化程度高，答案是已设计好的，利于被调查者正确理解问题，减少理解的偏差，提高问卷的回复率和有效率；有利于对回答的结果进行统计分析和定量研究；回答效率高，节省调查时间；特别是封闭型回答方式还有有利于询问一些敏感性问题。

封闭型问题也有许多缺点。首先，它的设计必须有一系列可能的答案，设计是需要花费许多时间和精力的；其次，它的回答方式比较机械，没有弹性，难以适应比较复杂的情况，难以发挥被调查者的主观能动性；再次，它的填写比较容易，被调查者可能对自己不懂、甚至根本不了解的问题任意填写，从而降低回答的真实性和可靠性。

第二节　公关活动策划

公关活动策划，是公关工作的第二个重要步骤，是公关活动的关键环节。没有很好的活动策划，公关活动就没有基本的保证。活动策划的过程，也是将公共关系的基本操作思路程序化的过程。

一、公关专题活动的类型与特点

要搞好公共关系的活动策划，就必须首先了解公关活动的不同类型。根据不同的目标和时机，选择不同的活动方式，使公关专题活动的参加者在特定的气氛中，受到组织的影响，促进公众对组织的进一步了解。

（一）庆典活动

庆典活动是组织围绕重要事件、重要节日或开幕开业等所举行的庆祝活动。这类活动由于不同于组织的日常活动，它具有的特殊性和隆重性，一般能引起社会公众的较多关注，因此对提高组织的知名度、扩大社会影响，具有不可估量的作用。它是公关活动中经常使用的一种有效的公关专题活动。

庆典活动包括节日庆典活动和纪事庆典活动。前者主要包括春节、妇女节、儿童节、教师节等，也有根据组织自身性质和特点而设定的节日，例如服装节、艺术节、豆腐文化节等；后者是指某些事件尤其是指社会重大事件、社会名人事件、历史纪念日、组织开业开幕等重要纪念日的庆典。庆典活动的特点是针对性强、传播效果好。

（二）赞助

赞助是社会组织对公众关心的社会活动、社会事业提供资金、实物、技术、劳动力等无偿支持和援助的一种公关专题活动。组织通过赞助活动参与社会公益事业承担社会责任和义务，是社会组织回报社会的一种行为；另一方面通过赞助活动，组织受到社会公众的广泛关注和支持，为自己树立良好形象，为组织的发展创造了一个良好的社会环境，这种投入常常会获得超常规的回报。它是社会组织进行公众形象塑造的一种特殊宣传活动。

赞助活动的主要类型有体育运动赞助、教育事业赞助、社会福利事业赞助、文化活动赞助等。活动赞助具有公益性、时效性、突发性、新闻性等特点。

（三）发布会

发布会也称记者招待会，是社会组织将新闻机构的记者召集在一起，直接向新闻媒介的记者发布组织的有关消息的专题活动。也是组织与新闻媒体保持联系的一种形式。一般是指新闻发布会或信息发布会，是组织积极宣传活动的一部分。发布会的特点是具有内容的权威性、沟通的交互性等特点。

（四）展览会

展览会是一种综合运用各种传播媒介、手段推广产品，宣传组织形象和建立良好公共关系的大型活动。展览会具有一定知识性、趣味性，通过实物、文字、图表来展示成果，能吸引公众的注意力，给公众较强的心理刺激，从而加深公众的印象，提高组织和产品在公众中的知名度和美誉度。

在展览会上，组织可利用图片、实物和音像资料生动的介绍产品和组织的理念及成就，在公众中留下深刻、美好的印象，可见展览会是一种推广产品、树立形象的有效公关活动方式。展览会具有以下的特点：

1．传播方式多样。一个展览会通常同时运用宣传手册、介绍材料等文字媒介；照片、图片、幻灯片、录像等音像图解媒介；实物或模型等多种媒介进行立体交叉混合传播。这种传播方式综合了多种传播媒介的优点，所以它的沟通效果通常会令人满意。

展览会一般以展出实物为主，并以专人讲演和示范产品的使用方法等方式进行现场的示范表演，这样能起到强化效果的作用。如汽车展览会上，专业人员对车辆性能的介绍，车模的作秀，参观者车厢内的亲身感受甚至试驾，都能吸引大批公众前来参观，使参观者对展品留下较深刻印象。

2.沟通交流直接。一个展览会可以集中不同地域的各种品牌的同类产品或不同类产品，为参观者和采购者节省了时间和费用，提高了选购效率。展览会为组织与公众提供了直接接触、相互交流的机会，通过听取意见、相互交流、深入讨论，参展单位在让公众了解自己的同时，也了解了公众对展品、组织形象的意见和反应，可根据公众反馈的信息及时改进工作。展览会也给新产品提供了一个展示的平台，活动效果直观集中，许多参展者也正是通过展览会而建立了自己的良好形象并打开了销路。

3．便于扩大影响。展览会是一种大型活动，易成为新闻媒介追踪的对象，是新闻报道的好题材，会对公众产生很大的影响，展览会一般都预先做广告，搞宣传，组织可以利用展览会来制造新闻，扩大影响。

二、公关专题活动的策划

所谓专题活动策划，是指公关人员根据组织形象的现状和目标要求，分析现有条件，谋划、设计专题活动和具体公关活动最佳行动方案的过程。策划方案是公关专题活动的具体行动方案，是公关活动评估的依据和标准。公关专题活动策划有以下步骤。

1. 综合分析信息。公关专题活动的策划是从分析信息开始的。公关活动策划者面对各种大量的信息，分析时要重点注意以下两大类：一类是社会组织自身状况信息。它包括组织的战略目标和现实状况，由诸要素综合体现的组织知名度和美誉度信息；另一类是影响社会组织运行的各种社会信息。如国家的政策法规、组织目标公众、竞争对手、合作伙伴、传播媒介以及财政、金融、交通、能源、通讯、人口等方面的背景及信息，及时发现对组织有利的契机和不利的因素，策划出有成效的公关活动方案。

2. 确定公关活动目标。公关专题活动的目标是指组织通过公关活动所要达到的标准或目的。不同的组织，有不同的公关目标，不同时期组织也会有不同的目标。在确定目标的时候，要注意组织的任何活动都要服务于组织的总目标，策划目标一定要与组织的总目标相协调，策划目标的实现要有利于总目标的实现。关于公关目标的概念及目标确定的原则方法，以及组织的形象设计，将在本教程第四章中进行讨论。

3. 确定目标公众。在公关专题活动目标确定后，则要确定目标公众。公众是组织公关活动的对象，任何组织都有其特定的公众。目标公众的确定，是在对全部公众进行调查分析的基础上，经过层层筛选，逐步缩小范围来最终选定的。在策划时还要把握不同目标公众的需求和特点。目标公众的分析和确定，将在本教程第五章中进行详细讨论。

4. 确定活动主题。成功的公关活动，无论是战略型的还是战术型的，都是由一系列的项目所组成的。为了突出重点就必须确定公关活动的主题，主题是公关活动的中心，是公关活动内容的集中表现。任何活动只有围绕主题来开展，才有可能达到活动目的。

公关专题活动的主题设计，要求形式新颖、生动、有鲜明的个性，语言要精练、简明扼要，能对公众产生强大的吸引力、具有感召力。

公关专题活动主题的具体表现形式有多种多样，一般由公关目标、信息个性和公众心理和审美情趣构成。例如西安杨森制药厂开展的“重走长征路”大型主题活动，在“重走”的一路上向贫穷地区免费送药。吸引了公众的目光，获得了社会的好评，建立了清晰鲜活的组织形象。通过活动增加公众对企业产品的信任度，从而在整体上塑造良好的企业形象，有助于企业目标的达成。

5. 选择活动模式。选择公关专题活动模式的依据是组织在不同时期的公关目标和公共关系对象，公关活动的模式具有明显的适应性特征。

一般来说，在组织的初创期、发展期、出现问题时期、衰落期及危机时期，应相应地选择建设型、维系型、进改型、防守型和矫正型的公关模式来完成组织的战略型公关目标；而针对不同的公众和不同的活动内容，则应采取宣传型、交际型、服务型、社会型、征询型的公关模式来完成组织的战术型公关目标。

6．选择活动时机。良好的公关专题活动，要抓住有利时机发挥作用。选择公关时机，对于一个组织来说至关重要。根据组织不同发展时期的具体情况和需要，可以选择如下时机：新产品、新服务、新技术推出之时；组织更名、转产或与其他组织合并时；组织获得荣誉、引起关注时；组织遇到某种偶发事件、发生某种失误或被公众误解时；重要的节日、社会上发生重要事件时等。

7．确定时间、空间。在公关专题活动的方案中，首先要确定实现活动目标所需要的全部时间。要考虑各分目标项目所需的时间以及各个场地之间衔接所需的时间如何安排最为恰当；还需考虑到横向关系的问题，公关工作能否与其他相邻工作同时进行而互不冲突，能否使相邻的两项工作相得益彰；更要考虑到公关计划实施的过程是一个动态的过程，在计划执行中很可能需要变动，在确定时间表时，要留有一定的余地。其次是活动开展的场地。在确定场地的时候应根据不同的公关项目内容来确定。什么样的场地和多大范围是由公众活动空间所确定的。根据经济条件来决定活动的范围和场地的档次。考虑适合的自然条件。

8．活动经费预算。公关预算是一个复杂的工程，必须按照公关活动的项目和全过程，进行详尽的分析预算，尽量不要遗漏项目。具体费用主要包括以下几个方面。

（1）劳务费用：公共关系人员的工资及劳动报酬。

（2）管理费用：实施活动的日常开支，器材费、场地费、设备费等。

（3）媒体费用：公关活动媒体制作费、传媒使用费等。

（4）其他费用：意外事件、未尽事宜的费用。

9．形成策划书。策划书是策划成果的体现，是公关活动实施的行动依据和指南。策划书的基本结构有八个部分构成：标题；主题；目标；组合分析；活动步骤；传播渠道；经费预算；效果预测。还有策划者署名、时间及视策划书篇幅长短，可有附件等内容。

三、公关专题活动策划的创意

创意是公关策划的灵魂，公关专题活动的策划工作就是需要不断创新，设计出具有社会价值的新颖而独特的公关活动，吸引社会公众的关注。有创意的策划会使活动收到意想不到的效果。

专题活动策划的构思方法很多，这里介绍几种具有创造性思维创意的构思方法。

1．发散思维法。发散思维又称辐射思维，指从一个目标出发，沿着各种不同的途径去思考，探求多种答案的思维。发散思维是创造性思维的最主要的特点，美国心理学家吉尔福特认为，发散思维具有：流畅性、灵活性、独创性三个主要特点。

2．类比法。类比法又称原型启发法，是从已知事物的属性和特点、形态和特征中得到启示，从而找到解决新问题的方法和途径。

莱特兄弟通过研究鸟的飞行，深入钻研航空理论，制造出“飞行者一号”，实现了人类像鸟儿一样在天空飞翔的梦想；人们通过对蝙蝠超声波定位的仿效，制造出雷达；通过对狗鼻子构造的分析，发明了灵敏的电子嗅觉器。

3．头脑风暴法。头脑风暴法又称智力激励法，是现代创造学奠基人美国的奥斯本提出的，是一种创造能力的集体训练法。

这种方法是把一个组的全体成员都组织在一起，围绕一个特定的兴趣领域产生新观点，这种方法就叫做头脑风暴法。由于使用了没有拘束的规则，人们毫无顾忌地发表自己的观念，自由地思考，进入思想的新区域，使每个人都能提出大量新观念，这是创造性地解决问题的最有效的方法。

第三节　公关专题活动方案的实施

公关专题活动方案的实施是公关工作的第三个重要步骤，也是最为复杂、最为多变的一个公关计划实施环节。公关专题活动方案的实施是将策划所确定的内容变为公关实践的过程，是具体地解决问题达到目标的过程。通过这个实践活动的开展来实现策划的目标，从而获得相关公众的了解、理解、信任和支持。

一、选择应用传播媒介

公关专题活动方案的实施离不开传媒，面对众多的传媒，如何选择和使用才能更加有效和经济，是公关计划传播过程中的首要问题。问题的解决需要结合公关活动方案，在对媒体特性和媒体传播特性进行科学地分析和把握的基础上，理性的进行选择。关于传播媒介的分析、把握和选择，将在本教程第六章进行讨论。

二、选择公关活动方式

从宏观的角度上看，公共关系是一种战略性行为，旨在建立组织与环境之间的双向沟通和良性互动，以保持组织与环境之间的动态平衡。但是从微观上看，公共关系又经常被作为一种战术性行动，帮助组织树立形象、宣传理念、推广产品等。为适应不同的公共关系状态和组织环境，公关策划必须在组织发展的不同时期提出不同的目标，选择不同的公关活动方式。

（一）公关活动的行为方式

根据发展时期和发展目标可采用战略型公关活动模式，战略型公关活动模式是指组织为达到全局的、长远的整体目标所选择的公关活动模式，这些活动往往是由一系列的工作组成。常见的战略型公关活动行为方式有五种类型。

1. 建设型公关。建设型公关活动模式是指在组织初创时期或新产品、新服务首次推出时为打开局面而采用的公关工作模式。其目标是在组织初创或新产品上市时能达到精彩亮相、提高知名度和塑造良好的“第一印象”，是创牌子时期。这种公关模式的工作重点是宣传和交际，向社会公众介绍组织及产品等，使公众对新组织、新产品、新服务有所认识，引起公众兴趣。公共关系人员要努力结交朋友，尽量使更多的公众知道、理解、接近自己，取得公众的信任与支持。

建设型公共关系有多种传播形式，主要有：开业（周年）庆典、开业广告、新产品展销、新服务介绍、免费试用、免费接待参观、开业折价酬宾、赠送宣传品、主动参加社区活动等。

2. 维系型公关。维系型公关活动模式是组织在稳定发展时用以巩固良好公共关系的模式。目的是通过不间断的传播和公关工作，维持组织在社会公众心目中的良好形象。这种模式一方面开展各种优惠服务吸引公众再次合作，另一方面通过传播活动把组织的各种信息持续不断地传递给各类公众，使组织的良好形象始终存留在公众的记忆中，一旦产生需求，公众就可能首先想到组织，接受组织产品与营销政策。

维系型公共活动模式是针对公众心里特征精心设计的。它具体分为三种：一是硬维系，是指那些维系目的明确、主客双方都能理解意图的维系活动。这种模式适用于已经建立了购买或业务关系往来的组织和个人，特点是靠优惠措施和感情联络来维系与公众的关系。二是软维系，是指那些活动目的虽然明确，但表现形式却比较超脱的公关活动，它的目的是让公众不至于淡忘了组织。其具体做法可灵活多样，但要以低姿态宣传为主，如定期广告、组织报道、提供组织的新闻画片等。保持一定的媒介曝光率，使公众在不知不觉中了解组织的情况，加深对组织的印象。三是强化维系，是指在组织有了一定形象时，为进一步巩固和发展既有形象、消除潜在危机而开展的公关活动。

3. 进攻型公关。进攻型公关活动模式是一种主动争取公众、创造良好环境时采用的一种公关模式。这种模式要求组织运用一切可以利用的手段，抓住一切有利的时机和条件，以积极主动的姿态调整自身行为，改变环境，摆脱被动局面，创造有利于组织发展的新局面。

这种模式最大的特点就是“主动”，例如：不断开拓新产品和新市场，改变组织对环境的依赖关系；组织同行联合会，以减少竞争者之间的冲突和摩擦；建立分公司，实行战略性市场转移，创造新环境、新机会等。

这种模式的具体内容包括以下四个方面：一是创新。开拓新的领域，改变组织对环境的原有依赖关系，可以通过研制新产品、开拓新市场、组建新的合作关系等方式吸引更多的顾客群，建立新的关系。二是合作。主动交朋友、加入同行协会或搞协作性的交流会议，减少与竞争者的冲突、摩擦。三是转移。组织要尽量避免受到环境中的消极因素的影响，对这些影响可以采取迂回转移策略。比如来组织拉赞助的人太多，组织承受不了，特别是知名组织、模范单位，有时确实处于进退两难的尴尬境地。组织对此活动可以主动出击、组织活动，就可以告诉那些拉赞助的人组织已经搞了类似的活动，这比不想参加效果要好，而且不会有副作用。四是利用机会主动出击。例如，上海银河宾馆主动请孔繁森的妻子王庆芝到该宾馆下榻，并对员工进行教育。南京的商业界到安徽去“抢”劳模到南京传授经验。这些都是典型的进攻型公关活动。

4. 防御型公关。防御型公关活动模式是组织为防止自身的公共关系失调而采取的一种公关活动模式，是组织与外部环境出现不协调或与内部公众发生轻微摩擦时所采用的公关活动模式。其特点是防御与引导相结合，变消极为积极。

公共关系应该以预防为主，在组织发展顺利、情况正常的时候，要善于发现问题、预见问题，及早制定出防治措施，才能在公关活动中保持主动。防御型公关活动模式的主要公关活动有：开展公关调查和公众意见征询、组织的经营政策及行为的自我审查和自我评判、制度措施的修改与完善等。

5. 矫正型公关。矫正型公关活动模式是组织遇到风险、组织的公共关系严重失调，组织形象发生严重损害时所采用的一种公共活动模式。其特点是三个“及时”，即及时发现问题、及时纠正错误、及时改善不良形象。

在组织形象受到损害时，公共关系人员应立即采取有效措施，尽量减轻损害造成的后果，做好善后工作，配合组织的其他部门，重新建立起组织的新形象，挽回组织的声誉。

组织形象受损一般有两种情况：一是由于外在的原因，如某些误解、谣言，甚至人为的破坏，致使组织的形象受到损害，这时公共关系人员应及时、准确地查明原因，迅速制定对策，采取行动，纠正或消除损害组织形象的行为和因素；另一种情况是由于组织的内在原因，如产品质量、服务态度、环境保护、管理政策、经营方针等方面发生了问题而导致公共关系的严重失调。这时公共关系人员应迅速查明原因，采取行动，尽快与新闻界取得联系，控制影响面，及时把外界舆论准确地反馈给决策层和有关部门，提出消除危机的办法和纠正错误的措施。同时还需运用各种公共关系手段和技巧开展公关活动，求得公众谅解，公布纠正措施和进展情况，平息风波，恢复信任，重新树立良好形象。

（二）公关活动的业务方式

公关活动的业务方式是由组织经常的、具体的一系列公关活动构成，属于战术型公关。它所采用的主要活动有五种类型。

1. 宣传型公关。宣传型公关活动方式是运用大众传播媒介和内部沟通方法开展宣传工作，树立良好组织形象的公关活动模式。主要做法是：利用各种传播媒介和交流方式，进行内外传播，让各类公众充分了解组织，支持组织，进而形成有利于组织发展的社会舆论，使组织获得更多的支持者与合作者，达到促进组织发展的目的。其特点是主导性强、实效性强、传播面广、推广组织形象效果好。

2. 交际型公关。交际型公关活动方式是在人际交往中开展公关工作的一种模式，目的是通过人与人的直接接触，进行感情上的联络，为组织广结良缘，建立广泛的社会关系网络，形成有利于组织发展的人际环境。其方式是开展团体交际和个人交往，团体交际包括各式各样的招待会、座谈会、工作午餐会、宴会、茶话会、慰问、舞会等。个人交往有交谈、拜访、祝贺、个人署名的信件往来等。

交际型公关活动方式是公关活动中应用最多，较为有效的公关模式。它不仅用感情投资的方法，达到组织与公众的互助、互利、互惠，而且还是一种获得信息的有效途径。它具有直接、灵活的特征，在与不同人的接触交谈中，可以捕捉到有价值的信息，使组织在竞争中出奇制胜。需要注意的是，开展交际工作时要坚决杜绝各种不正当的手段，并且明确认识交际只是公共关系的手段之一，而绝非它的目的，同时更不能把一切私人交际活动都作为公共关系。交际型公关活动具有十分重要的作用。

3. 服务型公关。服务型公关活动方式是一种以提供优质服务为主要手段的公关活动模式，目的是以实际行动来获取社会公众的了解和好评，建立自己良好的形象。服务型公关活动模式绝不仅仅限于专门的服务行业。社会上任何一类组织都能以自己独特的方式向公众提供必要的服务。日本有一位企业家曾经说过：“现在的顾客与其说是要买商品，不如说是要买服务。”海尔正是以它的最佳服务而赢得众多用户的。

服务型公关活动模式最显著的特征在于实际行动。组织以特殊的媒介——服务，来密切组织与公众之间的关系。运用服务型公共关系，既要有服务公众的意识，还要有制度保证。

4. 社会活动型公关。社会活动型公关是组织利用举办各种社会性、公益性、赞助性活动开展公关工作的模式。其目的是通过积极的社会活动，扩大组织的社会影响，提高其社会声誉，赢得公众的支持，为树立良好的社会形象创造条件。

社会活动型公关形式有三种：一是以组织本身的重要活动为中心而开展的。如利用公司的开业剪彩、周年纪念的机会，邀请各界宾客，渲染喜庆气氛，借此播下友谊的种子。二是以赞助社会福利事业为中心开展的公关活动。如赞助教育、残疾人组织，赞助公共服务设施的建设等，以此在公众心目中树立本组织注重社会责任的形象，并提高组织的美誉度。三是资助大众传播媒介举办的各种活动，提高组织的知名度。如冠以组织名称或产品名称的各种活动、评选等，既活跃了文化生活，又传播了组织形象。

社会活动型公关的特点是公益性、文化性强、影响力大，其活动范围几乎是无限的，且可大可小、可繁可简。在组织此类活动时，公共关系人员一定不要拘泥于眼前得失而不顾长远利益；也不要贪多求大，如果组织力量难以达到，就不能收到良好的公共关系效果。所以组织要保持清醒、冷静的头脑，要量力而行，谨慎行事。

5. 征询型公关。征询型公关活动模式是以提供信息服务为主的公关活动模式，目的是通过采集信息、舆论调查、民意测验等工作，了解社会舆论，为组织的经营管理决策提供参考，使组织行为尽可能地与国家的总体利益、市场的发展趋势以及公众的意愿、需求一致。

征询型公关活动模式可采用的形式很多，如号称“世界第一饮料”的可口可乐公司通过征询调查，掌握了主动权，战胜了有力的竞争者百事可乐公司。可口可乐公司正是以开展民意测验，访问重要用户，建立信访制度，设立监督电话，处理举报和投诉，进行组织发展环境的预测等征询型公关活动而获得公众认可，取得市场竞争主动权的。

第四节　公关活动分析评估

分析和评估公关活动效果是公关工作的第四个重要步骤，是公关工作中不可缺少的环节。公共关系评估就是依据特定的标准，对公关计划、实施及效果进行检验、评价和估计。通过对公关效果的分析评估，肯定工作成绩，找出实施效果与目标之间的差距，适时地调整公关目标、公共关系的计划和实施方案，保证公关活动的持续有效开展。

一、公关活动分析评估的意义

公关活动分析评估具有重要意义。首先，分析和评估对组织的公关工作具有导向作用。任何公关活动的结束都需要进行总结，通过对公关活动的计划、实施、效果的分析评价，其经验和教训都会为下一个公关活动和环节提供借鉴。“总结经验、吸取教训”是公关活动分析评估的重要意义所在。其次，分析评估是激励内部公众士气的重要形式。公关活动的开展对良好组织形象的树立所起到的作用，内部员工一般很难有全面深刻的了解和认识。通过公关活动分析评估，将公共关系方案的目标、措施和效果向内部员工解释和说明，才能使他们体会到公关活动的重要性，同时也能认清本组织的利益和实现的途径，自觉地将实现本组织的战略目标与自己的本职工作紧密地联系在一起，增强凝聚力。再次，公共关系评估的另一重要意义还在于使组织的领导人看到开展公关工作的明显效果，从而使他们能更加自觉地重视公关工作。

二、公关活动分析评估的内容

公关活动的分析评估的内容较多，这里主要从以下三个方面加以介绍。

1. 分析评估公关活动原定目标是否实现。公关活动的原定目标是活动效果评估的标准。将公关活动方案中所设计的主要目标与通过公关活动所达到的实际目标进行比较，分析目标实现的程度。

2. 分析评价公关活动所选择的模式、传播媒介是否符合目标公众的需求。通过公关调查，对掌握的资料进行分析评估，分析其相符程度和对实现目标的作用，为制定新的公关计划和活动提供依据。还需对原计划预算控制进行评估，对资源投入与目标实现的价值比和效益比分析，使组织的人力、财力、物力和时间的投入得以充分利用，发挥较多的效益。

3. 公众的态度的分析评估。在进行评估时，要对开展公关活动前后公众对组织的认识、了解和理解程度进行比较分析，还应分析评估公众对组织观点、态度的改变程度。公众“态度”的分析评估，对公关活动持续有效的开展有着重要的指导意义。

三、公关活动分析评估的程序

评估工作是对公关活动的计划、实施及效果进行分析总结，作为一项完整的工作过程，评估过程可概括为十个基本步骤。

1. 设立评估统一目标。意即对评估的用途和目的达成一致，评估目标是用比较来检验公关计划与实施的结果。统一的评估目标，可以减少在评估研究中出现的不必要的劳动，除去无用的材料，提高评估的效率与效果。

2. 取得组织最高管理者的认可，确保组织将评估列入公关计划，能够保障评估的正常有序进行。

3. 在公关部门内部取得对评估研究意见的共识。

4. 细化评估标准，并将项目具体化。用可以观察和可以测定的角度，将目标具体化、精确化，这样可以使公关计划的实施过程更加明确化与准确化。如果设立的目标不能得到实施，目标就没有用处、没有意义。

5. 选择合适的评价标准。公关活动的目标说明了组织期望达到的效果。应针对不同的活动形式和目标，确立评估标准，如果开展的是以改善自己的形象，提高美誉度为目标的公关活动，评估应该将公众对组织的认识、态度的变化作为评估标准。

6. 确定获取数据的最佳途径。获取评估数据的途径和方法并不是惟一的，获取评估数据的途径和方法取决于评估的目的、标准。抽样调查、实地实验或活动记录都可能成为获取数据的好方法。

7. 保持完整的计划、实施记录。组织活动记录可以提供大量的评估材料，保持完整的计划实施记录，可以检验策划的可行性程度。

8. 运用评估结果。把评估的结果运用到公关工作的调整上，会使问题的确定和分析更加详细、精确，确保下一个周期的公关活动更为有效。

9. 及时报告评估结果。及时上报评估结果可以保证组织管理者及时掌握情况，有利于组织全面的协调决策，也有利于说明公共关系活动在组织实现目标的过程中所起到的作用。

10. 丰富专业内容，利于知识共享。公关活动的效果评估，可以使人们对公关活动加深理解和认识，评估的结果又进一步丰富公共关系专业知识的内容；同时也能被其他相似组织所借鉴、共享。

四、公关活动分析评估的方法

在进行实施效果的评估时应注意到，一项公关活动总是处于一定的社会环境之中的，它所产生的影响，可能是公关活动本身引起的，也可能是受到其他社会因素的作用。理想的科学的评估，最好能尽量排除公关活动本身之外的因素，显示出公关活动真正的影响力。分析评估的方法有很多，这里我们根据评估主体的不同，介绍三个基本方法。

1．公众评价法。它是由公关活动的参与对象通过亲身感受，对公关活动给予评价的方法。这种方法在公共关系评估中应用较为普遍，即采用问卷或提问的方法征求公众的意见，征求他们对指定问题的意见、态度、倾向来对公关活动的效果进行分析评价。

2．专家评价法。它是由公关方面的专家来审定公关计划、观察活动的实施、对计划的实施对象进行调查，综合各方面意见对公关活动进行评估，鉴定公关活动的成就。

评价时将拟定好的评价项目、评价标准和活动背景资料送至专家手中，请专家就所掌握的资料，提出评估结果、列出评估依据；综合汇总专家意见后，形成评价结论。

3．实施人员的评估。它是由实施公关活动的人员对计划和实施的进展情况进行评估。这种评估能够及时、充分地利用实施过程中的实际情况，对该项活动的影响效果进行判断。当然这种评估也有缺陷，由于是实施人员对其实施计划评估，可能无法公正客观的看出公关活动的真实影响。

【本章小结】

公共关系活动目的是通过一个或一系列活动在组织和公众之间建立一种和谐、协调、互谅互助的关系。这个活动过程一般由调查、策划、实施、评估，四个步骤组成，又称“公共关系四步工作法”。本章介绍了由“调查研究、公关策划、传播实施、分析评估”四步工作组成的公关工作的流程，重点探讨了公关调查、专题活动策划、公关计划传播和实施、公关活动分析评估等程序的特点和内容。本章还探讨了公关模式、公关专题活动的特点及适用类型，为开展公关工作提供了基本的思路。

【本章思考】

1．公关工作是由哪四个步骤组成的？
2．公关调查的程序是什么？可采用哪些方法？
3．在访谈调查中应注意哪些技巧？
4．怎样设计调查问卷？
5．公关专题活动有哪些类型？
6．怎样理解战略型模式公关和战术型模式公关？它们有什么区别？
7．公共关系评估的意义何在？

第四章　公关目标策略

【学习目标】通过本章学习，了解确立公关目标的意义和原则，掌握公关目标的分类；了解组织形象的含义，熟悉组织形象的构成要素和基本特征，重点掌握组织形象设计及 CIS 战略的实施。

第一节　公关目标的概念

公关目标是公关活动的出发点和归宿。社会组织的一切公关活动都必须确定明确的目标，才能确保公关活动有条不紊、经济、高效地进行，才能确保公共关系为社会组织的发展服务。

一、公关目标的概念和意义

公关目标是指组织通过策划和实施公关传播活动所追求和渴望达到的一种状态或目的，是公共关系全部活动的核心和公关工作努力的方向。整个公关实务工作的过程就可以理解为制定公关目标和实现目标的过程。

确定公共关系总目标和各项具体目标是制定公关活动计划的重要环节，是指导组织公共关系实务工作的关键，是组织公共关系全部活动的核心。因此，确立公关目标的重要意义表现在以下几个方面：

1．确定公关工作的方向和一定时期内必须完成的任务；
2．确定公关目标是制定公关计划的基础；
3．确定公关目标是安排指导和协调控制公关工作的依据；
4．确定公关目标是评价公关活动效果的标准与尺度；
5．确定公关目标是提高公关工作效率实现公关活动价值的保证。

二、公关目标的分类

根据公共关系的主要工作内容，派生出公共关系的三大基本目标，即形象设计与塑造、关系协调、传播与沟通，其中形象设计与塑造是整个公关工作的核心目标。具体公关活动的目标，则因不同的任务和要求而有所不同。

在不同的公关目标指导下，组织会策划和实施不同的公共关系行动方案，为了使组织的公关活动与公关目标相一致，我们必须对公关目标进行合理、准确的分类，以利于组织根据不同的公关目标，开展有针对性的公关活动。公关目标可以根据以下不同的标准进行分类。

（一）按目标的时间跨度

1. 长期目标。长期目标是指与组织总体发展规划，组织的长远利益相一致的目标，是一个关于组织发展的战略目标。它的时间跨度通常在 5 年以上，对组织的发展起长远的指导作用，是一个方向性的奋斗目标。

2. 中期目标。这是将组织公共关系长期目标所提出的基本任务进行分析所形成的目标，时间跨度一般为 2～5 年。组织依据中期目标指导和开展其公关工作。

3. 短期目标。短期目标通常是指年度目标，是指组织公关活动在一年内的工作计划和要达到的标准。它是根据组织的年度发展计划和奋斗目标而制定的。短期目标将组织公关工作总目标的有关任务落实到公关活动计划上，对组织在一年中的各项具体公关活动起着指导作用。

4. 具体目标。这是组织针对各项具体问题而开展的专项公关活动所制定的目标。组织为达到与公众沟通的目的，经常会开展一些专项公关活动，如召开一次新闻发布会，处理一次突发的危机事件，开展一项公益活动等。要达到这些专项公关活动的特定效果，必须制定各项具体目标以指导活动的顺利开展。

（二）按目标实现的顺序

1. 传播信息目标。这是指组织向公众开展传播宣传活动，让公众知晓有关组织的真实情况，是公共关系最基本的目标，是公关策划首先要考虑的问题。连接公共关系主体与客体的中介就是传播，因此大量的公关工作将要围绕这一目标而开展。在进行公关策划时，对传播信息的手段、方式、场所、人力、财力、物力因素都要加以周密思考，妥善安排，才能保证这一目标的实现。

2. 联络感情目标。这是组织的感情投资工作，交际型公关活动模式特别适合于这一目标。它是组织依靠某种行为去争取公众对组织的好感和信任，既是一项具有长期性的任务，也可以在较短的时期内见到成效。在进行公关策划时，首先要考虑到它的方式方法，要区别于一般人际关系，避免出现不正当的“拉关系”，“走后门”现象。如果事前策划不当，消耗了大量的人力、财力、物力，还可能无所作为；反之，按照科学的方法和正当的途径则可以产生事半功倍的效果。

3. 改变态度目标。无论现代公共关系理论有了什么新发展，组织通过引导、沟通，改变公众对组织的某种观念和态度，始终是公共关系的主要目标。尤其是在一个组织初创或推出新政策、新产品时，或在组织出现危机、形象受到损害时，特别需要认真制定以改变态度为目标的公关计划，在这个计划中要对公众可能存在的障碍和误解作出估计并提出消除这种障碍的具体措施。

4. 引起行为目标。这是组织通过开展一系列公关活动，在实现了上述公关目标后，最终要引起公众对组织有利的行动。这是公共关系的最高目标。它是前几项目标实现程度的最后检验。在进行公关策划时，应对将会引起公众什么行为等问题作出预测，并根据预测作好相应准备。

（三）按目标的性质

1. 战略目标。这是与组织的根本利益，整体形象相关的重大长远目标，是关于组织长远发展的纲领性文件，它的实现能为组织的发展创造和谐的内外环境，建立广泛合作的关系网络，树立良好的社会形象。战略性公关目标可分为适应性公关目标和控制性公关目标。适应性公关目标是指组织对各种社会环境因素（如社会文化、政治、法律、经济、公众等）的适应性活动方向；控制性公关目标则是指组织在适应环境的过程中能动的反作用于环境的努力方向。

2. 战术目标。这是根据组织公共关系的具体情况而开展的活动所追求的目标，它有具体的程序和较强的可操作性。由于各组织的情况不同，同一组织在不同的时期、不同的发展阶段的工作重点也不同，所以组织公共关系的战术目标也各不相同。根据作用的方向，战术目标可分为内向公关目标和外向公关目标。内向公关目标是针对组织内部公众而制定的公关目标。制定内向公关目标主要从改善内部公众之间的关系，增进组织内部公众之间的友谊，加强组织内部的团结，增强组织内部的凝聚力等因素入手，使组织内部充满活力，同心协力为组织的发展作出贡献。外向公关目标是针对组织外部公众而制定的公关目标，制定外向公关目标要以公众的利益为出发点，从协调与外部公众的利益关系，联络相互之间的感情，增进相互之间的理解和信任等因素入手，最后取得外部公众的支持与合作，提高组织的外张力。

（四）按公关活动的行为方式

1. 进攻型公关目标。进攻型公关目标以制造新闻，主动扩大组织影响为开展公关工作的目标。它以积极的自我调整和改造环境条件为特点，以攻为守，抓住一切有利时机和有利条件主动出击，在短时期内造成较大声势和空前影响，创造新局面。它是在组织需要拓展或环境发生摩擦时所采用的一种公关工作目标类型。

制定进攻型公关目标有三点要求。

（1）以“创”为主。这就是说，进攻型公共关系在解决与外部环境的矛盾时，要充分发挥组织对环境的能动作用，以具有创造性的行为去建立组织与环境的协调关系。

（2）掌握时机。进攻型公关活动很讲究时机条件，并不是组织与外部环境条件一发生矛盾冲突就采用这种公关活动，而在缺乏一定的社会气候、环境气候时，尤其是在组织的内在应变能力本来就不强时，就不能开展这种公关活动。如果时机条件把握不好，盲目进攻，不仅会伤了组织自身的元气，还会加剧组织与环境的冲突。

（3）要遵守道德原则。开展进攻型公关活动，必须注意遵循公共关系的职业道德准则。"火药味"无论多浓，都不能作出损人利己或损害社会大利益保全组织小利益的行为。否则，就违背了公共关系的初衷，与公关活动的原则与目标不相符了。

2. 防御型公关目标。这是组织为防止自身公共关系失调而采取的一种公关工作目标类型。目的是将不协调因素和摩擦苗头尽量消除，防患于未然。特点是防守与引导相结合、预测与措施相结合，以退守防御的方式，开创更为有利的时机和局面，使防守工作科学化、制度化，把可能出现的问题和危机控制起来，改造被损害的组织形象，挽救组织的声誉。这种防守型公共关系多用于应付突发性的公共关系危机。

制订防守型公关目标时要注意以下两个方面的因素。

（1）从查清问题的根源入手。当组织面对突发性的公共关系危机而不得不采用防守型公共关系时，其主要活动方向不是忙于应付公众的抱怨与指责，而要迅速根据各方面传来的信息，去准确查出导致危机的原因，在此基础上再提出补救措施，采取相应的行为。通常突发性公共关系危机是由两种原因造成的，一种是外部原因，即由于公众的误解和他人的伤害、破坏而导致组织形象受损；另一种是内部原因，即确实由于组织自身的行为不当、疏漏、错误而导致公众利益受损害而反过来又影响了组织自身的形象。当问题是由外部原因造成时，防守型公关活动的措施是：公布真相、澄清事实、平息风波、挽回声誉。当问题是由内部原因造成时，防守型公关活动的措施是：坦率认错、承担责任、积极补救、调整政策行为、杜绝危机重演。

（2）增大透明度。公开性本来就是公共关系的基本精神，增大透明度就是公开性的体现。因为如果公共关系危机一旦已经酿成，无论问题的轻重大小，遮遮掩掩只会加重公众的不信任感。正确的选择是向社会、向公众公开造成危机的真实原因，让社会和公众监督解决危机的全过程。当查清问题起因时，要及时向社会各界以及与组织有关的各方公布事实真相材料，并公布组织拟定的补救措施和解决问题的方案。必要时，还应主动邀请新闻媒介或有关当事人参与监督。只有这样，组织才有可能尽快度过危机，重新争取公众的信任，甚至还可以把一场危机转化为公关活动的一次胜利。

三、公共关系的实践目标

英国公共关系专家弗兰克·杰弗金斯提出公共关系的实践目标的概念，对公关实践具有指导意义。根据公关目标的分类方法，公共关系的实践目标属于公关工作的具体目标和战术目标的范畴，而不是单独的一类。公共关系实践目标可概括为以下几种。

1. 新产品，新技术，新服务项目开发之中，要让公众有足够的了解。

2．开辟新市场，新产品和服务之前，要在新市场所在地公众中宣传组织声誉，提高组织的知名度。

3．转产其他产品时，要调整组织对外形象，树立新的组织形象与新产品相适应。

4．参加社会公益活动，并通过适当的方式向公众宣传，增加外部公众对组织的了解和好感。

5．开展社区公关活动，与组织所在地的公众沟通，得到他们的支持。

6．本组织的产品或服务在社会上造成不良影响后，通过公关活动，挽回影响。

7．为本组织新的分公司、销售店、驻外办事处进行宣传，使各类公众了解其性质和作用。

8．让广大公众了解组织领导关心社会、参加各种社会活动的情况，以提高组织的美誉度。

9．发生严重事故后，要让公众了解组织处理过程、采取的方法，解释事故的原因以及正在做出的努力，以取得公众的谅解。

10．创造一个良好的消费环境，在公众中普及同本组织有关的产品或服务的消费方式、生活方式。

11．创造股票发行的良好环境，在本组织的股票准备正式上市挂牌前，向各类公众介绍产品特点、经营情况、发展前景、利润情况等，宣传组织的投资环境和条件。

12．通过适当的方式向儿童宣传介绍，使正在成长中的一代了解本组织产品的商标牌号、企业名称、服务特色。

13．争取政府对组织性质、发展前景、需要得到支持情况的了解，协调组织关系。

14．赞助社会公益事业，赢得社会好感和关注，扩大组织影响。

15．准备同其他组织建立合作关系时，对组织的公众、合作者及政府部门宣传合作的作用和意义。

16．处在竞争危机时刻，通过联络感情等方式，争取有关公众的支持。

第二节　确立公关目标的原则和依据

组织的公关策划总是围绕着公关目标展开的，必须为公共关系战略和整体目标服务，为公关活动的成功服务。公关目标既是公关策划的起点，又是公关策划的归宿。为了确立明确具体、行之有效的公关目标，发挥其应有功能和作用，必须对确定的原则和依据进行科学地把握。

一、确立公关目标的原则

任何组织在确立公关目标时，要使确立的目标科学、可行，而又不至于偏离方向，就必须遵守一定的原则。

（一）协调统一的原则

公关目标必须符合组织整体发展的要求，与组织的其他活动目标协调统一，任何组织都是由很多要素构成的具有明确目标的有机系统。组织成员必须通过合理分工和密切协作才能实现组织的整体目标。公关目标作为组织总目标下的一个子目标，必须服从和服务于总目标。公关工作人员在制定目标时要考虑到组织的整体社会形象和社会公众的整体利益。也就是说，公关目标的制定必须符合组织整体发展目标的要求，必须能起到从认识社会效益和组织长远利益的角度，促进组织的整体发展。同时公关目标还必须和其他活动目标协调统一，并为其他目标的实现创造有利条件和环境，以确保组织整体目标的顺利实现。

（二）明确具体的原则

1．目标的明确性

目标的明确性是指目标的含义必须十分清楚、单一，可直接操作，有明确的内容与要求，不能有歧义，不使人产生多种理解。具体有以下几个方面。

（1）工作对象应是特定的。必须有明确的公众对象、工作内容、工作方法和手段。

（2）目标是结果式的。结果是相对于过程而言的。就是说目标应该是可予以明确评估的结果，否则将不具备约束力。例如，组织提出某次公关活动的目标是“提高知名度”，那么这一目标就是过程式的，对活动的结果不具约束力。如果将目标改为“将本组织的知名度提高 20%”，则是结果式的，具有明确的约束力。

（3）目标应是可以确定执行者责任范围的。为了使制定出来的目标能够落实，每个部门、每个执行者都必须有明确的责任范围，以防止相互推委、扯皮、不愿承担责任的事情发生。

（4）目标应明确实现目标的约束条件。为了确保目标在执行过程中不会因为执行者的主观意愿而出现严重的偏差，在进行策划时要明确一些必要的约束条件，使执行者的行为受到合理的限制，不能任意行事，以保证目标的顺利实现。

2．目标的具体性

目标的具体性是指目标作为实施的准则和评价的标准，必须是具体的、量化的，不能是泛泛的、抽象的口号。如果目标不具体，没有一定的量化指标，就没有办法去测定，更谈不上具体的实现。不仅要明确公关目标的性质，还要做到量化，使其具有可比性、可考核性和可操作性，这样才有利于公关目标的实施、检查和对公关活动效果的考核。如“提高组织知名度”这一目标就不如“将组织知名提高百分之多少”更为明确。除此之外，目标中还需做出时间和空间上的规定，以便于在整个管理过程中进行有效的实施和控制。

（三）可行性和挑战性原则

公关目标的可行性，即现实性。任何脱离组织的实际情况和实际能力，盲目制定的无法实现的公关目标会如镜花水月一般，不会达到理想的效果。因此，公关目标的制定要基于组织的实际需要，认真仔细地了解分析组织自身所具备的有利条件、不利因素和主观努力程度，进行分析论证，确保公关目标的实现。公关目标的挑战性是指目标在数量方面和复杂程度上具有一定难度，必须通过其努力才能完成，因而对执行人员具有激励作用。目标不能定得太高，也不能定得太低，目标太高，不仅无法实现，还会浪费组织的人力、物力和财力。目标太低不能给人以鼓舞，无法调动组织成员的积极性。一个明确可行且富有挑战的公关目标可以使组织成员受到鼓舞和激励，大大增强其工作责任心和竞争意识，从而推动组织的健康发展。

（四）层次化原则

在总体公关目标内还包括一系列分支目标，确立公关目标时，必须分清主次，将这些目标按轻重缓急进行排列，形成一个自上而下、主次分明、缓急明确、协调统一、相互关联、相互保障的有机目标体系，这样才能使公关工作人员按照各类不同的目标分别有计划地组织实施。这种关系可以用图 4-1 表示。

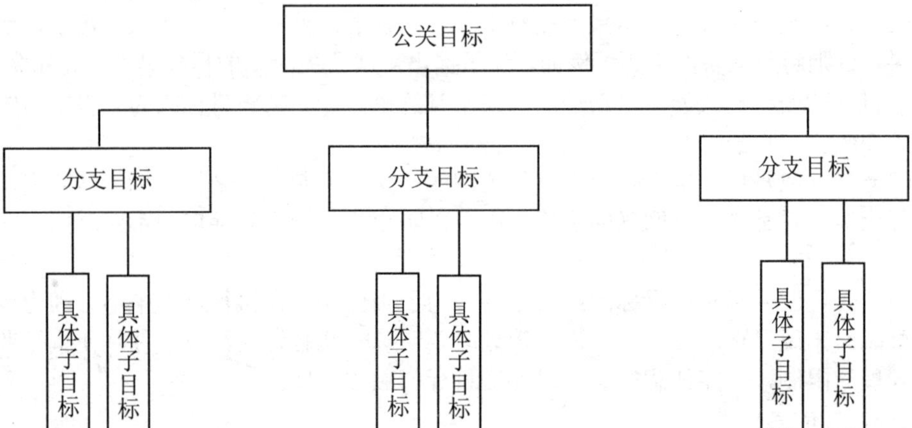

图 4-1 公关目标体系

（五）公关目标的灵活应变性

组织所处的内外环境是复杂多变的，因此，目标确定后由于各种内外因素的变化，使目标的执行会遇到种种困难和问题。为了保证目标最终实现，首先，在制定目标时要保证一定的弹性，留有充分的余地，以备出现问题时能够灵活处理；其次，要制定一些应变措施和保障措施，以便在出现意外情况时及时采取补救，减小组织损失。因此，组织的公关目标体系应具备依据内外环境条件变化而及时调整的灵活应变机制，使组织具有高度敏感性，从而能够始终与环境保持协调与平衡，不断产生新的生命力。

二、确立公关目标的依据

（一）社会组织自身形象

要通过公共关系的调查与分析，客观地认识本组织的关系状况，了解本组织的类型、性质和地位，以此进行准确的形象定位。尤其是要了解公众对组织的评价，即组织在公众心目中的印象，由此得出组织的实际形象。在此基础上，发现社会组织关系状态、沟通协调和形象定位存在的问题，科学设定公关目标。

（二）公众的需要及其对组织的要求和期望

社会组织还要注重了解公众的需要，公关目标的确定，要以满足公众的需要，尤其是满足公众日益升华的精神需要为目标；社会组织还要了解公众对社会组织的要求和期望，在设定公关目标时要兼顾公众的要求和期望，这也符合“公众总是对的”这一法则。

（三）组织的总体目标和发展战略

组织的总体目标和发展战略是社会组织公关目标的重要依据。组织的公关目标必须保持与总体目标的协调一致，必须为组织的整体发展战略服务。

（四）组织的资源状况及可提供的活动条件和环境条件

组织可通过广泛的调查研究工作取得及时、准确的上述各项信息，为公关目标的确定提供可靠的依据。组织的公关部门及公共关系人员应积极主动地收集有关信息，了解与本组织有关的和受其影响的个人、组织、社会群体的态度和反映，及时发现组织在公共关系方面存在的问题，以此确立明确的公关目标。

第三节　组织形象策划

塑造组织形象是公共关系的主要目标之一，而组织形象设计是塑造组织形象的基础。组织形象设计体现组织的管理水平和精神风貌，良好的组织形象是保证组织运行的必要条件。公关工作必须根据组织的自我期望和实际情况设计形象，并通过对内对外的宣传推广，使组织形象在内外公众中被认可和接受。

一、组织形象的含义

（一）组织形象的概念

从公共关系的角度来看，所谓组织形象，是指社会公众对一个社会组织的全部看法和总体评价，是社会组织的总体特征和实际表现在社会公众心目中确立的综合印象。首先，组织形象是对组织的总体评价；其次，组织形象的评定者不是组织本身而是社会公众；再次，组织形象源于社会组织的实际表现，公众对组织的评价不是凭空产生的，而是社会组织的总体特征和实际表现在公众心目中的反映。

（二）组织形象的把握

社会组织的形象设计是组织公共关系的一项重要任务。要搞好形象设计，首先就要了解当前的形象状态，这样，就必须进行组织形象调查。组织形象调查的内容一般包括以下内容。

1．公众的需要。要全面鉴别本组织的目标公众，了解公众对组织的意见和评价，对组织有什么要求和希望，并将其与本组织的目标和利益加以权衡、比较，以便确定组织形象设计的基本要点。

2．组织的实际形象地位。通过对组织知名度和美誉度的调查，准确地把握组织形象的现状。知名度是指一个组织被公众知晓、了解的程度。这是评价组织名气大小的客观尺度，侧重于“量”的评价，即组织对社会公众影响的广度和深度。美誉度是指一个组织获得公众好感、信任、赞许和欢迎的程度。这是评价组织声誉好坏程度的社会指标，侧重于“质”的评价，即组织社会影响的好坏程度。良好的组织形象是高知名度和高美誉度的有机统一。

3．组织形象要素的调查。通过对构成组织形象的各个具体要素进行调查和比较，找出组织形象中的薄弱要素。

4．组织的期望形象，即一个组织自己所期望建立的社会形象。这是组织公关工作的内在动力、方向、目的和标准。通过对组织成员，上至领导下至员工的调查，了解组织的自我评价，揭示组织对公关工作的期望值。通过对内外公众的调查，了解公众对组织的需要，以及组织形象现状，发现组织形象存在的问题，并根据组织形象的期望水平，为组织形象设计提供依据和帮助。

二、组织形象的构成

为组织设计形象首先要了解形象是由哪些具体要素构成的。组织形象是一个完整的系统，是由丰富的内容和多样的形式构成的，具体来说，组织形象包括产品形象、管理形象、人员形象、文化形象、环境形象等要素。

1. 组织的产品形象。组织的产品形象即公众对组织的产品所形成的认知和评价，它是组织形象的最基本要素。产品是组织形象的物质载体，是公众对组织评价的主要依据，一个企业可运用产品去争取公众，如有的企业提出“以质取胜”的市场经营口号，就是希望以优质的产品树立起良好的形象，使消费者形成对企业及其产品的偏好，增强企业的市场竞争力，而公众也往往通过一定的产品来了解和评价一个组织。因此，产品形象是整个组织形象的客观基础。具体而言，产品形象包括质量、性能、品牌、包装、款式等要素。

2. 组织的管理形象。组织的管理形象是通过组织的经营管理活动表现出来的，即公众对组织的管理行为所形成的认识和评价。它包括组织的管理体制、方针政策、规章制度、工作效率、服务态度、人事制度及工资福利等。组织可以通过有效的管理，提高工作效率，改善服务态度，提高服务质量，以全方面的优质服务树立良好的组织形象。

3. 组织的人员形象。组织的人员形象是通过组织人员展现的，包括领导者形象和员工形象。它是通过领导者的文化水平、决策水平、管理水平、创新能力、道德修养和仪表风度以及员工的素质、品德、技能、态度和仪表等表现出来的。

4. 组织的文化形象。组织的文化形象是公众对组织的特定文化所形成的认知和评价，是通过组织文化要素展现的，它是组织在发展过程中所创造的物质财富和精神财富的总和，是组织员工在长时期的实践活动中逐步形成的共同价值观、信念、行为准则以及具有相应特色的行为方式、物质表现的总称。特定的组织文化制约着组织的个性，标志着组织形象的特定风格，对组织成员和社会公众起着潜移默化的影响作用。组织文化以组织的价值观念和经营哲学为核心，以组织系统和物质系统为依托，以组织员工的群体意识和行为为表现。它包括组织的价值观念、管理哲学、组织的历史与传统、组织的典型人物和标志性事件、组织的目标、职业道德以及组织的口号、厂训、厂歌、厂服、厂旗和各种标识等。

5. 组织的环境形象。公众对组织内外环境设施所形成的认识和评价即组织的环境形象，包括组织的建筑物、厂容厂貌、办公室、生产场地、门面招牌、绿化等。环境相当于组织的“外套”，对组织形象起着烘托、装饰作用。布局合理、清洁、优美、舒适的工作环境不仅有利于提高工作效率，而且体现着组织的人文精神。

综上所述，组织的形象是一个整体概念，是各种形象要素的有机结合。因此，必须注意发挥每个要素的作用，通过对各要素的协调统一，进而树立起组织良好的整体形象。

三、组织形象设计与 CIS 战略

当代企业组织一般通过实施 CIS 战略来设计良好的组织形象。CIS 是英语 Corporate Identity System 的缩写，通常译为“企业识别系统”。它是当今国际上盛行的一种组织形象设计方法，可使用于一切类型的组织。它将组织的理念、行为、视觉形象以及一切可感之处实行统一化、标准化、系统化，并通过有效的传播，使之成为公众辨别与评价组织的依据。CIS 包括理念识别系统（Mind Identity System，MIS）、行为识别系统（Behavior Identity System，BIS）、视觉识别系统（Visual Identity System，VIS）三个子系统。

1．理念识别系统。理念识别系统是根据组织经营管理的观念识别系统，是 CIS 运作的原动力和实施的基础，它的形成来自于组织内大多数成员对组织存在的意义、社会使命、发展方向和目标的认定。组织的生存，其实就是一种理念的维系。所以，完整的形象识别系统的建立，首先依赖于组织经营管理理念的确定。

理念识别系统主要包括四项基本内容：组织使命、经营哲学、组织精神和行为准则。组织使命是指组织在开展各种活动时应承担的社会责任。经营哲学是指组织在开展各种经营活动时所持的观念。组织精神是组织长期以来文化的积淀和现实主题意识的体现，包括共同的价值观、理想信念、道德和态度。行为准则不同于岗位准则，它是上至领导下至员工，任何一个人，任何一个岗位都必须遵守的行为理念。例如，世界上最大的快餐业麦当劳公司提出的“质量（Quality）、服务（Service）、清洁（Cleanness）、价值（Value）”，即“QSCV”，意思是麦当劳能为消费者提供品质上乘、服务周到、环境清洁、物有所值的产品和服务。蓝色巨人 IBM 公司提出的“尊重个人、顾客至上、追求卓越”。北京同仁堂提出的“同修仁德、济世养生”。通过这些深入人心的理念，对内可以增强员工的凝聚力，向心力和归属感，对外可以树立个性化的组织形象，提高扩张力，使企业在激烈的市场竞争中立于不败之地。

2．行为识别系统。行为识别系统是组织理念的动态识别形式，是在组织理念指导下逐渐培育出来的组织行为和员工操作行为的统一。CIS 的实施必须要通过一系列具体的行为和活动才能体现出来。所以行为识别系统是组织理念的具体化，是对组织理念的贯彻和表现。行为识别系统包括对内和对外两个部分。对内识别系统包括：组织管理、教育培训、作业制度、福利制度、研究开发等。对外识别系统包括：市场调查、公众关系网络的建立、对外传播、对外公益活动等。

3．视觉识别系统。视觉识别系统是组织理念的静态识别系统，是运用系统的，统一的视觉符号向公众传递各种组织信息，它是 CIS 中最具传播力和感染力的要素。它将组织理念系统的内容用视觉形式更具体的加以外化，更准确、更快速、更凝练的传达出来，使公众一目了然地掌握组织信息，产生认同感，从而达到识别的目的。

视觉识别系统包括基础要素和应用要素两大类，基础要素包括：组织名称（包括品牌名称）、组织标志（包括产品商标）、组织品牌专用字体（中英文）、组织全名称标准字体（中英文）、组织造型（吉祥物）、组织标准色彩和组织象征图案等；应用要素包括：办公事务及接待用品、产品包装、广告传播、建筑环境、运输系统、服务制式、展示陈列等。

据调查统计，人类接受外界信息时，视觉器官接受的信息占全部信息的 83%，因此在设计组织形象的过程中，通过对视觉识别系统各要素的有效设计和有机结合，可将组织的独特形象迅速传递给公众，从而形成公众对组织的认知和评价，树立良好的组织形象。例如：麦当劳的视觉识别系统是以黄色为标准色，以 M 字型为企业标志。金黄色的双拱门，象征欢乐和美味，象征着麦当劳像磁石一样把顾客吸引进这座欢乐友好之门，再加上一个滑稽可笑的吉祥物麦当劳叔叔，深受各国消费者的喜爱。又如我国广东太阳神集团公司的视觉识别系统是以圆形，三角形的几何形状为基本要素，圆形是太阳的象征，代表抛洒光明、温暖、生机、希望的企业经营宗旨；三角形的放置呈向上趋势，既是古希腊神话中太阳神 APOLLO 的首写字母，又象征“人”字的结构，显现出企业向上升腾的意境和以“人”为中心的服务及经营理念。这些标志都很好地展示了企业的形象，并在公众的脑海中留下了深刻的印象。

综上所述，CIS 是三个子系统的有机统一。有人形象地把它们比喻成人的心、手足和脸，理念识别系统是 CIS 的基础和灵魂，支配和作用于其他两个系统；行为识别系统作为动态的识别系统，要求组织的实际行动要服务和服从于理念识别系统；视觉识别系统是静止的识别符号和外在表现，它能将组织识别的基本精神——差异性充分的表达出来，并迅速传递给相关公众，使公众留下深刻印象。它们三者相互作用、相互渗透、相互支持，共同构建出组织良好统一的整体形象。

四、组织形象和 CIS 策划的原则

CIS 是组织文化外在的综合体现，是社会公众，特别是用户、消费者对一个社会组织的评价和印象。组织不仅来自有形的、看得见、摸得着的外在事物，也出自长期为公众所感知的、记忆的组织行为的精神特质。公关人员在开展组织形象策划工作时应遵循以下原则。

1．以组织文化为本的原则。组织形象识别的导入必须坚持以文化为本。CIS 在不同文化的地区导入的侧重点也不一样，CIS 在西方国家注重色彩的运用和视觉上的冲击，但是到了东方的日本和中国则更侧重于理念和精神等文化内涵。CIS 导入必须以融入民族文化的组织文化为本，在导入 CIS 的过程中要和企业的经营哲学、精神文化、传统风格保持一致，并且要通过企业领导贯穿到全体员工中去。

2．以公众为中心的原则。现代企业是社会重要的组成部份，任何企业都不可能脱离社会公众而存在，因此组织形象策划要坚持以公众为中心。现代的管理者已经清醒的认识到企业存在的价值在于服务于社会及其公众，公众才是企业的衣食父母。公众对企业的评价和印象才真正决定企业未来发展的成败，所以以公众为中心是组织形象策划不可忽视的关键原则。

3．系统原则。组织形象的具体内容涉及服务态度、产品质量、企业信誉、领导形象、知名度、厂容、厂貌、技术装备、职工的精神状态、仪表、社会行为等，组织形象的策划，要综合考虑以上诸因素，因此组织形象策划必须具有系统性。系统原则还要求必须从整体出发，有统一的主题、统一的格调、统一的规范、统一的策划，各个形象要素要相互协调，

各种传播资源要相互整合，塑造统一的组织形象，以充分发挥组织形象的整体效应。

4．全方位推进原则。组织形象的策划和导入 CIS 是一个战略工程，也是一个系统工程，是涉及到组织各种活动的大事。因此 CIS 设计必须从企业内外环境、内容结构、组织实施、传播媒介等方面综合考虑，以利于全面地贯彻落实，这就是全方位推进的原则。

5．个性化原则。组织形象的导入与策划必须突出组织文化及其产品的个性，使企业能给消费者和社会公众留下鲜明而强烈的印象。"与众不同，别树一帜"是策划者要铭记于心、见之于行的指导原则。此外，每个组织都有自己特定的发展目标和公众形象，进行形象策划时，要通过设计出与众不同的具有独特风格，鲜明个性的组织形象，确定组织在公众环境中的特殊地位和独特风格。

6．变化性原则。组织形象会随着主客体和环境的变化而变化，所以组织形象设计不仅要立足于现在，而且要着眼于未来。随着社会经济、文化和政治法律、技术等环境的变化，对组织的认知和评价也会不断地发生变化。因此，组织形象设计是一项长期的战略任务，要经过持久的努力，要根据社会发展和公众环境的变化，不断完善和更新自身的形象，才能使其具有强大的生命力和竞争力。

【本章小结】

本章第一节首先介绍了公关目标的概念、特点及分类，然后在第二节探讨了确立公关目标的原则和依据。第三节是本章重点，介绍了组织形象的含义和特征、阐述了组织形象设计的原则，结合 CIS 战略的介绍，详细分析了组织形象 CIS 设计的基本环节。

【本章思考】

1．什么是公关目标？通常是如何分类的？
2．如何确立公共关系目标？
3．组织形象包含哪些要素？
4．说公关目标就是进行形象设计是否正确，为什么？
5．什么是 CIS？它包含哪些内容？

第五章　公关公众策略

【学习目标】通过本章学习，了解公关公众的基本概念、基本特点和分类，重点掌握公众心理分析的内容及方法，并能运用公众策略确定组织的目标公众。

第一节　公众与目标公众的确定

公众是公共关系的基本概念，是公共关系的对象。一个组织只有正确地认识和分析自己的公众对象，才能“有的放矢”地制定公共关系的目标、策略和方法，使组织的公关工作建立在科学的基础上。

一、公众的基本概念

公众作为公共关系的基本构成要素，是公共关系学中一个相当重要的概念。中文的公众译自英文 Public 一词，泛指公众、民众的含义，也有特指某一方面公众、群众的含义。从公共关系的角度，公众是指因面临共同的问题而与特定的公共关系主体相互联系及相互作用的个人、群体或组织的总和。根据这个理解，公众必须和社会组织发生联系，并存在相互联系和相互作用的关系，具有关联性和互动性的核心特征。

公众可以是自然的人，也可以是社会组织。通常，公众是一个具有某种集合体性质的概念，它代表由于共同利益而互相联系在一起，具有共同意志的无数个体的总和，它可能是一个大的团体，也可能是一个小的团体；可能是多数团体，也可能是少数团体。我们谈论的“企业公众”、“社会公众”和“校园公众”等都是指这些团体。

二、公众的基本特点

从上述理解，我们将“公众”概念蕴含的特殊规定和意义归纳为公众具有的特征，主要包括以下几点内容。

1．相关性。公众的形成是由一个企业或组织的性质来确定的。一群人之所以成为某一组织的公众对象，是因为他们与该组织具有一定的相关性、互动性。组织的公众对象对组织的目标和发展具有实际或潜在的影响力、制约力，甚至可以决定组织的成败。同样，组织的决策和行为对它的公众群体也具有实际或潜在的影响力、作用力，制约着公众所面临问题的解决或需求的满足。通常来说，具有相似目标和性质的组织，往往拥有相似的公众，如工厂都要向消费者销售产品，因此所有工厂都有消费者公众；所有工厂都要有工人从事生产，因此所有的工厂都有工人公众。一个企业或组织的性质和目标变了，它面临的公众也会发生相应的变化。

2．同质性。众多的个人、群体和组织为什么能成为一个特定组织的公众？主要原因就在于他们都面临着某个共同的问题，比如共同的兴趣、共同的需求、共同的目的、共同的背景、共同的意向、共同的问题，使他们极易形成相似的态度、看法，并采取较一致的行为，这就构成了组织面临的一类公众。比如，几个素不相识的患者，当他们都去某家医院就诊时，就会因为面临着获得及时治疗、早日康复这一共同问题而成为这家医院的公众。

3．多样性。首先，公众的多样性体现在它具有多层次的立体结构。公众由个人、群体和社会组织三个部分构成，因此具体的公众形式可以是个人，可以是群体，也可以是某些社会团体，或者是某些社会单位、部门。这种公众的多层次和多元化，就决定了公共关系是一种多样的社会关系。其次，公众的多样性还表现在不同的公众具有不同的需求和目的。虽然作为特定组织的公众，他们都面临着一个共同的问题，但在解决这一问题的过程中，他们所表现出来的利益追求和价值取向存在一定的差异。再次，公众的多样性还表现在公众与公共关系主体之间的利益关系上。有的利益一致或基本相同，就易形成和谐关系；有的相互利益互为补充，因而关系紧密；有的相互利益彼此背离，因而相互关系紧张和排斥。最后，公众的多样性还表现为它有多种类型，有的公众与组织发生直接关系，如员工；有的公众与组织发生间接关系，如员工家属。即使是同一类公众，也可以有不同的存在形式。比如消费者公众，可以是松散的个体，也可以是特殊的利益团体（如消费者协会），还可以是一个严密的组织（如使用产品的某家公司乃至政府）等。了解公众形式的多维性，才能按照每一公众的特殊性进行分析，制定相应的公共关系措施。

4．可变性。公众不是封闭僵化、一成不变的对象，而是一个开放的系统，处于不断发展变化的过程之中。首先，公众的形成取决于共同问题的出现，一旦这个问题解决了，那么作为公共关系意义上特定问题的公众就不存在了。其次，随着主体条件、客体环境的变化，组织面临的公众在性质、形式、数量、范围等方面都会发生相应的变化。

三、目标公众的确定

目标公众是指在具体的公关活动中，在社会组织的公众中，选取的公关对象。目标公众应当具有一定的代表性、影响力，才能有助于公关活动目标的实现。在确定目标公众时应掌握以下几个原则。

1．系统分析、突出重点。在确定目标公众时，要对组织的公关目标进行系统分析，尤其是公众影响力分析。根据公众对决策的影响力，公众可分为直接决策公众、间接决策公众以及影响决策公众。一般来说，对决策影响力越大，其地位就越重要。直接决策公众的重要性要大于间接决策公众，影响决策公众的重要性在于其次。组织公关公众策略的最终目标是影响目标公众的决策，使目标公众的决策与组织目标协调一致。所以在确定公众的重要性时不能出现失误，否则可能弄巧成拙。找准对象事半功倍，找错对象，事倍功半。要在把握整体和全局的基础上，确定公关活动的首要公众和次要公众。

此外，在公关策略上，也要加以区分，要采取不同策略，突出重点、兼顾一般。此外，公众的重要程度也不是一成不变的，还要善于根据不同活动的目标，确定不同的重点，采取相应的策略。

2．着眼大局、兼顾长远。在对目标公众加以区分的基础上，要从大局着眼、兼顾长远的发展与合作，对不同的公众，分别采取不同的策略。公众对社会组织的影响是复杂的，有的公众影响当前，有的公众影响未来；有的公众影响一个点，有的公众则影响一个面；有的公众影响一项工作，有的公众则影响多项工作。

在确定目标公众及公众策略时，不能近视和短视。近视是指只看到当前的一个点，没有看到公众的影响力范围的差别，例如，有些公众，在本组织影响力较小，但是在社会上或在行业内却扮演着专家或意见领袖的角色。短视是指只看到当前的时间段，没能够预见公众未来的影响力。要坚持局部和暂时利益服从全局和长远利益的原则，采取灵活的公众策略，既要保证效率，也要着眼大局、兼顾长远。

3．公开透明、注意回避。公共关系与龌龊关系的最大区别就是公共关系是一种公开透明的关系策略。在选取目标公众时，要尽量公开化，包括确定首要公众公开化、公关策略公开化。这样也可以减少不必要的猜忌，不给流言的滋生提供机会。

选取目标公众时要透明，但在对不同类型的公众开展公关活动时，要注意适当的回避，可以避免不同类型公众之间产生猜忌。此外，在组织内部，要处理好公开决策与保密制度之间的关系，无关人员的回避是必要的，重要的公众资料及相应的策略，要注意控制知晓范围。

第二节　公众分类研究与公关策略

在现实生活中，公众不是一个简单的整体，而是一个极其复杂的网络系统。公关目标公众的确定与策略，必须建立在对公众的分类研究的基础之上。对公众进行必要的分类，通过科学分析把握其内在规律性，是公关人员必须掌握的基本功。

一、按照公众发展过程的分类

公众的发展一般是这样一个过程：当组织做出某种行为时，其行为会引起公众态度、行为发展变化。公众与组织的关系可能由疏变密，公众对组织的影响力也由弱变强。美国公共关系学研究人员格罗尼格和亨特按照公众的一般发展过程，把公众分为非公众、潜在公众、知晓公众和行动公众四类。从非公众到行动公众是由组织行为引起的公众态度、行为连续发展的过程，这个发展过程可以用图 5-1 表示。

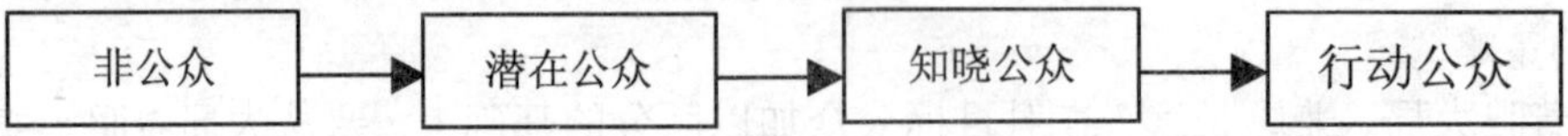

图 5-1　公众态度和行为的发展过程

1．非公众。在组织所处的环境中，一部分个人、群体和社会团体在一定的时空条件下，不受这个组织的行为影响，他们也对这个组织不产生影响力，他们在组织的视野中，就成了非公众。例如一般条件下，棉布店可以被看做是轴承厂的非公众，丝绸店可以被看做是飞机制造厂的非公众，婴幼儿可以被看做是成人用品商店的非公众。

一个组织只有正确找出非公众，将其排除在公共关系的工作范围之外，才能减少公关工作的盲目性，增强针对性，减少人力、物力和财力的浪费。但要注意，非公众也有可能发展成为潜在公众。

2．潜在公众。在组织所处的环境中，当一个组织的行为与一定的个人、群体和社会团体发生了利益关系，使他们已面临着由这个组织的行为引起的共同问题，但他们本身暂时未意识到这种问题的存在时，他们就成了该组织潜在公众。

潜在公众在一定时间内，至少在意识到他们面临的问题之前，不会采取行动，也不会对组织构成威胁，他们对组织的影响力只是潜在的。社会组织应注重将潜在的公众变成与组织合作的行动公众。

3．知晓公众。当公众面临着由一个组织的行为引起的共同问题，而他们本身已经意识到这种问题的存在时，他们就成了知晓公众。知晓公众一般是由潜在公众发展而来。知晓公众一旦形成，他们就急切想了解问题的真相、原因和解决的办法。

公共关系应设法满足这些公众的知晓权，并加以引导，使之了解组织并与组织产生合作，避免因沟通障碍或信息闭塞而引起不利的舆论和流言。

4．行动公众。当公众不仅意识到由组织行为引起的问题，而且准备采取或已经采取行动以求问题的解决时，他们在组织的视野中就成了行动公众。行动公众是由知晓公众发展而来的，他们的形成可以对组织的生存发展构成直接影响。

社会组织在公关活动中，要注意引导公众产生与组织合作的顺意行动、避免发生分离的逆意行动。

二、按照公众分布的分类

根据公众与组织的关系以及公众的分布情况，可以将公众分为内部公众与外部公众。不同的分布，产生不同的同质性问题，需要加以区分并采取不同策略。

1. 内部公众。它是指组织机构中的成员，如本单位的干部、职工。这类公众与组织有着最直接最密切的关系，因而是一个组织公共关系最重要的一个环节。内部公众又可以根据他们的工作任务和面对的问题，分成好几类。例如，一家纺织厂的青年女工面临着许多相同问题，是该厂公关部必须处理的一类公众；该厂的知识分子大多是纺织大学的毕业生，他们又有着别的共同的问题，因此又形成另一类公众；该厂历史较为悠久，老年职工比例不小，他们面临即将退休的共同问题，也使他们成了公关部关心的一类公众。

内部公众的公关策略是形成向心力、凝聚力，建立团结、和谐的内部公众环境。关于内部公众的公关要领，我们将在第八章“客体公关要领”中进行讨论。

2. 外部公众。它是指除了内部公众之外与组织有着这样或那样联系的公众。如政府部门、舆论传播界、社会团体、协作者、竞争者等。组织与这类公众的关系虽不像与内部公众那样密切，但这类公众对该组织机构的目标、生存和发展具有实际或潜在利益关系或影响力。并且他们的数量比内部公众要大得多。外部公众的公关要领，也将在第八章“客体公关要领”中讨论。

三、按照公众态度的分类

一个组织面临的公众，由于他们所处的地位、环境，扮演的社会角色，主观认识水平，以及利益追求等条件的不同，形成对组织的不同态度。在公共关系中，根据公众对组织的不同态度，可以分为顺意公众、逆意公众和中间公众。

1. 顺意公众。它是指与组织关系良好，对组织奉行的政策、采取的行为持赞赏、支持、合作的态度，在较大程度上与组织保持一致，是组织生存和发展的积极社会环境因素。社会组织在公关工作中要注意培养顺意公众并保持与他们有计划的沟通。

2. 逆意公众。它是指对组织奉行的政策、采取的行为持反感、反对、不合作态度。逆意公众的形成通常有两种原因：一是组织的政策、行为不当危害了公众利益，或者组织和公众之间价值取向有差异致使组织和公众利益上存在冲突；二是由于沟通不畅而对组织的政策行为产生了误解。公共关系应注意向逆意公众传达企业的正面信息并表达善意，争取与逆意公众达成谅解，并进一步争取他们的转变甚至合作。

3. 中间公众。它是指对组织奉行的政策、采取的行为持中立态度或尚未表态、态度还不明朗的公众。中间公众经常是社会组织重要的公关对象，尤其是在社会政治活动中，中间公众的态度经常最终决定组织活动的成败。

四、按照公众重要性的分类

不同的公众对组织的生存发展的影响力不同。根据公众对组织重要性程度不同，可以把公众划分为首要公众、次要公众和边缘公众。

1．首要公众。它是与组织关系密切，对一个组织的生存发展具有重要影响力和决定性作用，而且还影响和制约其他公众的公众。一般而言，所有组织的员工和股东、商店的顾客、宾馆的旅客、工厂的用户都是首要公众。首要公众是组织生存发展的“生命线”，是公共关系对象中最关键的公众，因此，组织的公关部门应该投入最多的人力、财力和物力来维持和改善同这类公众的关系。

2．次要公众。它是对一个组织的生存发展有一定影响，但这种影响尚不具有决定作用的公众，如社区公众、新闻界公众。由于组织的人力、财力、物力资源总是有限的，因此开展对此类公众的公关工作应放在次要地位，以突出公关工作的重点，提高效益。但应该注意的是，次要公众虽然不是组织公共关系的重点对象，但如果完全忽视了他们的存在，仍然会造成组织公共关系恶化的结果。

3．边缘公众。它是与组织有一定的联系，但不影响组织生存发展的公众。如学校、宗教团体、非同类企业等。

以一家商业企业为例，它的公众如表 5-1 所示。就一个组织来说，它的首要公众、次要公众和边缘公众的区分有着较大的相对性，它们在不同的时期可以互相转化，今天的首要公众可以变成明天的次要公众或边缘公众，今天的次要公众或边缘公众可以变成明天的首要公众。

表 5-1　商业企业公众分类表

公众分类	举　　例
首要公众	员工、股东、商品消费者、供应商
次要公众	政府机构、社区、新闻媒介
边缘公众	学校、科研机构、非同类企业

这种变化主要由组织的目标决定，同时也取决于组织的环境条件。把握这一点，就要求组织的公关部门应根据组织的需要和形势的变化来确定公共关系的主要对象——首要公众，并努力处理好与他们的关系。

五、按照组织态度的分类

组织根据自己的需要，对不同公众也会形成不同的态度。按照组织对公众的好恶程度分类，可以把公众分为组织欢迎的公众、组织追求的公众和组织不欢迎的公众。

1．组织欢迎的公众。那些完全迎合组织的需要，主动接近组织、支持组织，组织对他们也十分感兴趣、重视的公众，是组织欢迎的公众，如股东、自愿投资者、慕名前来的顾客、赞助捐赠者等。组织和这类公众之间存在着两厢情愿的合作关系。公共关系的任务就是要维系和加强这种相互重视、联系密切的合作关系。

2. 组织追求的公众。那些令组织十分感兴趣并努力接近，但其本身对组织并不一定感兴趣的公众，是组织追求的公众，如新闻媒介、社会名流等。组织赢得这类公众的好感，非常有利于组织的长远发展，因此组织要采取积极的公关活动去争取，但在做工作时须讲求艺术，注意方式方法，避免弄巧成拙。

3. 不受欢迎的公众。那些违背组织的利益和意愿来接近组织，向组织表示友好，却被组织力图回避的公众，是不受组织欢迎的公众。如某些反复纠缠索取赞助费的团体或个人，一味给组织提出各种无理要求的团体和个人等，都是令组织较为烦恼的公众。对于不受欢迎的公众，也应开展公共关系，向他们阐明组织的观点，与他们保持适当距离，尽量减少他们对组织构成的威胁。

六、按照公众稳定性的分类

受客观环境、外在条件发展变化的影响，公众的稳定性和组织性在程度上也有很大的差异。依据这一标准，可将公众划分为流散性公众、临时性公众、周期性公众、稳定性公众、权力性公众。

1. 流散性公众。这类公众流动性大、分散性强，如列车上的旅客、观光游览某一景点的旅客。对此类公众开展公关活动，能取得更快、更好、更广泛的传播效果，有利于扩大组织的知名度。

2. 临时性公众。它是指因某一临时事件、活动或某一共同问题临时聚集在一起的公众，如舞会的来宾，剧院、展览会、运动会的观众，因飞机航班误点而滞留机场的乘客，上街游行示威的队伍等。临时性公众与组织的关系度松散，向心力不强，公关活动应注重维护他们的利益、满足他们合理的要求，促进相互的了解和信任。

3. 周期性公众。它是指按一定规律和周期出游的公众，如逢节假日出游的游客、购买节日货物的顾客、西方竞选时的选民、招生时节的考生和家长、定期到某学校上课的函授班学员等。周期公众的出现具有规律性，可以预测，这有利于组织做好必要的准备，有计划地开展公关活动。

4. 稳定性公众。这类公众由于兴趣、爱好、习惯的影响，比较集中地与某些组织发生稳定的联系，是组织的基本公众，甚至对组织而言具有“准自家人”的性质。如定期去某医院体检的老年人、经常光顾某娱乐城的顾客、只使用飘柔洗发水的消费者、最爱抽红塔山香烟的烟民、稳定的协作厂家、组织的内部公众、社区的居民、熟客、常客等均属此类。开展对稳定性公众的公关，要领是与这类公众保持经常性的沟通和联系，并及时化解出现的矛盾。

5. 权力性公众。这是组织最为严密、拥有某种行政权力的公众，主要指政府及各级行政管理机构、上级主管部门。针对这类公众，社会组织应当开展高层公关，一般以组织的领导人出面，以领导人的个人公关带动组织公关，并通过对组织的形象塑造，引起权力性公众的关注和支持。

第三节　公众心理分析与策略

在现实生活中，对于同一件事，不同的公众会有不同的反应，会采取不同的行为，这些反应和行为的差异与公众心理差异有关。同样，对于某一件事，不同的公众也会有相同的反应，会采取同一种行为，这又反映了公众的群体性特征。所有这些都是由于公众的心理因素导致的，现选择影响公众行为的主要心理因素分别加以分析、说明。

一、知觉

知觉是大脑对当前直接作用于感觉器官的客观事物的整体反映。当一个客观事物的某一种属性对有关的感觉器官发生作用时，通过一系列传导神经，把这一感觉信息传入大脑相应的感觉中枢，引起相关的一个感觉信息组合的活动，因而得以反映该整个事物的存在。也就是说，在大脑中出现了这个事物的整体印象。

但是，知觉带有主观意识性，致使人们的知觉往往与现实的客观世界不完全一致。受这种主观意识性的影响，人们对客观事物的知觉经常会出现程度不同的变形或歪曲现象。造成这种现象的主要原因有二种：一是知觉的选择性；二是知觉的偏见。公共关心更加关注的是知觉的偏见。

（一）知觉的偏见

所谓知觉的偏见，是指个人对某一群体或该群体成员所持有的缺乏以充分事实为根据的态度。偏见可成为最具破坏性的社会态度，如纳粹党徒对犹太民族的屠杀就是由于根深蒂固的偏见在作怪。偏见影响了人们对其他人或其他种族的认知及理解，甚至影响到他们的态度或行为。因而一般来说偏见是非常有害的。

（二）知觉的偏见产生的原因

知觉的偏见是人们在感知事物的时候，由于特殊的主观动机或外界刺激，对事物产生一种片面或歪曲印象的心理过程。常见的原因有以下几个方面：

1. 首因效应。首因效应系指第一印象的强烈影响。事物给人最先留下的印象往往有强烈的作用，左右着人们对事物的整体判断，影响着人们对事物以后发展的长期看法。第一印象一旦形成就比较难以消除。因此，在公关工作中要十分注意传播中的首因效应。无论是人、产品、环境，还是组织行为，都要尽可能给公众留下良好的第一印象，避免因为不良的第一印象而造成知觉的片面性。

2. 近因效应。近因效应系指最近或最后印象的强烈影响。事物给人留下的最后印象往往非常深刻，难以消失。对一件事物或对一个人接触的时间延长以后，该事物或人的新信息、最近的信息就会对认识和看法产生新的影响，甚至会改变原来的第一印象。公关传播工作亦要注意这种近因效应，注意用新信息去巩固、刷新公众心目中原有的良好印象，或尽力改变原来的不良印象。

3. 晕轮效应。晕轮效应系指一种片面的知觉。人们在认识事物或人的时候，因为往往易从对象的其他特征或品质推断为对对象的整体印象和看法，从而就会掩盖对象的其他特征或者导致丑化对象的结果。公关活动可以适当利用这种晕轮效应来扩大组织或产品的影响，美化组织或产品的形象，如"名人广告"、"名流公关"；同时也要避免因为滥用这种晕轮效应，使公众反感甚至讨厌；更要反对利用晕轮效应来蒙骗公众。

4. 定型作用。定型作用也称"刻板印象"、"刻板效应"，即固定僵化的印象对人知觉的影响。如认为商人是唯利是图的、国营商店的商品质量一定是可靠的等。这种看法一旦定型，造成"先入为主"的成见，就会妨碍正常的沟通或对事物的正常判断。公关关系工作一方面要研究和顺应公众的某些刻板印象，使自己的形象与公众的经验相吻合；另一方面也要努力传播新观点、新知识、新经验，以改变公众某些狭隘的成见和偏见，以及由此形成的误解。

以上几种常见的知觉现象也被归为"心理定势"。心理定势是人的认知和思维的惯性、倾向性，即按照一种固定了的倾向去认识事物、判断事物、思考问题，表现出心理活动的趋向性和专注性。它既有积极的作用，也有消极的作用。研究公众的各种心理定势，是影响公众的态度和行为的重要依据。

（三）公关策略

公关人员要了解偏见产生的原因，选择和采用与公众的偏见相一致的策略。当然，这并不意味着要一味迁就陈规陋习。与此同时，还要经常保持与内外部公众的沟通，逐步消除已经形成的偏见并尽可能地防止出现新的偏见。

二、态度

态度反映的是个人对某一对象所持有的评价和行为倾向。"态度决定一切"强调的就是态度的作用和意义。

（一）态度的概念

态度是个人对他人、对事物的较持久的肯定或否定的内在反应倾向，通常表现为积极或消极、热情或冷淡、好或坏。比如赞成或反对、喜欢或厌恶、肯定或否定等等，这些倾向一经形成就比较稳定、比较持久地影响着人们对事物的判断和看法，影响着人们的行为方向和方式。

行为以态度作为内在动力。态度可以被看作是心理向行为过渡的临界点，态度是行为的准备状态，行为是态度的表现状态。态度的变化直接影响着行为的变化，行为的变化导致态度各个因素相互关系的变化。一般说来，态度由认知、情感、意图三个因素构成。

（二）影响因素

态度的形成和改变，是各种主客观因素相互作用的结果。客观因素是外因，以社会因素为主，而主观因素是内因，以思维和个性倾向性因素为主。外因通过内因而起作用，使态度得以形成或改变。公关工作者如能恰当地把握好主客观因素的相互作用，就能对公众的态度施加有效的影响。下面，简要的分析一下影响态度形成和改变的各种因素。

1. 社会因素。它是指社会上各种事物，包括社会制度、社会群体、社会交往、道德规范、国家法律、社会舆论、风俗习惯等，是外在的因素。它们的存在和作用是强有力的，影响着人们态度的形成和改变。社会上刚出现的新事物，往往会遭到一些人的抑制和反对。但只要这种事物有利于社会和个人身心发展，它迟早会被人们所接受。

2. 团体因素。它包括一定的信仰、目标、组织形式、规章制度、行为规范、成员与团体的关系等，也是一种强有力的外在、客观的因素。个人出于某些需要加入一个或几个团体，与团体建立一定的关系，从而团体对其成员施加影响，使他们改变和形成有关的态度。团体影响力的大小，取决于个人与团体的关系。如果个人与团体的关系越密切，在团体中的地位越高，其归属感越强，那么团体就越能对他施加影响，使他形成有关的态度，而改变不相适应的态度。反之，如果个人与团体的关系越疏远，就越难对其施加影响，甚至会使他脱离团体，重新改变和形成态度。

3. 宣传因素。它是指在宣传过程中由宣传者的威信、宣传内容、宣传方式方法等结合成为一种客观的说服力、影响着被宣传者有关态度的形成和改变的因素，属于外在的因素。运用宣传手段进行公关传播，是我们传达组织理念、树立组织形象、优化公众环境的重要策略之一。

4. 个性因素。主观的个性因素是内在的，包括个性倾向性因素和个性心理特征。

（1）个性倾向性因素。个性倾向性是指个体心理活动中稳定的意识倾向性特征，主要有需要、动机、兴趣、理想、信念、世界观等因素。它们作为各种心理动力而调节着主体的行为，态度受这个系统中诸因素的影响。例如，需要对态度的形成和改变就起着很大的作用。需要是主体企求获得某种事物的一种心理动力状态，能激起主体为满足需要而采取行动。因此，凡是能够满足需要的对象，就易于对它产生喜好的、积极的态度；反之，对阻碍满足需要的对象，则产生厌恶的、消极的态度。如果某种需要能够不断得到满足，那么有关的态度就巩固下来，成为一种习惯性的态度。如果原来的需要得不到满足，或产生新的需要，则促使态度的改变或新的态度的形成。可见，需要是态度的形成和改变的一个心理动力。

（2）个性心理特征。个性心理特征是指个体心理活动中稳定的心理特征，包括能力、气质和性格三个因素。例如气质和性格，气质主要以其灵活性及可塑性影响着态度的改变和形成，灵活性和可塑性较大的多血质者，较容易改变态度；灵活性和可塑性较小的黏液质者和抑郁质者较不容易改变态度。性格则以其类型特征影响着态度的改变和形成，外倾型者及顺从型者也容易改变态度；内倾型及独立型者较不易改变态度；理智型者善于通过认知因素改变和形成态度；意志型者易于通过目的的明确而改变和形成态度；情绪型者易受情感因素的影响而改变态度。

5．特性因素。一个人形成某些态度，这些态度往往相互组合成一个态度系统。该系统具有各种特性，作为主观的心理条件而影响着态度的形成和改变。态度如果具有以下一个特性，则较不易改变：态度是幼小时形成的；态度发展到两个极端；态度所涉及的关系较复杂；态度在长时期内前后是一贯，并已形成相应的信念；态度中认知、情感和意图三个因素完全协调一致；态度强烈地激励着行动，并使主体取得较多满足；态度与价值观的联系较密切。如果态度具有更多的上述特性，则其强度更牢固，所表现的行为更强烈因而要改变它也就更不容易。

（三）公关策略

根据影响态度的因素分析，公关人员应注意建立产生良好态度的环境，可根据不同类型的公众，采取不同的公关策略，使不同类型的公众都能对组织产生积极的合作态度。

三、流行

流行、流言、舆论是大众心理现象的三种表现形式。流行是一种群众性的社会心理现象，是指社会上许多人去追求某种生活方式，使这种生活方式在较短时期内到处可见，从而导致了彼此之间发生连锁性的感染，即所谓的“一窝蜂”现象。

（一）流行的含义

流行有三方面的含义。

1．流行是人们对某种生活方式的随从和追求，它涉及的范围十分广泛；

2．流行是有相当多的人去随从和追求某种生活方式；

3．流行是在一定时期内的社会现象，过了一定的时间便不再流行。若时间持续，就会转化人们的习惯，成为社会传统。

流行又可以根据表现的热情程度和时间的长短，分为时髦和狂热。时髦是流行的一种典型表现。它在一定时间内受到人们赞许，而且经常发生变化。它也包含对某些被认为有待改进的行为规范的叛逆。因此，人们对时髦的追求乃是偏离传统行为而倾向于新颖入时的一种生活方式。狂热，是热情追求某些生活方式而缺乏理智的倾向。例如“追星族”和“发烧友”之类，就是一种狂热。

（二）流行的特点

社会上流行的某些服装、发式、音乐、动作等，内容虽然各不相同，但它们都有一些共同的特征。

1．新奇性。新奇性是流行项目最显著的特征。新奇性主要取决于当时人们的认识。

2．时效性。流行一般表现为突然迅速的扩展和蔓延，又在较短时间内消失。

3．周期性。流行变化具有周期性。今天作为时髦的事物，几个月之后也许变成陈旧的东西；今天是陈旧的事物，若干年以后往往又被看作是新兴事物。有人曾研究过妇女时装的变迁，发现其款式的变化大约以5～25年的周期循环变化。

4．两极性。流行项目的变化总是从一个极端到另一个极端。例如服装，长到极端必回到短，短到极端必又回到长；大到极端必回到小，小到极端必又回到大；宽到极端必回到紧，紧到极端必又回到宽。从“喇叭裤”到“健美裤”就是一个实例。

（三）公关策略

流行并不具有社会的强制力，它与风俗不同，违反风俗往往会遭到社会的反对，而不追随流行并不会遭到人们的指责，人们追求流行基于心理上的种种需要。流行产生的原因有从众与模仿、自我防御与自我显示以及标榜与众不同等。

根据流行产生的原因和特点，公关工作要善于挖掘题材、“炒作”题材，制造社会流行，为企业推出新的产品和服务营造积极的市场环境，使公共关系成为营销的手段。

四、舆论

舆论是公众的意见与看法，是社会全体成员或大多数人的共同信念，是人们彼此间信息沟通后的一种共鸣。

（一）舆论的特征

舆论也是大众社会中的一种普遍存在的心理现象，对个人或群体发生一定的影响，它既可以约束个人或群体的行为，同样也可以鼓励个人或群体的行为。舆论具有如下特征：

1．舆论作为一种公众的意见，当然是为多数人赞成和支持的。

2．舆论总是涉及社会安宁与幸福的问题。
3．舆论本身含有合理性。
4．舆论是有效的。能推动或阻碍社会上的意见就是舆论。
5．舆论一般不是政府的意见，是广大民众的呼声。

（二）舆论的作用

舆论具有对组织和个人行为的制约与监督作用、社会运动的鼓动作用、对影响人们行为的社会舆论的指导作用。

（三）公关策略

公共关系应注重研究舆论发生、传播和作用的机制；重点搞好舆论的监控，建立预警机制，防止负面舆论的产生和扩散；同时注意制造和传播正向的舆论，营造社会组织发展的舆论环境。

五、价值观

价值观是人们对于是非、善恶、好坏的评价标准，对自由、幸福、荣辱、平等这些观念的理解和轻重主次之分，是影响个体行为的重要因素。公关传播工作应该认真研究公众的价值观，根据公众的价值观来设计和调整传播沟通的方针、政策和形式。

（一）价值观的影响因素

由价值观产生的人们的追求和向往，直接决定着人们的行为取向。这种追求和向往的努力程度取决于以下因素：
1．个人的成就感、事业心。
2．过去成功或失败的经历。
3．周围环境、生活条件的影响。
4．对目标的接近程度。距离目标越近，越容易提高人的向往水平。

（二）公关策略

公共工作应注意协调组织自身的价值取向和公众对象的价值取向之间的距离和关系。一般来说，组织和公众对象的价值取向相一致或相类似，沟通就比较容易，效果比较好；而价值取向相矛盾、相冲突，沟通就比较困难，障碍比较大，不容易达成共识和理解。因此，与价值观相反的公众对象沟通难度比较大，必须更加注意传播内容的设计和沟通艺术的运用。

六、从众心理

从众心理是指在社会团体的压力下，个人不愿意因为与众不同而感到孤立，从而放弃自己的意见，采取和团体中多数人相一致的行为，以获得安全感、认同感和归属感。这种现象称作社会从众行为，或叫团体压力下的顺从现象，俗称为“随大流”。

（一）产生根源

1. 从众行为的主观原因是不愿意被孤立。当个人的意见与众不同时，心理上就有一种紧张、孤立的感觉，从而使个体产生不愿意标新立异，而愿意顺从多数人的倾向。

2. 从众行为的客观原因是外来的影响和压力。当团体中出现不同意见时，为了保持团体行动的一致，达成团体目标，团体一般会对有异议的成员施加影响和压力。这种影响和压力是逐渐施加的，它的形式和强度也是逐渐改变的。开始是讨论协商，进而劝说、诱导，再而批评、攻击，以至孤立、排斥。外来的影响和压力基本分为两个方面：

（1）信息影响。个体如果在不清楚自己该怎样行为时，其他人的行为则提供了效仿的模样。人们倾向于把大多数人公认的判断作为正确的判断。公关工作应善于利用各种新闻媒介手段，为组织树立良好形象，促使公众产生有利于组织发展的从众行为。

（2）规范影响。在社会环境中，一个群体或组织所具有的规范，规定了群体成员的受欢迎和不受欢迎的行为。

（二）公关策略

从众作为一种社会现象，它既有积极的一面，也同时有消极的一面。在良好的社会风气之下，与此相适应的社会舆论，群体氛围，往往使人感到有一种无形的压力，这种情况下所产生的从众行为是积极的；反之，则是消极的。了解和把握从众心理，对于组织的自身建设具有十分重要的意义。一方面，大张旗鼓地向内部公众宣传组织的精神、纪律、规章制度，形成良好的内部氛围；另一方面，不断地完善自身，获得有利于组织的社会舆论。

七、逆反心理

在心理学中，逆反心理是一个很重要的概念，它是指社会个体对外界引导在态度方面的非常规性质的逆向反应，属于态度范畴。逆反心理是一种个体心理特征，是一种反常心理，通过对逆反心理的成因分析，可以有效地防止受众逆反心理的发生。

（一）产生根源

逆反心理是作用于个体的同类事物超过了个体感官所能接受的限度而产生一种相反的体验，使个体有意识地脱离习惯的思维轨道，而向相反的思维方向的探索。逆反心理也可以说是从众心理的反动。在社会的观念与个体的观念相差太大，团体的要求超过了个体的承受能力时，此种现象即可发生。逆反心理的产生还基于个体的好奇心，好胜心、抵触心等，既可能产生于他独树一帜的个性特点，也可能产生于他的炫耀思想。逆反心理会造成逆反行为，抵触行为。在某些情况下，个体的心理逆反可能形成反社会性格。

（二）公关策略

公关工作需要注意防止公众对象产生逆反心理和抗拒行为，因而了解和掌握逆反心理，对于组织公共关系有很重要的意义。要善于分析和掌握公众心理，抓住其“逆反”状态与表现时机，制订相应的公共关系措施，出奇制胜。比如瓜子，一般的炒货厂都冠以“美味”、“口不离”、“多味”等美名，但问津者不多。有个个体户，挖空心思，把自己生产的瓜子起名叫“傻子瓜子”，这正对应于一些消费者的逆反心理，人们争相购买。

【本章小结】

本章介绍了公众、目标公众的概念、特点以及确定目标公众的原则，介绍了公众的分类及公关策略，分析了影响公众行为的心理现象及公关策略，重点探讨了公众心理现象及公关对策。

【本章思考】

1．什么是公众？公众有哪些特点？
2．什么是目标公众？确定目标公众应遵循哪些原则？
3．公众如何分类，各有哪些公关策略？
4．对你所在组织的公众进行分类，并划出公众分类图。
5．谈谈如何利用公众心理因素开展公关？

第六章　公关传播策略

【学习目标】通过本章学习，了解公关传播及公关传播媒体的概念和特点，理解并掌握公关传播的有关理论和公关传播活动的方法与技巧。

第一节　传播与公关传播

一、传播的涵义

“传播”一词是由英语“communication”翻译过来的，是一个信息传递和分享的交流过程。一般辞典解释为“通过语言、文字或者消息的交互作用引起思想和观点的变化”。把传播理解为“传播过程”，而不仅仅是“传播”的概念，有助于对这一问题认识的深化。

最早并最有影响的传播模式之一是申农和韦佛提出的描述传播过程的模式。这最初是作为通信理论提出的，其任务在于解决通信的两个问题，即提高消息的效能和保证传送消息的完整。申农和韦佛提出最一般的通信过程或信息过程的系统模型如图 6-1 所示：

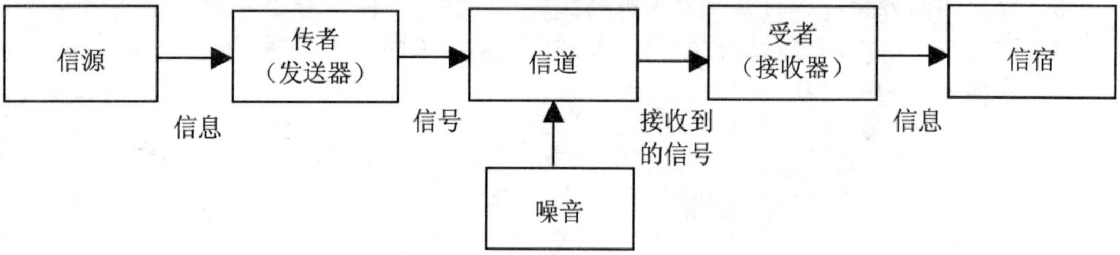

图 6-1　申农和韦佛提出最一般的通信过程或信息过程的系统模型

信源就是信息的来源，是通过传者的编码把信息转化成一定规则排列起来的符号或信号；信道是传播信息的通道；噪音是附加在所传递的信息上对所传递信息的真实性所产生破坏的一种信号。受者把符号或信号通过译码转化成代表的信息。例如，电话系统就是一个典型的通讯系统：信源是说话者的语言声音；话筒起编码作用；通道是导线；听筒起解码作用；信宿是受话者；电话线中的杂音是噪音。噪音会使信息在传递过程中失真，受话者会因为噪音对信息产生错误的解释，而影响传播效果。

社会组织的目标能否达到，很大程度上取决于其公众分享信息的有效程度。个人或机构为达到共同理解的目的，需要分享信息，这是一个双向的过程，人们互通信息而不是单向传播。信息分享始于发送者，即传者，它给出某项信息以期引出接收者，即受者的反应；而受者则根据自己的理解解释这一信息，并作出相应感应而返回传者；一旦传者的意图与受者之反应不相一致，就会导致失误。公共关系传播体现传者与受者的双向传播机制。

二、公关传播及其特点

公关传播，就是指一个社会组织为了提高自身的认知度、美誉度、和谐度，借助传播的方式，所开展的传播活动及其传播管理。

公关传播具有社会性、道德性、文化性、情感性和新奇性的特点。

1. 社会性。任何形态的组织都是社会的一员，组织与其周围环境是否适应，是否协调，决定了组织能否生存和发展。这不仅是生产与消费、供给与需求的协调一致，还是整个社会系统的协调一致。经济的因素仅仅是一个方面，而政治的、社会的因素往往起到很大的作用。政治是经济的集中表现，社会进步是经济发展的目的，满足人民群众日益增长的物质文化生活的需要是每个社会组织的使命。社会组织的公关传播要站在社会整体利益的高度，体现作为社会一员的社会责任。

2. 道德性。道德是人们应当遵循的行动准则和规范。理念在社会关系中，必然会表现为道德认识、道德情感、道德意志、道德信念和道德行为，表现为社会义务、良心、荣誉和幸福观念等，把对于社会的义务视为自身的使命、职责、任务和理想，是一种自觉的道德追求。为了他人的利益，为了将来的利益，需要作出有利于他人，有利于社会的行为。当履行自己的道德义务的时候，同时也可能得到社会舆论的赞扬，甚至也可以获得社会给予的权利和他人给予的报答。但是，对于组织来说，它并不以这些作为行为的动机和目的。社会组织在社会生活中对社会履行道德义务，负有道德责任；同时也把应负的道德责任变为内心的道德感和行为的准则，这就形成组织的良心，使组织自觉地调整自己的行为。如果说义务是自觉意识到的道德责任，那么良心就是对于道德责任的自觉意识。由于良心，要考虑“如果我是消费者会怎么样”，“如果我这样做可能会有什么样的效果”；严肃地思考、权衡和慎重地选择，就不会以不正当的手段进行竞争，就能够做到自尊、自爱和自律，有正确的荣誉感，在不断创造的过程中与公众分享幸福。成功的公关传播，往往会以道德的目的达到功利的效果。

3. 文化性。文化性是指社会组织自身的文化和外在的文化氛围。一个社会组织的内外公众与组织的沟通，很大程度表现在文化层次上。如果商品气息太浓，买卖关系太重，金钱味太强，这种沟通就会产生障碍。人有生理、安全、社交、尊重和自我实现的需要，这些需要是呈阶梯型的，满足了初级层次的需要，人们就会有高级层次的需要。随着社会物质生活水平的提高，人们的文化追求越来越显重要，“文化搭台，经济唱戏”已经成为很自然的现象。因此，社会组织的公关传播不但要有市场意识还要有文化意识。

4．情感性。随着生活节奏的加快和生活水平的提高，人们越来越强调情感交流，强调精神生活的愉悦。人们不仅从生理上，而且从情感上来把握和体验生活。例如，顾客作为“上帝”的享受已经不仅仅是物质上的满足，而且是一种心理上满足的体验。公关传播往往以情感人，达到理性方法所不能达到的效果。

5．新奇性。人们对于新奇事物总是比较敏感的，会引起兴趣，加以关注，它也给人们的生活增加了新的情趣。不断创新的社会组织，由于活力，由于其新招迭出，将不断地赢得公众的青睐。所谓新奇，一般是首创之举。例如成功的企业无论是对于它的产品，还是其他举措，往往是“嘴里吃着一个，手里拿着一个，眼里看着一个，脑子里想着一个”，总是领先一步。成功的公关传播不仅能给公众带来意外的惊喜，而且还有一定的新闻价值。

三、公关传播的基本方式及特点

公关传播的方式有个体自身传播、人际传播、组织传播、大众传播等方式。下面进行逐个分析。

1．个体自身传播及其特点。个体自身传播，也称为“个体内向交流”。其特点是信息的传者与受者同为一体。平常我们所看到的人的自言自语、自我欣赏、自我陶醉、自我反思等等，都是这种传播的具体表现。从传播学的角度看，个体自身传播是人类一切传播行为的基础。

2．人际传播及其特点。人际传播，即个体与个体之间的传播与沟通。其特点是双方参与性强，传播符号多样，信息的传递和反馈同时进行或间隔时间很短，感情色彩强烈。平时我们所看到的人与人之间通过语言、动作、表情所进行的面对面沟通，以及通过电报、电话、书信等进行的非面对面沟通，均是这种传播的具体表现。从传播学的角度看，人际传播是人类最常见、最广泛的一种传播方式。

3．组织传播及其特点。组织传播，即组织与其成员、组织与其所处环境之间的传播与沟通。其特点是传播的主体是组织，传播的对象十分广泛、复杂，传播有明确的目的性和可控性。平时我们所看到的一个组织为实现其目标所进行的组织内部的上下沟通、平行沟通，以及与外部组织所进行的广泛而复杂的交流，均属这种传播的表现。从传播学的角度看，组织传播是疏通组织的内外沟通渠道、密切组织内外关系的一种重要传播方式。

4．大众传播及其特点。大众传播，即通过大众传播媒介（如报刊、书籍、广播、电视、网络等），将复制的信息传递给分散的大众。其特点是传播机构高度专业化，传播手段高度技术化，传播内容高度通俗化。几乎所有的人天天都会或多或少地接触报纸、刊物、广播、电视、书籍等，可见这种传播方式覆盖面之广，影响之大。从传播学的角度看，大众传播是现代社会科技高度发展的标志，随着科学技术的不断发展，大众传播的现代化程度也必将进一步提高，其作用也愈显重要。

第二节 公关传播模式

早期的传播模式可以分为两大类：一类是传统的线性传播模式，即将传播过程确定为以传播为起点，经过媒介，以受传者为终点的单面、直线运动。一类是新型控制论传播模式，这种模式的核心是在传播过程中建立“反馈系统”，即不仅要求传播者把信息单向传递给受传者，而且要求把受传者的反应通过种种途径接收回来。随着人类传播实践和研究的进展，传播模式也在不断创新，这里主要介绍几种具有代表性的传播模式。

一、哈罗德·拉斯韦尔的 5W 模式

5W 模式是由传播学的总体研究范畴规划者、美国人哈罗德·拉斯韦尔提出的，是典型的线性传播模式。1948 年，拉斯韦尔发表了《社会传播的结构与功能》一文，使他成为传播学的始创者之一。在这篇论文里，拉斯韦尔提出了界定传播研究范畴的经典——5W 模式，即说明传播行为的一个简便方法是回答下列五个问题：谁传播（Who）、传播什么（Say What）、通过什么渠道（Through Which Channel）、向谁传播（To Whom）、传播的效果怎样（With What Effect）。就此，拉斯韦尔把传播学的研究内容分成五个部分，即控制分析、内容分析、媒介分析、对象分析和效果分析，如图 6-2 所示。

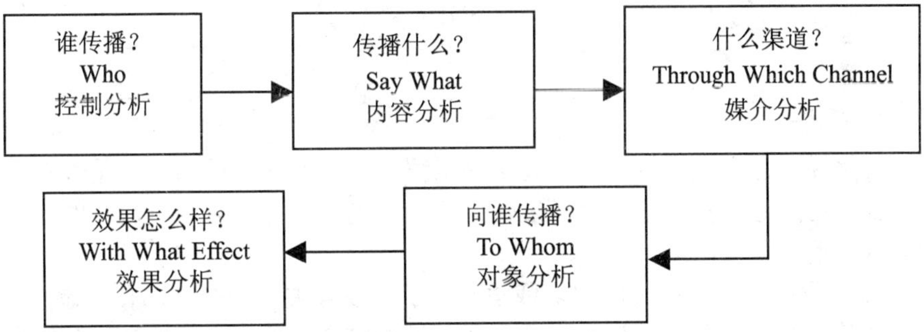

图 6-2 哈罗德·拉斯韦尔的 5W 模式

在对传播的研究中，拉斯韦尔所提出的研究对象的五大部分也完全可以视为传播研究的基本范畴。

1．传播的控制分析，主要包括：传播的法规与政策、传播者的社会控制和自我控制、传播者对传播的影响、传播者的社会责任。

2．传播的内容分析，主要包括：传播的分类、传播的符号、传播的宣传方法等。

3．传播的媒介分析，主要包括：传播的媒介环境、传播的媒介特点等。

4．传播的对象分析，主要包括：传播对象的心理、传播对象的劝服等。

5．传播的效果分析，主要包括：传播的效果类型、影响传播效果的因素、测定传播效果的定量方法等。

二、互动传播模式

互动传播模式是由美国著名传播学专家韦尔伯·施拉姆提出的，是典型的新型控制论传播模式。施拉姆将控制论的研究成果运用于传播学的研究，在他的传播模式中引进了反馈机制，将反馈过程与传受双方的互动过程联系起来，使传播成为一种互动的循环往复过程，如图 6-3 所示。

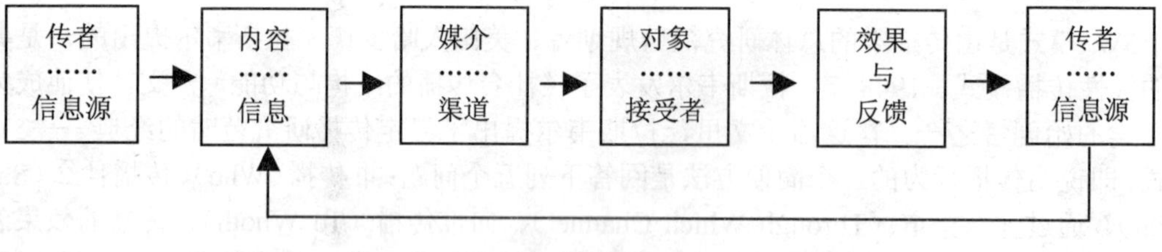

图 6-3　互动传播模式

施拉姆的传播模式是建立在 5W 模式对传播要素的界定基础上的，它弥补了拉斯韦尔 5W 模式的缺陷，进一步揭示了传播过程的实质，为传播活动的运作提供了科学的机制。

三、两级传播模式

两级传播模式是由美国著名的社会学家保罗·拉扎斯菲尔提出的，是针对传播效果专门研究而提出的理论。拉扎斯菲尔两级传播模式的提出，源于对当时流行的一种大众传播的强效果论“魔弹说”的质疑。

1940 年，拉扎斯菲尔在美国俄亥俄州开展了一项有关总统选举的社会调查。但是，调查结果却使他开始对“魔弹说”产生了怀疑。调查结果证明，只有大约 5%的人确认他们是受了大众传媒的影响而决定投票倾向的，而真正影响人们投票行为的仍然是个人之间的接触和方方面面的劝说。于是，他提出了“两级传播”的假设。

拉扎斯菲尔的“两级传播”假设是，“观念总是先从广播和报刊传向‘意见领袖（Opinion Leaders）’，然后再由这些人传到人群中不那么活跃的部分。”也就是说，信息的传递，是按照“媒介—意见领袖—受众”这种两级传播模式进行的。这里所提出的中间环节“意见领袖”，其作用与意义举足轻重。意见领袖又称“舆论指导者”，指社会活动中能有较多机会接触来自各种渠道的人，即“消息灵通人士”，或对于某一领域有丰富知识与经验的“权威专家”，其态度和意见对广大公众影响较大。

在传播活动中，信息传播者大多是通过大众传播媒介来接触社会消费者的。在看到厚厚的报纸和每隔十几分钟就要跃上荧屏的电视广告时，我们应当意识到，大众传播媒介的力量是巨大的，但不是法力无边的。人们在进行传播时，千万不可忽略那些卓有成效的以人际传播和组织传播方式所达到的传播效果，千万不可忽略“意见领袖”的指导作用。

四、受众选择“3S”理论

受众选择“3S”理论是由美国学者约瑟夫·克拉帕提出的，是针对受传者进行专门研究而提出的传播模式理论。它主要强调认知主体的内部心理过程，并把公众看做信息加工主体。

一般认为，信息传播者往往把一些符合自己意图的信息编成特定的符号，然后通过一定的渠道到达目的地。这个目的地就是传播者企图与之共享信息的接收对象，即受众。但是，时常发生的结果是信息在受众那里受到冷遇——视而不见、充耳不闻。人们可以在阅读报纸杂志时跳过某些版面的内容，可以随意转动旋钮调换广播波段，也可以随意按动遥控器调换电视频道。经过长期的观察和研究，传播学者发现受传者在接触媒介和接收信息时有很大的选择性，这就是受众心理上的自我选择过程。

克拉帕将这一选择过程的三种现象概括为：选择性注意（Selective Attention）、选择性理解（Selective Perception）、选择性记忆（Selective Retention），简称“3S”。

1. 选择性注意。受众总是愿意注意那些与自己观念一致的，或自己需要的、关心的信息，回避那些与自己固有观念相龃龉的，或自己不感兴趣的信息。因而，在面对诸多信息的刺激时，公众不可能对所有的信息刺激一一作出反应，只能是有选择地加以注意。从选择性注意的角度看，信息要引起人们的注意必须注意信息的强度、信息的对比、信息的位置、信息的重复、信息的变化等因素，以便使自己所发布的信息在众多信息中引起公众的选择性注意。

2. 选择性理解。选择性理解是指不同的人对同一信息作出不同意义的解释和理解。如果说选择性注意是人们对信息的一些零散捕捉，那么选择性理解则是对所注意的信息作有意义的思考。信息以符号为载体表达意义，对信息的理解则是对符号的翻译以还原其本来的意义。也就是说，假如传播者与消费者遵循的是同一思维逻辑，编码和译码能力相差无几，那么，理解的结论与信息的意义大体上应该是一致的。但事实上，所传信息常常并不等于公众所受信息，即受传者所理解、还原的意义与传播者意欲传递的本来意义之间往往会有一定的差距。

受众的选择性理解为公众固有的态度和信仰机制所制约，这就是所谓“仁者见仁，智者见智”。因而必须研究影响公众选择性理解的心理因素，如需要、态度和情绪三个方面。

3. 选择性记忆。记忆是一定时期内神经联系的形成和巩固。如果人们感知过的事物，在事过之后并不消失，在大脑皮层上形成暂时神经联系，以痕迹形式保留在头脑中，就是记忆。记忆是一种极其主观的脑的活动。一般来讲，受众总是容易记住自己愿意记住的事情，这种事情大部分与自己的需要、兴趣和简单易记有关，容易忘记那些与自己无关和不感兴趣的事情。这种记忆的取舍，就是选择性记忆。

选择性注意、选择性理解、选择性记忆是受众心理选择过程的三个环节。这三个环节可以看成是受众心理的三层“防卫圈”。信息如果不合乎受众的个人需求，则被挡在“防卫圈”之外。

事实上，受众的这种“选择性”是普遍存在的，它们是传播过程的主要干扰。在争议很大的问题上，选择性的因素干扰最大。相反，在一般性信息上，选择性因素的干扰就小得多。对于传播者来讲，关键在于研究受众的情况，有针对性地选择传播内容、方式，采取有效办法减少受众的选择性因素干扰，以达到预期的传播效果。

第三节　公关传播活动

公关传播活动是指在进行传播与沟通时由公关组织根据预先设定的目标和活动计划组织开展的各种活动。本节主要介绍记者招待会、展览会、赞助活动、典礼与仪式、公关演讲、公关谈判这几种常见的形式。

一、记者招待会

记者招待会又称新闻发布会或信息发布会，是组织或个人把记者召集在一起，宣布某一有关消息，并让记者就此进行提问，然后由召集者回答的一种特殊会议。记者招待会具有权威性强、针对性强、难度大、要求高等特点。

（一）记者招待会的准备工作

社会组织举办记者招待会的目的是借助新闻媒介向公众传播真实、清晰、权威性的重要信息，引起社会公众的广泛关注，成败得失至关重要。因此在举办记者招待会之前，必须进行周密筹备。

1. 确定举办记者招待会的必要性。根据记者招待会的特点，在记者招待会举办之前必须对所发布的消息是否重要，是否具有广泛传播的新闻价值以及记者招待会的紧迫性和最佳时机，进行研究和分析。只有在确认召开记者招待会的必要性和可能性后，才可决定举办记者招待会。

2. 确定记者招待会的主题。主题是记者招待会的核心内容，整个活动都要围绕主题开展。在召开记者招待会之前，必须确定会议的中心议题，同时要从新闻媒介和公众的角度出发，进一步考察主题的重要性，看是否具有广泛传播的新闻价值，能否对公众产生良好的重大影响等。

3．选择记者招待会的主持人和主要发言人。由于记者的职业要求和习惯，他们提出的问题大都比较尖锐、深刻，有时甚至很棘手。这就对会议主持人和主要发言人提出了很高的要求，要求他们对问题比较敏感和清楚，思维敏捷，反应迅速，有很强的口头表达能力和灵活的应变能力，有较高的文化修养和品德涵养。一般说来，会议主持人应由有较高专业及公关技巧的人担任；而会议的发言人应是组织的高层领导。因为他们清楚地掌握组织整个的发展情况及方针、政策和计划等全局性、长远性问题，只有他们的回答才具有权威性。

4．准备发言提纲和辅导材料。要组织熟悉情况的人成立专门的发言起草小组，全面收集有关资料、信息，写出准确、生动的发言稿供发言人参考。还可以写出报道提纲，在会上发给记者作为采访报道的参考。要特别注意会前应该将会议主题、发言稿和报道提纲的内容通报一下，统一口径，防止会上口径不一，在记者中引起猜疑和混乱。辅导材料要围绕主题准备，尽量做到全面、详细、具体和形象，形式应多种多样，要有口头的、文字的、实物的等。这些辅导材料要根据会议主题和内容的具体要求而定，在会议举行的现场摆放或分发，以增强发言人的讲话效果。

5.拟定邀请记者的范围。根据信息的重要程度和事件的影响范围拟定记者的邀请范围。如果事件涉及全国，则要邀请中央新闻单位的记者出席；如果事件影响仅限于本地，则邀请当地新闻单位的记者出席；如果事件涉及较为专门的业务，则邀请专业性的媒介和新闻单位内部从事专门报道的记者、编辑出席。邀请的记者覆盖面要广，各方新闻机构都应照顾到，不仅有报纸杂志记者，还要有电台、电视台的记者；不仅要有文字记者，还应有摄影记者。特别注意：对记者要做到一视同仁，不能厚此薄彼。发请柬时，认识的记者可以发给他们本人，不认识的记者可发到新闻机构。请柬可提前若干天发送，临近记者招待会举行时，还应用电话联系提醒记者或者确定其能否出席。

6．确定记者招待会的地点。在地点的选择上主要考虑要给记者创造各种方便采访的条件，如录像、拍摄的辅助灯光，视听辅助工具，幻灯、电影的播放设备等。还要考虑交通是否方便，会议地点环境要求安静，不受干扰。同时会场所用的桌椅要尽量适合于记者记录、拍摄用等。

7．确定记者招待会的时间。时间安排应尽量避开节假日和重大社会活动的日子，以免记者不能参加招待会。一周之中周末举行不大适宜。就具体时间而言，一天之内最好安排在上午 10：00 和下午 3：00 左右，会议时间控制在一小时左右为宜。

8．组织记者参观的准备。记者招待会前后，可以配合会议主题组织记者进行参观活动，给记者创造实地采访、摄影、录像等机会，增加记者对会议主题的感性认识。应该在记者招待会前安排好将要参观的地方，并派专人接待，介绍情况。如有必要，且财力和时间允许，可以在记者招待会或参观活动后，邀请记者参加午餐或晚餐。

9. 制定经费预算。经费预算可按记者招待会不同的规格和规模去进行制定，预算时应留有余地，以备急需。其经费预算一般包括：场租费、会场布置费用、印刷费、饮食费、礼品、文书用具、音响器材费、邮费、交通费、电话、传真、上网费等。

（二）记者招待会中的注意事项

举办记者招待会应注意如下问题：

1. 一个记者招待会只能确定一个主题，不要同时发布互不相关或关联不大的几个主题的信息，这样会分散新闻媒介与公众的注意力，影响主题新闻价值的实现。

2. 会议主持人要充分发挥主持和组织作用。言谈要庄重，有涵养，有感染力，能活跃会议气氛，引导记者踊跃提问，把握主题范围。

3. 会议发言人要掌握好回答问题的“火候”，不要用语言、表情、动作及其他任何方式对记者表示不满，也不要随便打断记者的提问。

4. 对于不能透露的信息，应婉转地向记者做解释，希望记者理解，不能简单说“不清楚”、“无可奉告”等生硬的话。

5. 在回答记者提问时，主要发言人和其他发言人口径要统一，防止因口径不一而引起记者的猜疑和混乱。

6. 发言人发布的信息和回答的问题必须准确无误，若发现错误应及时予以更正。

7. 组织记者招待会的人员应穿戴整洁、适宜，仪表端庄，精神饱满，并佩戴胸牌。

（三）记者招待会后的工作

在记者招待会结束以后，还必须继续做好以下工作。

1. 尽快整理出记者招待会的记录材料，对记者招待会的组织、布置、主持和回答问题等方面的工作做一总结，从中认真总结经验和吸取教训，并将总结材料归档备查。

2. 搜集与会各记者在各媒体上的报道，进行归类分析，检查是否达到了举办记者招待会的预定目标，是否有由于失误而造成的谬误。对检查出的问题，要分析原因，设法弥补失误。

3. 对照会议签到簿，看与会记者是否都发了稿件，并对记者所发稿件的内容及倾向做出分析，以此作为以后举办记者招待会邀请记者范围的参考依据。

4. 搜集与会记者以及其他与会代表对记者招待会的反应，检查记者招待会在接待、安排、提供服务等方面是否有欠妥之处，以便改进今后的工作。

5. 若出现不利于本组织的报道，应做出良好的应对策略。若是不正确或歪曲事实的报道，应采取行动，说明真相，向新闻机构提出更正要求；若报道的虽然是正确事实，但不利于本组织，这种情况完全是组织内部错误造成的，对此应通过该报道媒介表示虚心接受并致歉意，以挽回组织声誉。

二、展览会

展览会是一种综合运用各种传播媒介、手段推广产品，宣传组织形象和建立良好公共关系的大型活动，它通过实物、文字、图表来展示成果，图文并茂，给公众以极强的心理刺激，从而加深公众的印象，提高组织和产品在公众心目中的信誉。

（一）展览会的特点

1．展览会是一种复合性的传播方式。一个展览会通常同时运用多种媒介进行立体交叉混合传播，包括：

（1）文字媒介，如文字注解、宣传手册、介绍材料等；

（2）声音媒介，如讲解、交谈、现场广播等；

（3）图解媒介，如照片、图片、幻灯片、录像等；

（4）实物或模型。由于展览会这种复合性传播方式综合了多种传播媒介的优点，所以它的沟通效果通常会令人满意。

2．展览会是一种十分直观、形象和生动的传播方式。展览会一般以展出实物为主，并以专人讲演和示范产品的使用方法等方式进行现场的示范表演。这种形象记忆能起到强化效果的作用，如雕塑作品展览会上艺术家当场雕刻作品，民间艺人现场捏泥塑品等。展览会这种直观形象、声情并茂的传播方式，能吸引大批公众前来参观，使参观者对展品留下较深刻的印象。

3．展览会能给组织提供与公众进行直接双向交流的机会。展览会为组织与公众提供了直接接触、相互交流的机会，通过听取意见、相互交流、深入讨论，参展单位在让公众了解自己的同时，也了解了公众对展品、组织形象的意见及反映，可根据公众反馈的信息及时改进工作。这种直接双向沟通的交流性、针对性强，收效大。

4．展览会是一种高度集中和高效率的沟通方式。一个展览会可以集中许多行业的不同产品，也可以集中全国甚至全世界各种品牌的同类产品。这为参观者提供了更多的方便和选择余地，节省了时间和费用，提高了选购效率，使采购人员不会错过与自己业务有关的产品；同时也给新组织和新产品提供了一个脱颖而出的好机会，许多参展者也正是通过展览会建立了自己的良好形象并打开了销路。在展览会上购销双方或当场交易，或签订购销、订货协议。活动结束，还能及时统计出成交额，效果直观集中，立竿见影。

（二）展览会类型

展览会按不同的分类标准，大致可分为以下几类。

1．按展览会的性质，可分为展销会和宣传展览会。展销会的特点是既“展”又“销”，展出实物产品，并当场出售货品。其目的是做实物广告，促进商品销售，如“迎春节吃穿用商品大展销”、“迎中秋月饼大展销”。

宣传展览会主要是为树立组织、产品或人物形象而举办的，其目的是宣传一种观念、思想、成就等，一般通过展出照片、资料、图表和有关实物达到宣传组织形象的效果，如在北京中国国际展览中心举办的国际图书博览会。

2．按展览会的内容范围，可分为综合性展览会和专题性展览会。综合性展览会是全面介绍一个国家、一个地区或一个组织情况的展览会，它要求内容全面，有一定的整体性和概括性，既要突出重点，又要照顾一般，力求给受众以完整印象。综合性展览会也称为横向展览会，如“世界博览会中国馆”、“广州中国出口商品交易会（简称广交会）”等。

专题性展览会是围绕某一专题、某一专业或某类产品举办的展览会。它要求主题突出，内容集中，有一定的深度。专题性展览会也称为纵向展览会，如“汽车展览会”、“房地产展览会”、“园艺博览会”等。

3．按展览会举办地，可分为室内展览会和露天展览会。大多数展览会在室内举办，显得较为隆重，且不受天气影响，举办时间较灵活，长短皆宜；但室内展览会的设计布置较为复杂，花费较大。露天展览会的最大特点是布置工作较为简单，所花费用较少；但受天气影响较大，往往由于天气原因而影响展览会效果。通常在露天举办的展览会有农副产品、园艺、大型机械展览等；而较为精致、价值高的商品展览则宜在室内举办。

4．按展览会的规模，可分为大型展览会、小型展览会及微型展览会。大型展览会通常由专门的单位举办，规模大，参展项目多。搞好大型展览会需要很高的举办技术，如“世界博览会”、“广交会”、“全国糖酒会”等。小型展览会规模小，一般由组织自己举办，展出自己的商品，展览会的地点常常选择在各类建筑物的门厅、图书馆、候车室、陈列室、样品室等。此外，还有微型的袖珍展览，即商店的橱窗展览和流动的展览车等。

5．按展览会的时间长短，可分为长期固定展览会、定期更换内容的展览会和一次性展览会。长期固定展览会，如北京的故宫博物院、自然博物馆等；定期更换内容的展览会，如北京的工业展览馆、农业展览馆等；一次性展览会，如食品展销会、服装展示会等。

（三）展览会的组织

组织展览会的一般原则是：展览会主题思想明确，布局结构合理，布置美观大方、经济、新颖，解说精练、流畅、动人，给人以深刻印象。

1．明确主题。无论是组织自筹展览会，还是参加展览会，其内容都是多而复杂。要使展览会达到预期效果，必须要有明确的主题思想，并使其发挥提纲挈领的功效，达到参展实物、图片、文字说明有机结合在一起的目的。

2．确定参展单位、参展项目和展览会类型。举办者可以采取广告或给有可能参展的单位发邀请函的方式吸引相关单位参加。广告和邀请函要写清展览会的宗旨、展出项目类型、展览会的要求和费用以及对参观人数和类型的预测等，给潜在参展单位提供决策所需的资料。

3．明确参观者的类型。参观者的类型将影响到信息传播手段的复杂性和多样性，如果参观者对展出的项目有较深的了解和研究，如是这方面的专家，介绍的资料就要较为专业化和详细深入；如果是一般参观者，则应采取通俗易懂的语言，进行直观普及性的宣传。在展览会筹备阶段就应对展览会针对的公众及其所包括的范围有较精确的估计。

4. 选择展览会的时间和地点。有些展览会要顾及到时间性和季节性，如农副产品展览、花卉展览、月饼展销等。在选择地点上要考虑：

（1）方便参观者，如交通方便、易寻找，有标志性建筑，公交车直达等。

（2）展览会地点的周围建筑是否与展览会主题相得益彰。

（3）辅助设施是否容易配备和安置，如珍贵物品的安全存放设施、消防设施，食品标本的保鲜、保色、防冻、防潮、防脱水等设备。我国的展览会喜欢选在闹市区举办，而国外则一般选在郊外，因为闹市区很难解决大量停车的问题。

5. 培训工作人员。展览会工作人员的素质和展览技能的高低对整个展览会效果有重要影响。因此必须对展览会工作人员如讲解员、接待员、服务员和操作员等进行良好的公关意识和技能培训，并就展览会内容进行必要的专业知识训练。

6. 成立专门对外发布信息的机构。该机构负责与新闻界联系的一切事宜，并要制定信息发布的计划，如确定发布的内容、时机、形式等。公关人员应发掘展览会上有新闻价值的东西，写成稿件，以扩大展览会的影响。

7. 准备展览会所需要的各种辅助宣传资料。

8. 准备展览会的辅助设施和相关服务。如业务洽谈室、合同签订室、文书业务、影视、音响、灯光、展柜、广告栏以及银行、邮政、海关、检验、交通运输、停车场等。

9. 布置展览厅。在展览厅入口，设置咨询服务台和签到处，并贴出展览会平面图，作为参观指南。展览会布置应考虑角度、方向、背景、光线等综合因素，要使展品展出后整齐、美观，富有艺术色彩，给人以美感。

10. 展览会经费预算。具体列出展览会的各项费用，加以核算，有计划地分配展览会的各项经费，防止超支和浪费。

（四）效果评估

展览会举办效果的评估是对实施展览工作所带来的社会效益的测量和评估。它主要体现在参观者对展品的反应，对组织的认识和对整个展览会举办形式和效果的看法等方面。其评估方法主要有以下几种：

1. 参观者留言形式。举办者或参展者在展览厅出口处设置参观者留言簿，主动征求参观者的意见。

2. 召开观众座谈会。在展览会过程中，随机找一些观众座谈，谈论一下对展览会的观后感，并要求其提出看法和意见。

3. 记者采访的形式。在展览会期间，记者活动在展览会上，随时随地提出一些双方感兴趣的问题让观众回答，以收集观众意见。

4．问卷调查的形式。展览会结束后，向观众分发调查问卷，了解展览会举办的实际效果。

三、赞助活动

赞助活动是指社会组织向人们所关心的社会事业提供资金、物质、技术或劳动力等帮助的一种公关传播活动。赞助活动是一项较高投入的公关活动，要求组织具有一定的经济实力。组织通过赞助活动，一方面可以向社会公众表明，自己是社会的一员，不仅关注自身的经济利益，而且也关注社会公益事业，乐于承担社会责任和义务；另一方面，通过赞助活动组织同被赞助的社会事业同步成名，并受到政府和社会公众的广泛关注和支持，有利于为自己树立良好形象，同时也有利于社会公共事业的发展，最终形成一个有利于组织发展的良好社会环境。

随着现代社会经济的高度发展，赞助活动作为公共关系的一项重要活动，也越来越盛行起来。一些大企业、大财团把视角关注在社会公益和慈善事业上，例如香港“金利来”集团于2003年在中国载人飞船成功飞行后捐款1亿元人民币用于祖国航天事业的发展，使其在国人心目中树立起振兴民族的良好形象。有人称赞助活动是“取之于民，用之于民”，这不无道理。所以，组织利用有利时机，进行必要的赞助活动，是有远见卓识的行为。

（一）赞助活动的类型

赞助活动的类型很多，涉及社会生活的各个领域，从大型的体育比赛到一部电视剧的拍摄，从教育事业到车站、码头的路牌、车牌设施，都可以接受赞助者的捐助。

1．赞助体育运动。这是赞助活动最常见的一种方式，因为体育活动是广大群众喜闻乐见的活动，也是许多公众积极参与的活动，涉及的公众层面宽、范围大，使赞助活动影响的广度和深度都很大。赞助体育活动一般能增强广告效果，扩大与体育有关的许多产品的销路，也能测试新产品的性能，便于改进，赢得更多的用户。赞助体育活动的方式有提供经费、场地、饮料、食品、服装、器械、人员和其他便利条件以及组织体育比赛等。

2．赞助文化活动。文化活动吸引的公众层面较宽，影响较广，品味较高。赞助的文化活动主要有音乐会、电影电视节目、文娱演出、书画展、摄影作品展以及赞助电台、电视台、报社、杂志社举办的各种有奖知识竞赛、摄影比赛、小发明或小创作奖励等。例如美国早年有不少描写爱情与家庭生活的影片由著名肥皂商普洛克特与甘普尔公司（P&G）出资赞助，这些影片成为家庭主妇们消遣的好节目，给人的印象极深，时至今日，许多人还把这类影片称为“肥皂剧”。又如国内正大集团赞助中央电视台举办的“正大剧场”等。

3．赞助教育事业。赞助教育既为组织树立了关心教育的良好形象，又和教育界建立了良好的关系，为组织的人才招聘和培训创造了条件。赞助教育事业的方式有提供奖学金、兴建校舍、赠送图书资料和教育仪器、提供科研基金、资助科研设备的购买、赞助学术研讨会、资助学术专著出版、资助学校教研活动、支持“希望工程”以及协助学校进行职业训练等。

4．赞助社会公益和福利事业。这类赞助活动有助于组织与社区、政府搞好关系，也可向社会表明其所承担的义务和责任，更能体现组织对社会公德的关心和组织自身高尚的风格品质。这类赞助人情味最浓，商业味最淡，最易博得公众的好感。如赞助修路、修桥、治理黄沙、兴修水利工程；捐款、捐赠生活设施和其他所需物资；赞助康复中心、修敬老院、提供残疾人基金；到福利院、孤儿院、荣军院慰问；义演、义卖等。

5．赞助环保事业。环境保护是功在当今、利在千秋的公益事业，涉及广大公众的切身利益，是公众和媒介关注的热点。赞助环保事业，能收到经济效益、社会效益和生态效益的“三丰收”。

（二）赞助活动的步骤

1．确定赞助活动的类型和赞助对象。赞助活动的第一步要确定赞助活动的类型即采用哪种赞助形式，这要根据赞助的目的来确定。如果要扩大组织的影响和知名度，可采用赞助体育活动；如果要树立良好形象，可采用赞助教育事业；如果要培养感情、增进社会理解，可采用赞助社会公益事业和福利事业等。第二步要确定赞助对象，要分析赞助对象是否需要、是否是社会各界关注的、是否是新闻热点，这关系到赞助活动是否有意义、是否带来很大的社会反响。因此，仔细确定赞助对象至关重要。

2．确定赞助金额。赞助活动需要一定数量的经费，这要根据组织的经济实力来确定，也要考虑赞助对象的具体情况和赞助的经费是否给其带来影响。一般由公关部门提出具体方案，再报组织决策部门审定。赞助也可以是实物，但要在实物的数量、品种上做出规定。

3．制定赞助活动计划。赞助活动计划的内容包括：赞助目的、范围、对象、形式、组织管理、费用预算、实施步骤等。赞助活动计划应是赞助活动可行性研究的具体化，一定要尽量具体和留有余地，做到有的放矢，使组织通过计划来控制赞助的范围和规模，防止赞助规模超过组织承受能力，使赞助活动有计划、有步骤地进行。

4．赞助活动的实施。赞助活动应由专门的公关人员负责。公关人员应首先弄清楚赞助活动的目的、内容和具体细节以及所有宣传活动的安排、步骤和程序。为了扩大影响，赞助活动应举办一定规模的签字仪式，邀请政府部门负责人、新闻记者、各界朋友参加，并在签字仪式上宣布赞助金额，展示实物。被赞助单位应本着互利互惠的原则，尽可能为赞助单位提供宣传的机会，使宣传与赞助活动同步进行，协调一致。在实施的过程中，公关人员还应充分运用各种有效的公关技巧，使组织尽可能借助赞助活动扩大其对社会的影响。

5．赞助活动效果评估。赞助活动结束后，赞助组织应对赞助活动的效果进行评估。检测赞助活动的目标和计划是否完成，赞助活动是否成功，新闻媒介和社会公众有什么反响，有哪些成功和不足，原因何在。还可以进一步检测被赞助单位获得赞助后对其起到什么作用和影响，调查员工对赞助活动的了解程度以及对赞助活动的意义和作用的认识。通过赞助活动评估，可以总结赞助活动的成功和不足，可以提高公关人员的业务素质，同时又为今后的赞助活动提供可供借鉴的宝贵经验。

四、典礼与仪式

为了融洽关系，增强双向沟通、相互合作、相互了解，组织常常需要安排一些典礼与仪式，因此，公关人员应熟悉和掌握这些典礼与仪式的基本礼仪。

（一）典礼与仪式的类别

典礼与仪式是社会组织本身重大事件的仪式活动和组织所处社会环境中有关的节日庆典以及大事庆典活动的总称。典礼与仪式的类别很多，常见的有：开业（工）典礼、落成典礼、剪彩仪式、交接仪式、签字仪式、发奖仪式、周年纪念大会、地方传统节日、重大活动的开幕式和闭幕式等。典礼与仪式活动可采用的形式很多，如周年纪念可举行员工大会，或举行周年纪念酒会，还可举行颁奖大会、举办茶话会，或采用上街义务劳动和服务等形式。典礼与仪式活动由于其不同于组织平常活动的特殊性和隆重性，一般能引起社会公众较多的关注，因此它是扩大组织社会影响力的极好机会。如果公关人员能抓住这个有利时机，借助喜庆、热烈的气氛来渲染组织形象，往往能收到意想不到的公关效果。

（二）典礼与仪式的组织工作

1. 要明确典礼与仪式活动的主题，围绕主题来安排活动内容。公关人员根据组织需要和公众的需要进行精心设计，可以在形式主题下巧妙地再插进一个主题。在确定真正主题后，再围绕主题来安排穿插有关活动内容和活动形式。例如日本电通广告公司，在 1967 年 7 月成立 66 周年纪念日这天，由银座的旧址迁入筑地的新楼。当天清晨，2000 名员工在公司总理经理的率领下，举着“谢谢银座各界人士过去的照顾”、“欢迎筑地各界人士以后多赐教”的旗帜，浩浩荡荡地由银座向筑地行进。沿街公众目睹了这一盛况，日本各大报纸和电视台也纷纷报道了这一周年纪念日的乔迁之喜，使电通广告公司闻名遐迩，给广大公众留下了美好的记忆。

2. 拟定典礼与仪式活动的程序，落实有关任务，明确职责分工。典礼与仪式活动一般都比较盛大，工作任务繁重，需要组织内部有关人员密切配合，共同完成。组织要做到有条不紊，忙而不乱，就要确定典礼与仪式活动的程序，并按照典礼与仪式规格确定司仪人员，按照有关活动内容将任务具体落实到人头。尤其是后勤工作和组织工作一定要有专人负责，对负责签到、接待、摄影、录像、音响、现场布置等人员要讲清活动内容、礼节、纪律等要求。此外，在典礼与仪式活动前要仔细检查有关设备和材料。

3. 拟定邀请的宾客名单。宾客名单不仅要考虑有关单位和左邻右舍，而且最好能邀请一些社会名流和新闻界人士，还应包括一些公众代表和员工代表。拟定名单后，应将请柬于一周前送达出席人员手中，请柬中应写明活动事由、方式、时间和地点。

4. 确定致贺词的宾客名单和双方剪彩人员的名单。参与致贺词的宾客要有一定的代表性，或者有一定的社会地位，参与剪彩的己方人员应是组织的负责人，客方人员应邀请地位较高和有一定声望的知名人士。

5. 为典礼与仪式安排一些制造气氛的活动和促进理解的活动。制造气氛的活动是指为了活跃典礼与仪式主题活动气氛而安排的一些辅助活动，如敲锣打鼓、挥舞彩旗、燃放鞭炮、舞狮、合唱歌曲、呼喊口号等。这类活动还有典礼与仪式后的歌舞演出、电影放映等。促进理解的活动是为配合典礼与仪式主题活动而安排的辅助活动，如典礼与仪式结束后的茶话会、就餐会、酒会、恳谈会、参观、游览等。

6. 利用新闻媒介扩大典礼与仪式活动的社会传播面和影响面。能够参加典礼与仪式活动的公众毕竟是有限的，典礼与仪式作为公关活动应争取传播到更大的公众范围中去。这就需要借助新闻传播媒介来扩大影响，如能争取到新闻报道，还可以起到鼓舞士气的作用。例如成都饭店全面改建竣工周年纪念活动就借助新闻报道，简述了活动内容，回顾了饭店历史，选载了国家旅游局的贺电，表达了饭店与同行搞好关系、交流经验和为公众提供优质服务的良好愿望，从而扩大了自己的影响。

要组织好典礼与仪式活动，给公众留下深刻的印象，需要公共关系人员用心构思、认真策划、精心组织，使活动进行得热烈隆重、富有特色。

（三）剪彩仪式

通常开工典礼、竣工典礼、奠基仪式、开业（开张）仪式、展销会、展览会等活动，都要举行剪彩仪式。

1. 剪彩仪式的准备工作

（1）确定剪彩人员。剪彩人员最好由客人担任，或是上级领导，或是主管部门负责人，或是某一方面的知名人士，有时也可由主办组织的主要负责人担任。但人数不宜太多，应事先将有关事宜通知剪彩者。

（2）挑选或聘请礼仪小姐。礼仪小姐应选容貌端庄、气质高雅、身材苗条的年轻姑娘担任，配以统一的服装，可以佩戴绶带。她们的工作主要是托送彩带花和扎花剪刀。

（3）准备剪彩用具。剪彩用具包括扎有彩带的剪刀、用丝绸扎成的彩带花和托盘，剪刀数量应与剪彩人数相等，剪刀要锋利，彩带花应比剪彩人员多一朵或一条。

2. 剪彩仪式的程序

（1）请与会者入座。如果不是对号入座的话，可提醒与会者自选位置坐好。对就座于主席台上的贵宾或负责领导，应事先通知说明，由工作人员或礼仪小姐引领入座。

（2）宣布剪彩仪式开始。主持人宣布剪彩仪式开始后，应鼓掌向与会者表示谢意。如有必要，还应向与会者介绍一下参加剪彩仪式的领导、贵宾，并对他们的到来表示感谢。

（3）安排简短性发言。发言一般由主办组织的主要负责人担任，发言内容是介绍该项组织活动的宗旨和意义，并可对有关过程进行汇报。同时，也可安排其他有关部门的人员致祝贺词。

（4）进行剪彩。剪彩时主席台上的人员一般应尾随于剪彩者身后1～2米处，待剪彩完毕时，转身向四周公众鼓掌致意。

（5）组织参观、座谈或宴请。这些活动可视不同的剪彩仪式而灵活决定。

（四）签字仪式

1．签字仪式的基本要求

（1）双方签字人的身份应大体相当，这要根据所需签订文件的级别性质由缔约双方确定。

（2）参加签字仪式的人员一般应是双方参加会谈的人员。如一方因某种原因要求让未参加会谈的人员出席，另一方应予以同意。

（3）双方人数应大体相当。

2．签字仪式准备工作

（1）及早做好拟签字文本的定稿、校对、印刷和装订等工作。

（2）准备好使用文具、国旗等物品。签字仪式上，国旗有3种悬挂方式：①悬挂在签字桌中间的旗架上；②悬挂在签字桌后方；③悬挂在各自的桌上。

（3）布置好现场。签字现场应在正面中间悬挂“××××签字仪式”横幅。涉外签字仪式，横幅文字应以东道主文字为主。签字桌的摆放应视具体情况而定：若是双方签字仪式，厅内可设长条桌一张或圆桌两张，桌面用深绿色厚台布覆盖，桌后安放椅子两张作为签字人的座位，主人位于左，客人位于右；若是多边签字，则可在桌后只设1个座位；若是集体签订，则需根据签字项目多少划分轮次，以每轮签字人数布置现场。

（4）安排助签人员。助签人员一般由熟悉情况的人员担任。有的组织为了塑造形象，常招聘礼仪小姐或公关先生担任助签人员。应安排熟悉情况的人员做好指导工作，助签人员事先应洽谈好有关细节。

3．签字仪式的程序

（1）迎宾人员引领与会人员进入签字现场。

（2）主持人宣布仪式开始。

（3）签字人员入座，其他人员按身份高低顺序排列于各自签字人员的后方，助签人员分别站在各自签字人员外侧。

（4）工作人员或礼仪小姐送上签字文本和签字工具。

（5）助签人员协助翻揭文本和指明签字处。

（6）签字人员在本方保存的文本上签字。

（7）助签人员互相传递文本。

（8）签字人员在对方保存的文本上签字。

（9）双方签字人员交换文本，互相握手。

（10）合影留念。

在某些特殊情况下，还可在签字仪式完毕后，请各方负责人讲话致词。多边公约的签字仪式，因为只设 1 个座位，应先由公约保存方代表签字，然后各方代表按一定次序，轮流上前签字。

五、公共关系演讲

演讲，又称演说、讲演，是演讲者在特定的环境中借助有声语言和无声语言等艺术表达手段，针对现实社会中的某一问题，或围绕一个中心，面对广大听众发表意见，抒发情感，从而影响和感召听众的一种信息传播活动。演讲在公关活动中能激发公众形成某种意识，鼓励公众的某种行为。西方有人将演讲、原子弹、金钱并称为三大武器。

（一）演讲的表达技巧

公共关系人员只有熟练地掌握公关演讲表达技巧，才能充分发挥演讲的“沟通情感、影响公众、塑造形象”的公关作用。

1．重视开头，先声夺人。开场道白，如同乐器定调，这个调定得如何，将决定整场演奏的成败。如果开场白能像凤凰之冠那样引人入胜、扣人心弦，就会取得旗开得胜的效果。

（1）开门见山式。这是一种最常见的方式。演讲一开始就直截了当地切入主题，简明爽快地讲清论题，使听众直接明了演讲的重要内容，从而抓住听众的注意力，使其聚精会神地围绕主题展开联想。

（2）楔子导入式。在演讲之前用一段与演讲正题有关的话来调动听众的感情和思想，引起听众的兴趣和关注之后，再展开正题。这段话可以是一个有趣的故事、一件事实、一则笑话、一首小诗、一个比喻、一段名言等。

（3）设问祈使式。演讲时以设问或祈使方式开端，提出一个或几个问题，引起听众思考，不仅能吸引听众的注意力，将其置于沉思的境界中，而且能激起其参与演讲内容的讨论。

（4）临场发挥式。演讲者结合演讲时的环境、场合、气氛，就地取材，即兴道白，临场发挥。陈毅在新中国成立初期任上海市市长时，有一次对工商业人士演讲，他指着讲台上摆放的名贵鲜花和精美的茶具，开场道：“我这个人说话容易激动，激动起来容易手舞足蹈，桌上的这些东西，要是被我碰坏，我这个供给制的市长，实在是赔不起，所以我请求会议主持人还是先把这些东西精兵简政，撤下去吧。”听众即刻发出了舒心的笑声，同时也领悟到演讲者的用意。

（5）赞扬听众式。赞扬听众的开场白，令听众高兴，是活跃气氛，加强演讲者与听众联系，缩短双方心理距离的较好形式。一名著名演讲家在一家医院演讲时，看到会场气氛不佳，便在演讲开头即兴朗诵了一首歌颂“白衣战士”的诗，一下子缩短了自己与听众的感情距离。

（6）诙谐幽默式。以幽默开端，往往亦庄亦谐，妙趣横生，既语带双关，又不失犀利，让听众在轻松愉快的氛围中开始接受讲话的内容。一位黑人面对白人听众，其开场白是：“女士们，先生们，我来到这里，与其说是发表讲话，还不如说是给这一场合增添一点‘颜色’。”顿时，听众大笑。这种诙谐幽默的开头一下子使听众兴味盎然。

2．巧妙结尾，耐人寻味

演讲的结束语，是给听众留下的一个“最后印象”。好的结束语，应该既是收尾，又是高潮；既水到渠成，又戛然而止；既铿锵有力，又余音袅袅、耐人寻味；既别开生面、不落俗套，又来得自然、精妙。下面介绍几种常用的结束语方式。

（1）呼吁式。它即演讲者以感情激昂、动人心弦的语言对听众的理智和情感进行呼吁，并指明具体的行为方向。这种方式富有鼓动性和号召性。周恩来在万隆会议的演讲题目是《我们应该求同存异》，演讲结束时，他热忱地大声疾呼：“让我们亚非国家团结起来，为亚洲会议的成功而努力吧！”

（2）借用式。它即借用名言、警句或诗歌等来结束演讲，以产生“权威效应”，把演讲推向一个高潮。借用诗歌作结束语，可使演讲显得典雅而富有魅力。

（3）对比式。它即运用对比的方式来结束演讲，使听众从比较中明辨真伪，具有征服听众的力量。

（4）幽默式。它即以幽默诙谐的方式为演讲增添欢声笑语和趣味，给听众留下愉快的回忆。演讲的结束语有多种形式，但作为结束语艺术，都必须遵循4个原则：一是要收缩全篇，揭示主题；二是要表达新颖，不落俗套；三是要铿锵有力，富有鼓动性；四是要简洁明快，耐人寻味。

3．快慢结合，张弛有度

演讲时要注意语言的节奏性，发音洪亮、字正腔圆，并能随着内容、气氛的变化表现高低抑扬、快慢急缓、强弱轻重等多种变化，用声音、语调来表现演讲者的感情波澜，使听众赏心悦目，得到精神享受。主要技巧有以下几点。

（1）一般用来表达急切、震怒、兴奋、激昂的情感时，音量较高且速度较快，能使听众产生亢奋的心理和紧迫感；一般用来表达沉郁、悲哀、思索等情感时，音量较低且速度较慢，可使听众细细品味，产生深邃感。

（2）演讲宜用短句，忌用长句。讲话要有停顿，这相当于文章中的标点符号。

（3）听众的注意力每隔5～7分钟便会有松弛，出现兴奋性抑制。所以演讲时既应有“战马嘶鸣”，使人紧张，也应有“泉水叮咚”，使人轻松。

4．简洁规范，适当重复

言简意赅，准确规范，这是现代公共关系演讲艺术的突出标志。所谓简洁，就是用最精练的语言输出最大的信息量，用最短的时间说明最主要的问题。所谓规范，是指讲话时要遵守本民族语言遣词造句的语法规范，勿咬文嚼字、堆砌词藻。公关演讲中应注意吐字清晰、发音准确，讲普通话，尽量不使用方言。

演讲中相同的语言形式反复地使用，叫重复。演讲靠语音传递信息，稍纵即逝。因此，演讲中必须讲究相同语言形式的“重复”艺术。但这是必要信息的重复，目的是强调必要信息以使听众保持记忆。

5．声形同步，以声带形

公关人员演讲时，要借助于表情（包括目光）、站姿、手势等体态语言，强化感情，渲染气氛。演讲的体态语言主要表现在面部表情、站立姿势和手势动作三个方面。

（1）面部表情。面部表情中最应突出的是眼神：兴奋、热情的眼光会使听众高兴；和蔼、关切的目光会使听众感到亲切、坚定、自信；充满希望的目光会使听众受到鼓舞，而充满仇恨的眼光会使听众怒火中烧。因此，演讲中应注意运用眼神的变化来表达内在的丰富感情。

（2）站立姿势。站立姿势能显示演讲者的风度。演讲者在台上应直腰、挺胸、昂首，并自始至终站得直、站得稳。在台上应有一个基本的立足点，必要时还可在台上小幅度地左右前后移动。

（3）手势动作。手势是演讲中体态动作的核心，运用得最频繁，作用也最明显。手势分为情意手势、指示手势和象征手势3种。情意手势是演讲者伴随演讲内容的起伏而用来表达思想感情的手势动作。指示手势是演讲者在演讲过程中指示听众视觉范围内的事物时采用的手势动作。象征手势是演讲者伴随演讲高潮的到来，用来引发听众心理联想的一种行为动作。

演讲运用体态语言，一要注意体态动作与演讲的内容相协调；二要注意使体态动作体现出自己的个性；三要注意体态语言使用不能过分频繁。

6．幽默风趣，增强效果

运用幽默风趣的语言进行公关演讲，一是注意适可而止，不可喧宾夺主。幽默只是一种调味品，好比菜中的味精，适当放点儿，菜多一个鲜味，若放得太多，那菜就有怪味了。二是注意场合和内容。在一些肃静、庄重的场合和特殊的高层会议上的演讲，应注意其气氛的严肃性。三是不要机械地运用幽默，要与演讲的内容相协调，否则会起到相反的效果。

（二）善于利用心理效应

在公关演讲中，合理适度地利用心理效应，有利于增强演讲的效果，达到演讲的目的。主要包括首因效应、晕轮效应、权威效应等。演讲时要善于利用这些效应，提高演讲者的可信度，增强演讲活动的效果。

1．利用首因效应。首因效应是指第一印象对人的认知起到“先入为主”的作用，能够改变后续刺激物的意义。所以，演讲活动通常利用首因效应，增强演讲效果。具体做法是：演讲的组织者在进行宣传和介绍时，要格外强调演讲活动的必要性和演讲者的可信度等信息；演讲者走上演讲台，应沉着、自信，并自然地向听众行礼致意；表情要自然、大方，与演讲的内容、气氛相适应；衣着打扮要整洁、端庄，显得精神而又沉稳。

2. 利用晕轮效应。晕轮效应能够使听众产生根据某种特征推及对对象的总体特征，从而产生美化或丑化对象的作用。因而演讲时常借用这种效应增强感染力。具体做法是：先宣传组织的性质和实力，再介绍影响力和知名度，增强影响力。例如，在塑造组织形象的演讲中，演讲者要提到本组织所占的土地面积有多大、建筑面积有多少或历史有多悠久，这样，该组织“实力雄厚、产品畅销欧美”等后面的话就自然很容易被听众接受。在利用晕轮效应时，一定要注意实事求是，不能用虚假的信息蒙骗、坑害听众。

3. 利用权威效应。人们对“权威”有容易信从的心理倾向，人们往往认为从“权威”那里获得的信息、知识是可靠的，以至于无条件地接受。在演讲中可以利用权威效应，由有一定权威性即专业水平高、人品好的人士充当演讲者，并进行宣传和介绍；演讲者在演讲中应注意把自己的观点与权威的观点联系起来，或直接引用，或以其作论据。

六、公共关系谈判

谈判是组织协调、处理与公众关系的重要手段。公共关系人员代表组织与各类公众发生联系，经常要运用谈判来解决彼此间的矛盾、分歧，甚至冲突。因此，公共关系人员必须熟练地掌握谈判的技巧。

（一）公共关系谈判的战略

在公关谈判时，要注重谈判战略。谈判中的战略，能使磋商的每一个环节都比前一个环节变得更加有价值，因为它使谈判趋于全局性的胜利。整个谈判的成功由一个接一个成功的战术运用所积累而成的，并非源于一二次费尽心机的技巧。在谈判战略上，公关谈判需要注意以下几个方面。

1. 牢记谈判的终极目标，并适时地转换为谈判目标。终极目标是谈判开始时希望得到的结果；而谈判目标则是谈判人员通过估量终极目标的可行性，结合考虑可能造成影响的诸因素，经过变通操作而确立的目标。

2. 掌握谈判的主动权，防止被对方牵着鼻子走。谈判是双方平等协商，任何一方都应该积极参与，共同驾驭谈判的过程。

3. 克服不信任的障碍，创造良好的谈判气氛。正如一个好的自然环境有利于树木的生长，谈判也应该有一个良好的环境。这就是相互合作、开诚布公的氛围，使信任感洋溢于整个“方桌世界”。

4. 投之以桃，报之以李。成功的谈判是双赢。公关谈判历来都是融权利与义务、条件与要求于一体，你满足了我的条件，我才能满足你的要求。协议双方存在明显的互动关系。公关谈判一定不能只顾己方利益，而应该在保证最低利益的前提之下，积极促成有利于双方的协议。从共同利益中获取组织的最高利润，才是公关谈判利益原则的本色。

（二）公共关系谈判的主要战术

所谓谈判战术，简而言之，即进行谈判的原则与方法。谈判战术并没有固定的模式。任何一个谈判战术的运用都有严格的条件限制，因此谈判中要善于随机应变，及时调整。谈判中常见的战术主要有以下几点。

1．拖延战术。谈判终究有时间限制，如果能恰到好处地运用“拖延”，让对方感到身心疲惫，然后在其焦躁不安时突然全线发动强势进攻，限时限刻促成交易，常常取得意想不到的效果。例如，日本的B公司与美国的S公司进行的一场许可证贸易谈判。谈判一开始，美方代表便滔滔不绝介绍情况，日方代表则一言不发，埋头记录。美方代表讲完之后，征求日方的意见，日方代表却目光惘然地说：“我们不明白，请允许我们回去研究一下。”第一轮谈判便告结束。6个星期后，B公司又派另一个代表团来谈，他们好像根本不知道上次谈判的情况，美方代表只好耐心地再重复一遍。日方代表却故伎重演，仍旧以“完全不明白，要回去研究一下”为借口，结束第二轮谈判。又过了6个星期，这场滑稽戏又再演了一次。只是结束时，日方代表告诉美方，一旦研究有结果，立刻通知美方。一晃过了半年，日方仍无消息。S公司莫名其妙，大骂日本人没有诚意。正当美国人焦躁不安的时候，日本B公司的决策代表团突然飞抵美国，在美国人毫无准备的情况下，抛出最后方案，并以闪电般速度逼美国人讨论全部细节，使美国人措手不及，最后不得不同日本人达成了一个显然对日方有利的协议。日本人一拖再拖，又巧妙地使对方觉察不出，终于取得了一个最后的胜利，不失为拖延战术的高超表演。

使用拖延战术必须要做到：拖得“有理”、拖得“有利”、拖得“有节”。

2．折中战术。美国著名的谈判家嘉洛斯研究指出，倘若买主出价较低，则往往能以较低的价格成交；倘若卖主喊价较高，则往往也能以较高的价格成交。谈判主要是一个相互妥协、让步的过程，如果能巧妙地利用对方以为你在“妥协”的想法，搞一个合理的折中方案，往往收益不浅。例如，在中日“FP-418型卡车”索赔谈判中，关于双方争议最大的项目——间接经济损失赔偿金，中方根据有理有据的数字，提出日方应赔偿70亿日元。日方代表听后惊得目瞪口呆，半天说不出话来，只觉得：“差额太大！差额太大！”于是进行无休止的报价、压价。几番激烈应战之后，谈判显得很沉闷，陷入僵局。此时中方代表决定折中：“如果贵公司有谈判诚意，彼此均可适当让步。”日方马上反应：“我公司付40亿日元，这是最高突破数额。”中方又还价：“我们要求贵公司最低限度必须支付60亿日元。”又几经周折，最后以50亿日元双方达成了协议。

公关谈判中的“折中”并不是无原则地迎合对方，而是表面上退让，实质上仍维持谈判目标的战术。为了达到目的，应用折中战术时必须注意以下几点。

（1）要注意报价。作为卖方，报出的价格要明显高于谈判目标价；作为买方，报出的价格要明显低于谈判目标价，以给折中谈判留有较大的空间。

（2）要善于掩饰态度。实质性折中时，面带难色会让对方认为你确实是迫不得已，而且已无退路。

（3）要控制好折中的幅度，不能一次性折到位。折中永远是在讨价还价中达成，既要向对方靠拢些，又保持恰当的中间地带，而这个中间地带可能就是“折中值”。如果你一步跨过了中间地带，与对方靠得很近，那么“折中”是不利于自己的。

3．强推战术。强推战术，即在谈判中，充分利用己方的优势，迫使对方接受谈判的目标。实践表明，喊价高得出人意料的卖主，倘若能坚持到底，则在谈判不破裂的情况下，往往会有很好的收获。当自己拥有明显的优势，开展猛烈的进攻，强行推进，以致对方招架不住，被迫成交，也不失为一个理智的策略。当然，强推战术并不是“漫天要价，就地还钱”，否则，失之轻率，是会破坏交易的。例如，第二十三届洛杉矶奥运会组委会在赞助权、转播权谈判过程中，采用了强推战术，赞助的款项不得少于 500 万美元，电视转播权为 2500 万美元，并且毫不妥协地坚持高价。由于奥运会的特殊意义，苛刻的条件和毫不让步的态度反而产生了很大的诱惑力，赞助商纷至沓来，一时间变成大热门，企业之间还展开了激烈的竞争。其中，索斯兰公司由于急于加入赞助者的行列，甚至还没有搞清楚组委会要求它建造的赛车场模式，就指令谈判代表全盘答应组委会的要求。最后组委会确定了 23 个赞助公司，从中赢利 1.5 亿美元。

强推战术有很大冒险性，弄不好很可能使谈判破裂。因此，采用强推战术必须注意以下几点。

（1）严格审视自己的条件，看看自己是否有得天独厚的优势，或者是否有足以压倒对方的力量。

（2）攻势严密且猛烈，科学地组织所有优势全线出击，一口气把对方逼到死角，无招架之力。那种松散、乏力的手段永远不属于“强推战术”。

（3）要求合情合理，谈判桌上容不得“漫天要价”。洛杉矶奥运会组委会开价 500 万美元，这个价格是在他们对奥运会的赞助历史及赞助者的情况做了大量的调查研究的基础上确定的，虽价高惊人，但却有充分理由。

（4）尊重对方代表。运用强推战术时，更要注意维护对方的尊严，满足对方及其所代表的法人组织的人格自尊的需要。

4．曲线战术。这里包括两种情形。第一种，可利用谈判中的间接因素或社会因素促成交易。例如，新加坡进口电话交换机，新方利用发达国家资金过剩这一时机促成了附加 5000 万美元投资的生意。第二种，曲线战术情形是场外交易。如双方谈判代表一起娱乐、游玩、聚餐等，实际上是添加谈判的润滑剂，你可以从中了解彼此的要求，并且研究出可行的解决办法。有时，巧妙地利用场外轻松的气氛，在正式谈判之外进行个人接触，联络感情，也可轻而易举地获得巨大的成功。例如，我国某厂家就产品出口美国事项与美国 B 公司谈判，双方在实质性问题上分歧很大，谈判陷入僵局，美方代表提出暂停几天。我方代表旋即采用“场外交易”，安排对方旅游并前往陪同，旅游中尽量设法满足首席代表的个人兴趣，如打高尔夫球等。几天后，我方代表见时机已到，“无意”地提到谈判事宜，没想到对方竟高兴地采纳了我方的建议，以致第二次的正式谈判只不过是履行一下签订协议的形式而已。

上述两种曲线战术要运用成功，应该注意以下几点。

（1）有效原则。确保场外交易确实能起到谈判桌上起不到的作用。在使用施加影响的筹码时，必须有足够的威慑力。

（2）合理原则。场外交往不能让人感到逼迫太甚，一切应使对方觉得在情理之中。如果太做作，对方就会对你的意图有所警惕。

（3）时机原则。时机一旦成熟，就要立即全线出击，包抄对方，促成交易。

5．迷惑战术。在进行谈判前，释放大量的资料，使对手被一大堆琐碎的资料所包围，以致忽略了重要的资料，错过了真正要解决的要害问题；或者把自己的谈判目标分解为数个小目标，然后再把这些小目标巧妙地转换为谈判的条件，而把本来的谈判条件又提升为谈判目标，使对方觉得你的谈判要求并不高，而疏忽对条件的严格审查，轻率答应了那些目标性条件，你的谈判使命也就完成了。

迷惑战术毕竟是善意的讹诈。“瞒天过海”，搞不好就有被人识破的危险。因此，要成功地运用迷惑战术，而又不违背“双赢”的谈判规范，就必须做到以下几点。

（1）一瞒到底，自始至终。如中途停止“烟幕弹”，对方就会识破，造成功亏一篑。

（2）“烟雾要浓”，力求雪片般的资料从天而降，足以“困惑”对方；同时又要善于布疑阵，环顾左右而言他，故意把重点轻描淡写地一笔带过，反而强调不重要的部分，以造成对方错觉，判断失误。

（3）迷惑的覆盖面要大，各个环节都不能出漏洞。如果有一处被对方看出破绽，那将全线崩溃。因此，迷惑战术一定要计划周全。

（4）讲究“迷惑”战术后的谈判道德。谈判是为了协调双方意见，寻求共同利益，而不是诈骗。迷惑战术不等于坑蒙拐骗，欺诈不属于迷惑战术。

（三）公共关系谈判的基本技巧

1．掌握时机的技巧

促使谈判成功的最重要因素之一是“看准时机”。这个时机就是行动或按兵不动、说话或缄默不语的时间。掌握了审时度势的艺术，学会在时机来临时抓住它，在时机溜走之前就采取行动，将简化谈判中的许多问题，达到事半功倍的效果。

（1）给自己订立一项条约，当你被愤怒、恐惧、嫉妒或者怨恨的情绪所驱使时，千万不要做什么或说什么，等“熄火”后再开口。

（2）增强自己的预见能力。今天若能预见明天谈判桌上的事件，将使你赢得主动权。

（3）学会忍耐。有时静静地守候时机比盲目出击更为有效。要记住：欲速则不达。

（4）当你陷入困境时，暂停一段时间也无妨。这样反会促使你产生灵感，易于思考问题。

（5）学会做一个局外人，善于“跳出”谈判桌，从不同的角度公正、客观地看待双方对峙的局势，分析谈判事态进程所蕴藏的机遇。

2．陈述的技巧

谈判是以“谈”为主。一番简洁明了、层次清晰而充满自信、洋溢魅力的陈述，往往能使己方焕发出最佳的精神面貌，并使对手称叹折服。所以谈判人员应十分讲究谈话艺术。把握陈述技巧，使自己的陈述富有折服力，这不是一朝一夕能达到的。诸如用词准确、结构完整、行文流畅、言词清晰等都需要持久的锻炼。

（1）知己知彼，掌握谈判的主动权。对待自己的优点必须像对待自己的缺点一样具有强烈的自我意识，充分挖掘出自己一方的优势，这是自信的资本。同时，还要仔细研究对手，观察到对方的毛病并一语道破，对方觉察到自己的弱点，可能萎缩下去。

（2）令人愉快的声明。学会用高雅、礼貌而态度坚决的方式抵制对方施加的违反在自己意志的压力或条件，这也不失为陈述艺术之一。令人愉快的声明，表明你知道如何在不伤害对手的前提下进行批评。谈判的初始阶段，能美言对方几句，满足对手的自尊需要，接着客气地说：“这个主意不错，可是你觉得我们这样成吗？”这个“反向的建议”可能被视为有建设性而被对方采纳。

（3）正确使用体态语言。一个有力的手势可以使人显得洒脱大方，而文雅、柔和的声调又能增加热情；一个“坐得端正、站得挺胸直背”的姿势，会使你显得更为自信并使谈话更为活跃，严肃而不失温和的表情又能让对手折服。因此，恰当地运用体态语言，也能为陈述增色不少。

（4）讲究言谈艺术。要善于控制音速、音率、音调、节奏和抑扬顿挫。如果只是平铺直叙，就会宛如催眠；如果陈述匆匆忙忙，则会让对方印象淡漠；而拖沓赘述，则令人烦躁。

3．说服的技巧

陈述是为了说服，但二者仍有区别。所谓说服，是给予对方某种影响和刺激，使之改变想法、态度和意见，并能自觉地依照说服者的意向，采取行动；而陈述仅仅是表达意向，阐述观点。说服意味着让自己的观点赢得人心，并不是支配对方。因此，具备良好的说服能力是每个谈判者必备的素质。

（1）利用主场的环境优势。在一般情况下，即使主人的支配能力较弱，而且客人在开始时反对主人的观点，然而到终极时间时，大多数客人总是顺从主人的观点。因此精明的谈判者总是力求将谈判地点安排在自己一方，而不是对方的办公室。如果无法将谈判安排在自己的办公场所，那么就要力争在一个中立场所进行，以免对方利用有利的环境优势。

（2）注意仪表。谈判桌上，有时大方的穿着打扮与自己的观点具有同等的重要性。在影响他人的观点方面，那些仪表堂堂的人比不修边幅的人更为成功。

（3）与谈判对手打成一片。谈判是为了共同利益，如果你能巧妙地与对手打成一片，使之觉得你在替他们的利益着想，那么说服力就强，就越能改变谈判对手的成见。

（4）考虑对方的意见。在得出结论前经过正反两方面阐述的一个观点，比那些只从一个方面出发的观点要有说服力。平庸的说服者会急于切中自己的主题，而优秀的说服者则首先创造一个互相信任和情感相通的气氛，善于考虑而不是急于反驳对方的不同看法。高明的说服者应重复对手的不同意见，承认它有长处以消除敌意，然后再进一步阐明自己的意见，才更令人信服。

（5）提出有力的引证。当人们听到高度可靠的、权威性强的材料时，他们反对新观点、固执己见的程度就会大大降低。

（6）运用情节和实例，谈判中运用数据和实例，证明组织的实力和产品的质量以及市场上受消费者欢迎的程度，比概要的证据和笼统性的原则说服更容易使人信服。

4．控制谈判的技巧

控制谈判要掌握谈判的主动权。驾驭谈判进程极有战略性意义。控制谈判是一项艺术性很强的工作。控制谈判的技巧主要有以下几点。

（1）周密计划、细心准备。谈话的次序、提问的方式、掌握的时机、日程的安排，甚至可能更换的组员名单都需要做好充分准备，对即将举行的谈判进行预演。分别确定好谈判开始阶段、交锋明确阶段、妥协协议阶段的策略，以求贯彻执行谈判计划。要有理、有节地操纵谈判过程。

（2）积极创造促成协议的条件。谈判的初始阶段充满了障碍。聪明的参与者不仅固守自己的目标阵地，而且积极地创造对双方有利、促进谈判顺利进展的条件，使谈判朝着良好愿望的方向发展。

（3）巧用“我不知道”、“我还是不明白”或用“请你再说一遍”之类的话，以此蒙蔽对方。高明的谈判者往往是先退一步，大智若愚，然后在对方毫无准备的情况下突然出击，争取主动，使谈判有利于己方。

（4）掌握对手谈判进程与安排以及生活作息时间，以争取谈判的主动地位和满意结局。

5．妥协让步的技巧

公关谈判中，讨价还价始终是谈判的主旋律。因为无论双方多么诚心，由于涉及各方利益问题，双方不得不敏感地斤斤计较。在谈判中不让步无法促成妥协，而不恰当的让步又无法实现自己最终协议的愿望，甚至使对手得寸进尺。怎样进行妥协才是明智的，怎样才能使让步成为事实上的以退为进呢？换句话说，究竟如何才能既维持自己的谈判目标，又表示出愿意“迎合”对方，并取得对方的回报呢？

（1）选择妥协的时机。如果退让过早，对方将会误认为这是“顺带”的小让步，可能使对方得寸进尺；如果太晚，又将失去应有的作用。一般来说，重要让步应放在谈判交易的明确阶段进行，次要让步放在回顾结束阶段，以突出让步获取的终局性结果。

（2）把握让步幅度。让步幅度太大，对方可能不相信它代表本组织的最后条件；让步幅度太小，对方又认为微不足道，有时甚至感到是对他的轻视。

（3）讲究让步的艺术。让步不能一次性完成，而是根据双方在谈判中的不同情况，把让步巧妙地组织成幅度大小不一的一连串行动。切忌一次做出巨大的让步和大起大落的让步。理想的让步方式是：作为买方，应先慢慢地开始，在长时间内缓缓地让步；作为卖方，应先做一点大的让步，然后在长时间内缓缓让步，最好其中能上下浮动一两次，而最后一次一定要让一点。

（4）选择恰当的让步内容，使妥协的条件和让步的项目正中对方下怀。由于让得有价值，使对方在这个让步前面能够考虑回报的让步。无谓的让步永远是损失，因为它达不到让步的目的。

（5）巧妙地把让步与要求同时提出。让步是指望对方给予响应，做出相应的让步。如果在让步的过程中，能把要求融入让步之中，使对方吃下这块肥肉时又需付出代价，这种让步不仅是值得的，而且对己方也是有益的。

第四节　公关传播媒体

公关传播媒体很多，除组织自控媒体外，主要是指大众传媒。大众传媒主要是指报纸、杂志、广播、电视等，此外，还包括今天已经被公关广泛采用的网络媒体。

一、报纸、杂志

报纸、杂志是以印刷作为信息大量复制的手段，并以纸张作为主要介质的传播媒体，这类媒体有其共同的特点，也有各自的特性。

（一）报纸、杂志的共同特点

报纸、杂志的共同特点主要有以下几个方面。

1. 信息符号以文字为主，图片为辅（画报、画册等例外）。这一特点使印刷媒介摆脱了抽象的限制，能深入阐述抽象的内容，充分提示事物的本质和规律性。但这一特点同时使印刷媒介远不如其他媒介直观、形象、生动，并且要求它的读者具有一定的文化水平，使传播对象的范围受到限制。

2. 信息符号是已记录性的，即已固定在传播介质上的，不会转瞬即逝。这一特点使印刷品便于保存，便于剪辑，便于反复阅读，具有最高的文献价值。

3. 信息符号以空间序列展开，在时间上没有先后性，也就是说，读者得到某种印刷品时，上面的内容是已经同时存在了的。这一特点加上信息的已记录性，使读者在接收信息时有较大的选择自由，他可以从印刷品的任何一个地方读起，挑选其中的任何一部分内容阅读，不必呆板地从第一页第一行的第一个字开始阅读。

4．信息制作的速度相对缓慢，而且必须大量复制（即印刷）后方能广为流传。这一特点限制了信息的传播速度，使它赶不上电子传播媒介。

（二）报纸、杂志的个性特点

1．报纸。报纸是指以刊载新闻为主的、定期的连续印刷出版物。报纸具有固定名称，通常以散页形式（即不加装订）发行。在印刷媒介中，它的传播速度最快，发行量最大，与社会生活的关系最为密切，具有很强的政治性和权威性。与其他印刷出版物相比，报纸的文章内容通常较为浅显。总的来讲，报纸作为传媒的优势在于：传播面广、传播迅速、具有新闻性、阅读率高、文字表现力强、便于保存和查找、费用较低。其弱点在于：时效短、传播信息易使读者忽略、理解能力受限、诠释较差、缺乏动感。

2．杂志。杂志又叫期刊，指以刊载各类文章为主的、定期的连续印刷出版物。杂志具有固定名称，通常装订成册发行。杂志的出版周期较长，传播速度慢于报纸，但仍具有一定的时事性，特别是出版发行周期较短的杂志。杂志的文章探讨问题时较为深入。杂志比报纸更容易保存和检索，使用方便。它对读者文化与知识水平的要求通常高于报纸。有的还要求有相当精深的知识，这使它的普及性常常低于报纸。总的来讲，作为传媒，杂志的优势在于：时效长、针对性强、印刷精美、表现力强。其弱点在于：出版周期长、声势小、理解能力受限。

二、广播、电视

广播、电视是以电磁场现象作为信息传播基础，以电子产品作为传播工具的传播媒体。这类媒体既有其共同的特点，也有其各自的特性。

（一）广播、电视的共同特点

广播、电视的共同特点主要有以下几个方面。

1．信息符号以声音或图像为主，以文字为辅。这一特点使电子传播媒介具有很强的形象性、生动性和感染力，使文化水平很低的传播对象也能自如地接受传播，所以电子媒介的受众人数是最多的。这一特点也使电子媒介在内容的深刻性上无法与印刷媒介相匹敌。

2．信息符号是非记录性的（音像出版物例外），播出以后立即消失。这给信息的保存和反复接收带来诸多不便，使受众对没有接收到或弄不明白的信息只能留下疑问。现代的电子录制设备虽然可以帮助公众把这些信息符号记录下来，但这既增加了开支，又增添了麻烦，所以除了部分娱乐、科学、教育节目外，公众很少有兴趣把其他节目录制下来加以保存。

3．信息符号以时间序列展开，在时间上具有先后性（音像出版物例外），受众只能按传播机构播出信息的顺序逐一接收。这一特点大大限制了受众的选择自由，使受众对自己欲接收的节目只能耐心地等待播出时间的到来，对某一节目，受众只能作出接收与否的选择，无法作出什么时间接收的选择。

4．信息制作快捷，不需要任何复制就能广泛传播（音像出版物例外），而且可以做到实时传播，即事情发生的当时立即把信息传播出去。这一特点使电子媒介的传播速度远远快于印刷媒介。

5．信息符号容易克服自然障碍（天气恶劣、地区边远、交通不便）和国界障碍，成为联系边远地区和跨国传播最重要的信息工具。

（二）广播、电视的个性特点

1．广播。广播纯粹依靠听觉，信息制作简便，传播速度快于其他任何媒介，便于报道突发性事件。广播可以利用各种音响手段（现场声响、播音员声调的抑扬顿挫、间奏音乐等)来感染听众，具有较好的生动性。广播的接收工具收音机已经小型化，价格低廉，十分普及，特别适合流动作业人员和野外作业人员收听。人们可以边听广播边工作，这也是广播的一大优点。广播的缺点是内容很浅显，意义容易产生歧解，如治病与致病、油船与游船，有时候即使听了上下文也不容易分清。总的来讲，作为传媒，广播的优势在于：传播面广、传播迅速、声势强、功能多。其弱点在于：传播效果稍纵即逝，过耳不留、信息的储存性差，线性传播方式、受众选择性差，缺乏文字、图像，受众容易分散对信息的注意。

2．电视。电视以图像为主，声像兼备，还可以辅以文字说明，是最生动形象、感染力最强的大众传播媒介，因而也是受众人数最多的大众传播媒介。电视信息的制作过程需要动用较多的人力和昂贵复杂的设备，这使它的传播速度通常慢于广播，制作成本很高。在内容的深度上，电视远不及印刷媒介。到目前为止，绝大多数电视接收机相当笨重，难以移动，不便随处收看，这就限制了电视在许多场合的应用。总的来讲，作为传媒，电视的优势在于：视听结果传达效果好、纪实性强、有现场感、传播迅速、影响面大、功能多、娱乐性强；其弱点基本与广播相同。

三、网络媒体

网络媒体（Net Media，或 Online Media）是指基于信息技术和网络技术的公共信息传播工具。这里，互联网只是一个公用数据平台，媒体不是它的全部内容，互联网也并不等同于网络媒体。网络媒体的主要形态有万维网（WWW）、电子邮件（Email）、新闻组（Usenet）、在线数据库、流媒体、搜索引擎、文件传送服务（FTP）、即时沟通、电子公告板（BBS）等。

（一）网络媒体的特点

同传统媒体相比，网络媒体有自己显著的特点。关于这些特点，虽然在不同场合人们有着不同的表述，目前公认的有即时性、海量性、多媒体、超文本、交互性、个人化等特点。

1．即时性。网络媒体传播的介质是光纤通讯线路，信息内容被数字化了以后，通过光纤以每秒30万公里的速度，瞬间可达世界上任何地方，从而在技术环节上保证了网络媒体的即时特点；在制作方面，传统媒介对信息的加工、制作，需要一定的周期，有时间的限制，而网络媒体传播则可以随时发布，公众可以在第一时间了解信息的内容。

2．海量性。因特网将全世界的计算机连接起来，从而形成了一个巨大无比的数据库，世界上任一时间任一地点发生的任一事件都有可能成为网络的信息被广泛传播。信息量大的特点即称为海量性。它的海量性包括：第一，它不受报纸版面、广播电视时段、节目容量等诸多限制；第二，由于传播主体的多元化，人人皆可成为信息源，使得网络媒体具有横向最大的开放性；第三，基于众多网络数据库的存在，使网络媒体得以纵向保存历史的信息。正是上述信息集纳的广度与深度形成了网络媒体的海量特点。

3．多媒体。传统媒体分别通过某种单一的介质传递信息，而网络媒体则兼容了文字、图表（片）、声音、动画、影像等多种传播手段保存、表现、发送和接收信息。网络传播的多媒体特点最大限度地实现了各种传播形式的“兼容并包”，丰富了信息的传播手段。

4．超文本。传统媒体使用字符串来表达文本信息，以线性形式进行组织。超文本是以结点（Node）为单位组织各种信息，一个结点是一个“信息块”，结点内的信息可以是文本、图像、图形、动画、声音或其组合；它的信息在组织上采用网状结构，结点间通过关系链进行链接，从而构成表达特定内容的信息网络。它对信息的存储可以按照交叉联想的方式，从一处迅速跳到另一处，打破了原文本系统只能按顺序、线性存取的限制，可以方便灵活的检索。网络媒体是建构在超文本、超链接之上的全新媒体形式。超文本赋予网络媒体良好的编辑功能和强大的检索功能。

5．交互性强。传统媒体传播的结构是星型结构，其特点是传输内容集中制作、传输单元批量复制、传输通道单向流动、传输终端彼此孤立。网络媒体基于互联互通的的信息交流平台。网络的结构虽然有星形的，但是网络媒体的信息通道却是环形分布式的。网络媒体的每一个终端都可以成为发送信息和反馈信息的节点；网络媒体的任一节点都可以作为信息传播的中心节点，主动发送信息或提供各种信息供其他节点检索查询，接受各节点的反馈信息；网络各节点之间还可以通过网络媒体进行双向信息交流，两点间的传播、沟通的路径可以有多条。所以说网络媒体具有很强的交互性。

6．个人化。网络媒体个体化倾向明显。网络媒体由于网络的结构特点，使得网络传播的个人化特征非常明显，产要表现在四个方面：第一，公众可以从容地利用各种检索工具在各类数据库中“各取所需”；第二，公众可以自由的选择信息接收的时间、地点以及媒介的表现形式；第三，网络传播主体可根据用户的需求为他提供专门化的信息服务；第四，信息传播的主体也可以是个人用户。

（二）网络媒体传播的优势和发展方向

网络作为新兴的媒体，其传播运作并不为所有的人了解。因而，为使人们全面了解网络媒体传播的优势及发展方向，这里以2000年奥运会国内网络媒体奥运会报道作为网络传播的案例来进行分析。

1．网络媒体传播的优势

（1）网络媒体传播的快捷。网络对2000年奥运会的宣传报道，关键竞争力之一在于快捷。这次奥运会的所有比赛项目都在北京时间的白天进行，因此许多白天上班的体育迷只能选择网络而不是广播、电视来了解比赛情况。网络凭借这次奥运会赋予的天时，以迅捷的报道，吸引了大批网民。据报道，新浪网站奥运频道在高峰期间每分钟传递10条以上信息；2000年9月21日，新浪网站奥运频道的点击次数突破千万大关。

（2）网络媒体传播的大容量、多频道。对于传统媒体来说，广播、电视每天只有24小时的传播时间。报纸再增版，版面也是有限的。因此，传统媒体的奥运报道必须精于选择，并且报道内容无法保留。而网站则不同，极大的容量及可以开设众多频道的特点，使得网络传播在时空上得到了近乎无限的扩充。在这次奥运报道中，国内许多大网站的奥运报道内容丰富、形式多样，包括新闻报道、奖牌榜、赛程表、幕后花絮、背景资料和赛程点评等。由于网络的存储性，新浪、网易、搜狐等大型网站还设置了百科全书式的资料库，可以检索站点内所有奥运信息。网站中翔实丰富的资料信息为网友和记者检索提供了极大的方便。这样的容量对于传统媒体来说是难以想像的。

（3）网络媒体对传播互动性的探索。网络传播作为一种新的传播方式，互动性是它的重要特点，也是竞争的法宝。奥运报道的互动性首先是线上与线下的互动。各家大网站的奥运频道上都设置了问卷调查、网友评论奥运的BBS、奥运聊天室等栏目。尤其是各家网站的聊天室，在比赛结束后将获奖的运动员或教练员请到现场演播室里，通过网络，与网友即时问答，亲密接触。在聊天时间里，许多网站的人气都很旺。可以说，网络聊天既促进了在线上线下的互动，又为接下来的网站内容设置提供了丰富的资源。

网站尝试深度互动理念，实现网络与传媒互动，是这次奥运传播的突破。以前的网站互动操作，主要以网络为渠道，实现网上与网下以及网友通过网络的互动。但网络传播的互动性远不止于此。试看“网易”进行的网络与传统媒体互动的操作。在奥运报道中，“网易”与全国有线电视联播网合作制作“奥运纪事”电视节目，每晚黄金时间在全国30家以上的有线电视台同时播出。网友可以通过网上投票选择自己感兴趣的前方热点题材，全国有线电视联播网的悉尼前方摄制组根据投票结果决定每天的拍摄专题，并在“奥运纪事”中播出。这个行动是网络与传统传媒互动的有益探索。

2．网络媒体的发展方向

（1）与传统媒体合作。传统媒体有强大的新闻采编力量和新闻线索来源，而网站有迅捷的收集反馈能力。这次奥运报道中，传统媒体和网站的相互渗透和合作情况可以分为三个层次，它们体现了两者合作的三个途径。

- 初级层次，网站利用传统媒体提高自身奥运频道的知名度。尽管数字传媒代表着未来的发展方向，但目前传统媒体的受众数量大大超过网络。借助传统媒体做“广告”，不失为网站发展的一个好途径。在奥运期间，许多传统媒体的栏目和节目以网站名冠名。比如“新闻晨报”中的奥运奖牌统计栏目命名为“网易奖牌榜”；《北京晚报》推出了“搜狐明日赛事热点竞猜”等。这样做既提高了网站的知名度，又起到了网站与传统媒体的良好互动作用。
- 中级层次，网站有偿利用传统媒体提供的新闻信息。奥运期间，网易等商业网站每天接受《人民日报》提供的 100 多条信息。新浪网和中新社，中国体育报业总社、新华社与华体网，elong 与 CCTV，都建立了战略合作关系。正是通过与这些传统媒体的合作，网站才获得了丰富的信息来源，从而满足整合报道的需要。
- 高级层次，网络媒体与传统媒体优势互补，实现真正的互动，在更高的层次上满足受众的需要。一些大型传统媒体拥有自己的有影响的网站，在奥运报道中，实行下属的传统媒体与网站互动的整合战略。比如新华社和《人民日报》的奥运报道措施。新华社下属的报纸刊物为新华网奥运网站连续刊登 10 天的大幅广告；新华社赴悉尼的记者为新华网提供了 480 小时连续直播；新华社数据库为网站提供 1000 多张珍贵图片、400 多万字奥运资料。这些尝试深化了人们对网络互动性的理解，是网络媒体与传统媒体整合传播的良好体现。

作为传统媒体，拥有的是新闻源和新闻制作力量，而网站拥有天时和人气。这次奥运报道中网络与传统媒体在新闻报道方面的合作，既有商业网站总体实力不强、借助传统媒体的因素，又包括某一大型媒体整合传播的策略。这三个合作层次逐层深化，体现了网站发展的三种途径。

（2）向无线电信渗透。如今，数字通信已经向无线网络发展，移动上网成为一种时尚。奥运期间，新浪与搜狐就在网络传播的途径拓展上做了尝试。它们利用自身的信息资源优势与中国移动通信的网络优势合作，联合推出了奥运短信息手机点播服务，开辟了一个新的网络信息流通渠道。

这项服务是将短信息中心与互联网连接、提供信息服务的一种尝试。“全球通”用户可通过 PC 或 WAP 手机登录网站，在网站上订购需要的信息，互联网站以短信息的方式将信息发送到用户的手机上。两家提供的奥运中文短信息包括：中国队金牌快讯和奥运决赛奖牌快讯、悉尼奥运重大新闻和花絮报道、悉尼奥运奖牌榜通报、CCTV 每日赛事转播等内容。

目前网络传播讨论的热点之一就是传输途径的开拓。宽带上网是一个发展方向，这次网站与电信的合作让人们看到了网络传播传输途径的另一领域。随着移动通信设备的普及和宽带网等新技术的应用，互联网将拥有纸质传媒、电视、广播等传统媒体在传播手段上的所有优势，并不断完善扩充。那时的媒体市场将更精彩，竞争和合作也更加扑朔迷离。

四、正确选择传播媒体

正确选择传播媒体必须考虑以下几个因素。

1. 媒体本身的特点。不同的媒体特点不同，适用的传播类型也不相同，媒体选用得当，可取得事半功倍的效果。至于媒体的特点，前面已述，这里不再赘述。

2. 传播内容。不同的传播内容应该选用不同的传播媒体。一般来讲，比较形象浅显的内容应选择电子传媒，反之则应选择印刷传媒。同样是电子传媒，如果内容能用丰富的声音来表现，广播最适宜。同是印刷传媒，如果内容相对简单而不系统，报纸是明智的选择。

3. 传播对象。传播对象不同，媒体的选择也应该不同。传播对象人数很少时，往往只借助于人际传播媒体；传播对象仅限于本组织员工时，内部报刊、有线广播、闭路电视、简报就能满足需要；传播对象人数众多，范围很广，公共传播媒体和大众传播媒体是必不可少的。

4. 组织经济实力与预期传播效果。使用任何传播媒体都必然要支付一定的费用。组织在进行公关传播时，必须同时考虑传播成本与预期传播效果两个方面。传播成本包括总成本和单位成本。一般来说，大众传播媒体的传播范围广泛，传播的单位成本（信息传到每一个人所需的费用）比较低廉，但总成本却会很高（新闻报道属于例外，因为它不收费）。没有雄厚经济实力的组织，不应为了追求声势而盲目选用大众传播媒体。选用非大众传播媒体，尽管单位传播成本较高，但从总成本考虑，是能够承受的。因此，传播范围不要求很大时，应考虑选用非大众传播媒体。

【本章小结】

公关传播就是指社会组织为了提高认知度、美誉度，借助传播方式，所开展的传播活动及其传播管理。公关传播理论与模式主要包括 5W 模式、互动传播模式、两级传播模式和受众选择 3S 理论，它们对公关传播活动有着重要的指导意义。公关传播活动有以下几种常见的形式：记者招待会、展览会、赞助活动、各种典礼与仪式、公关演讲、公关谈判等。公关传播媒体主要有报纸、杂志、广播、电视以及网络媒体。选择公关传播媒体时应综合考虑：媒体特点、传播内容、传播对象以及组织经济实力等因素。

【本章思考】

1. 什么是传播？公关传播有哪些方式，各有什么特点？
2. 什么是 5W 模式？什么是 3S 理论？
3. 公关谈判有哪些战略战术？
4. 网络媒体有什么特点？
5. 如何正确选择媒体？

第七章　主体公关要领

【学习目标】通过本章学习，了解营利性组织和非营利性组织及其公共关系的基本概念，重点掌握生产性企业、商业企业、服务性行业、旅游业等营利性组织以及政府、事业单位、社会团体等非营利性组织公关的特点、任务和操作要领。

第一节　营利组织公共关系

营利组织是指以赢利为目的、从事经营活动的各类社会组织，包括生产性企业、商业企业、服务企业等。营利组织的公关有一定的共性，但也有各自的不同特点。只有把握住其不同的特点，才能够采取相应的措施，有效地发挥公关的作用。

一、生产性企业公关

生产性企业是向社会提供物质产品的营利性组织，通过生产活动，向社会提供各种以实物为形态的产品。生产性企业中有对工业品原料、农产品原料进行不同层次加工的各种企业，也包括采掘自然资源的各类企业。生产性企业具有产品的生产性与营利性两个特点，所以生产性企业公关有着自己的特殊性。

（一）生产性企业公关的特点

1．围绕品牌树形象。由于生产性企业生产具有物质形态的产品，所以，企业必须围绕产品开展公关工作。

（1）靠产品与公众沟通。生产性企业产品销售的覆盖面大，许多公众难以与其直接接触，往往通过其产品优劣评价一个企业。消费者通过产品的购买、消费，对该企业产生一定的看法；政府和媒介公众通过一个企业产品的质量、数量，评价其对社会的贡献；金融公众同样也是通过一个企业的产品及其经济效益，来决定是否与该企业继续往来、发展借贷关系。产品是生产性企业形象的基础。

（2）以创造品牌为核心。生产质量优异的名牌产品的企业，其在公众心目中的形象必然优于生产非名牌产品的厂家，生产性企业公关必须从创建名牌产品入手，进而树立企业形象。

（3）重视产品售后服务。提供多种售后服务，是生产性企业与用户或消费者主动、直接交往与联络的重要方式，又是有效的竞争手段。一方面，售后服务可以帮助用户更好地获得商品的使用价值，并向其传达企业对其利益的关切，有助于协同产品共同树立企业的良好形象。另一方面，通过售后服务，企业可以捕捉市场上的各种信息，从而优化、完善和改进产品，为产品参加新一轮市场竞争创造良好条件。

2. 以提升效益为目标。营利性是生产性企业的基本特点，所以必须以追求经济效益为最终目标，同时兼顾社会效益，其公关工作必然要求以营利作为主要的约束条件。

（1）以取得经济效益为方向。生产性企业的公关工作，其努力方向必然是促使企业内部各种公众发挥积极性、主动性和创造性，保质保量地生产、销售适销对路的商品，以换取满意的经济效益。

（2）与市场营销紧密配合。营利组织的经济利益往往与营销工作直接相关。因此，生产性企业的公关活动必然围绕市场营销做文章。

（3）为提高竞争能力服务。生产性企业的产品、价格和各种竞销方法，都是竞争的重要手段。然而，这些手段看得见、摸得着，竞争者容易仿效，多用必然效用递减。通过公关与市场、顾客沟通，吸引和争取顾客，常常能够悄然深入人心，是一种很有效的竞争手段。

（二）生产性企业公关的主要任务

1. 人事管理方面，提高凝聚力是关键

（1）增强企业对员工的吸引力，员工对企业的向心力，树立“厂荣我荣”、“以厂为家”的思想认识，与企业同呼吸、共命运。

（2）增进员工对企业的了解。

（3）融洽企业内部员工之间、部门之间、上下之间的关系，化解矛盾。

（4）提高企业在社会上的知名度、美誉度，为招聘新员工、增加求职者奠定基础。

2. 生产管理方面，提高产品质量是基础

（1）介绍和推广新的工作方式。

（2）帮助员工提高认识，树立质量意识。

（3）组织员工进行生产方面的竞赛。

（4）协助其他部门，对生产过程中的意外事故进行妥善处理。

3. 市场管理方面，促进市场销售是根本

企业推出新产品之前，让用户和经销商充分了解新产品的性能、特色、优点，提高产品的知名度和美誉度；产品进入新市场时，谋求当地公众充分了解企业的声誉、产品；当企业进入新的生产领域时，千方百计地改变公众原有的认识和印象，使企业形象与新产品相适应；吸引新闻媒介对企业的销售活动及其他市场营销事务的关注；组织市场营销人员发表公开演说，支持其访问客户、推销产品；与广告、销售推广等促销手段协调配合，共同促进产品销售；产品在社会上出现问题，应及时查找原因，承担责任，重新争取公众的信任；产品供不应求时，企业应主动承担与未满足需求的用户之间的沟通任务，防止不满情绪的产生及竞争者介入；巩固企业及产品的市场地位，增强用户的信心；企业发行股票之前，为股票上市做好舆论工作。

（三）生产性企业公关要领

1. 打造企业品牌，扩大企业的知名度、美誉度，树立组织良好的形象。具体包括：进行必要的调查研究，确定企业的社会定位及形象目标，通过各种公关活动，向社会传递企业信息。

2. 建立有效的信息沟通网络。具体包括：建立企业内部信息沟通的良好机制，形成有效的沟通模式，提高沟通效率；运用大众传媒和其他技术手段，建立企业与社会公众的沟通网络，使公众了解企业及其产品，让企业掌握公众的反馈信息。

3. 处理公众关系。主要包括：处理好内部员工关系、社会公众关系（特别是消费者关系），监测并及时发现和妥善处理公关危机；协调好企业经济效益和公众利益的关系。

4. 监测企业生存环境、研究应变与发展的对策。生存环境包括自然环境和社会环境。企业是社会的有机组成部分，企业与社会是相互依存、相互影响的，社会环境是企业生存的基础。企业公关重点要监测企业生存的社会环境，包括国际、国内政治经济形势、政策法令的变化、舆论导向、社会文化的变化、市场的变化等。

5. 为企业产品营销服务。公共关系作为产品营销手段，应重点做好销售人员的公关培训、新产品的推广宣传、企业精神文化的建设与传播等工作。此外，随着新时期营销模式的转变，生产性企业公关还要与商业企业合作，共同开展企业形象宣传和产品推广活动。

二、商业企业公关

商业企业是一类专门从事商品流通的营利组织。广义地说，商业企业既包括国内市场上专业组织商品流通的各种企业，也包括从事进出口贸易的企业。习惯上，我国将前者称作商业企业，将后者称之为对外贸易企业。

（一）商业企业公关的特点

1. 主体的多样性。商业企业的公关具有双重身份：一方面，它作为公关主体对消费者公众开展公关活动，以吸引消费者公众的购买力；另一方面，它作为生产性企业公关的客体公众，又必须以对象公众身份接受其公关宣传和信息交流。这种双重身份决定商业企业必须以积极的姿态，主动加强与消费者公众和货源公众的联系，使得自身在经营中居主导地位。

2. 客体的广泛性。商业企业所面临的公众对象十分广泛，几乎所有的社会群体、组织与个人都与其发生直接或间接的利益关系。公众对象的广泛性，既为商业企业建立广泛的社会关系网络提供良好的社会条件，同时也为商业企业的公关工作加大了难度，提出了更高的要求。因此，商业公关活动必须根据不同公众及公关目标的要求，切实有效地开展不同方式的公关活动。

3．空间的普遍性。商业公关活动的空间相当普遍，必须在商业活动的购、销、调、存等各个环节和所涉及到的所有公众范围中开展公关工作。

4．信息交流的双重性。公关通过双向信息交流，达到组织与公众之间的感情交流。商业企业公关除了自身与公众之间的双向信息交流外，还有一个显著的特点，就是在信息交流中起到“通信员”的作用。商业企业公关要把自己所能供给的商品信息及时传播给消费者公众，特别是新产品或换代产品的信息及时地向公众宣传。这里，商业企业公关实际上起到了生产性企业通讯员的作用。在现实中，消费者对生产性企业的意见、建议和要求大多也是先反映给经销生产性企业产品的商业企业，然后，再由商业企业传递给生产性企业的。

（二）商业企业公关的任务

1．赢得供货商，搞好同生产企业的关系。商业企业本身并不生产商品，所以要选择优质的供货商。商业企业的供货商包括生产企业、生产企业的业务代理、分公司、上一级批发商等。现代商业企业越来越多的直接与生产企业打交道，同生产企业建立良好的合作关系，能够减少商业企业的系统风险，有利于企业集中优质资源，提高服务质量。

2．赢得顾客。顾客是商业企业存在的依据和生存的基本条件，没有了顾客，商业企业就失去了生存的理由；没有足够的顾客，企业就无法维持正常的运转。因此，赢得顾客是商业企业公关的首要任务。

3．提高企业知名度、美誉度，增强企业的影响力。消费者向来是弱势群体，对消费安全的追求使他们在消费时更加愿意相信实力较强的商业企业。例如，购买大宗、大件、贵重商品的消费者，首选销售商往往是知名度较高、美誉度较好、综合实力较强的传统的百货大楼、超市、商场、专卖店等，这反映了消费者的态度取向。因而企业的知名度、美誉度和影响力对赢得消费者至关重要。商业企业公关的重要任务就是通过各种信息手段扩大企业知名度，通过开展各种公关活动提高企业美誉度，扩大企业的综合影响力，赢得更多消费者。

4．有效竞争。每个商业企业都要面对与同行的竞争，竞争是商业企业的必修课。企业保持与同行的竞争优势，与自身的经营战略关系密切，但公共关系的作用也是不可取代的。商业企业公关必须利用合法、有效的手段，开展各种公关活动，确保企业在竞争中处于有利的态势，实现企业的经营战略。

（三）商业企业的公关要领

1. 内部公关。商业企业内部的公共关系，是指商业企业组织与内部员工及部门之间的协调沟通。搞好商业企业的内部公关，创造和谐融洽的氛围，是实现商业企业外求发展的前提条件。

商业企业的内部公关，除具有社会组织内部公关的一般特征外，还具有自己的个性。比如，其他行业组织的内部员工并非人人都与外部的对象公众直接接触，社会公众对组织员工的认识也并非直接地形成视觉印象。而商业企业的员工在其经营过程中，要与顾客及货源公众直接接触，而这些公众的要求又十分复杂，这些会给商业企业员工及各部门的服务工作带来更多的困难，稍不留意就可能引起矛盾。不仅影响员工与顾客、货源公众之间的关系，还会影响到企业的声誉。这就要求商业企业通过各种方法，使每个员工、每个部门都树立起很强的公关意识，自觉维护企业形象，提高自身的思想道德修养和业务技术水平；讲究职业道德，热情耐心和细致周到地接待来宾；尊重顾客的要求和意见，以赢得顾客的信任。同时，商业企业应当使用公关方法和手段，协调内部各部门之间的关系，使组织各部门之间树立“一盘棋”的思想。

2. 外部公关。搞好外部公关的目的，是为了建立与外部公众之间的广泛联系，为商业企业的经营创造良好的外部公关环境。所以，商业企业的公关活动，要结合自身的经营特点，特别注意加强与顾客公众、货源公众的公关工作。

（1）搞好与顾客公众的公共关系

顾客是商业企业最重要的公关对象之一。顾客关系是商业企业经营的生命线。正如美国企业公共关系专家加瑞特（Panl Carrett）所说：“无论大小企业都必须永远按照下述信念来计划自己的方向，这个信念就是：企业要为消费者所有，为消费者所治，为消费者所享。具体地说，要协调处理好商业企业与顾客公众的公共关系，要注意下列几种方法：

- 提供优质的商品，是建立良好的顾客关系的物质基础；
- 提供完善的服务。包括送货上门、安装服务、维修服务、退货服务；
- 及时、妥善地处理好顾客的投诉、批评和纠纷；
- 加强消费管理，科学地引导消费；
- 注重诚信建设，避免商业欺诈；
- 设计公关营销活动，让消费者得到实惠。

（2）与货源公众的公共关系

货源公众是商业企业的经营伙伴，是商业企业在现代化分工条件下生存的必要依据。同货源公众的公共关系，主要应注意以下三个方面。

- 注意加强联系。一方面，通过事实和传播沟通，使货源公众了解并认识到，本企业是它最可靠的合作者，有经销其产品所必需的设备、知识、经验和技术，有必要的服务能力，讲究信誉，付款准时，积极热心地经营其产品；另一方面，主动向货源公众介绍企业发展方针和战略计划，使其了解自己的优势所在，并在自己的职责范围内协助货源公众妥善处理与消费者的矛盾。

- 及时化解矛盾。商业企业作为货源公众的销售渠道，双方之间物质利益关系紧密，一荣俱荣、一损俱损。例如，双方在进货的数量、价格方面可能会产生矛盾。这就要求商业企业在经济手段、行政手段、法律手段和商业关系之外，通过公关加以处理，共同认识双方的共同利益所在，从长远着想，结成统一体，共同开拓市场；经常交换意见，增进彼此了解，互尊互谅，互帮互学，共同提高经营管理水平。
- 与货源公众尤其是产品生产企业合作，共同开展企业形象、产品展示推广等活动，宣传生产企业和知名产品，借与知名企业的合作、销售名牌产品，提升商业企业的品味，赢得公众信赖。

三、服务企业公关

服务业是指具有一定的设备和工具、为社会生活和生产服务的行业。其共同特点是，不提供有形的物质产品，只提供无形的服务产品。良好的公关是服务企业兴旺发达的保证。

（一）服务企业公关的特点

1. 服务企业的生存必须以正常的公共关系为基础，公关活动构成服务企业的实际业务内容。如果说其他企业的公共关系对其生存和发展关系重大的话，那么服务企业与公共关系之间更是须臾不可分离，因为服务企业是为公众服务的。为了实现对公众有效的有偿服务，就不能不与公众建立并维持正常的关系，并以自己的良好形象赢得公众的信任，保证自己业务的正常进行。离开了良好的公共关系，服务企业便无法生存。

2. 服务企业的活动本身具有公共关系的性质。服务企业的主要任务是对顾客提供服务，服务人员的一举一动都直接关系服务质量，也关系企业的声誉，因而，在服务企业中，公关工作与日常的业务工作关系更为紧密，公关活动贯穿于服务企业业务活动的整个过程。比如文明服务、礼貌待客，既是业务上的要求，也是公共关系的要求。

3. 服务企业的公关活动具有较为广泛的公益性。服务企业必须以整个社会的公众为服务对象，向整个社会开放，任何人、任何社会团体都必然接受一定内容的服务。离开了服务，社会生活将失去其互相联结的本质内容。在这个意义上，可以说，服务企业让社会受益、让社会全体成员受益，服务企业的公关活动因而最具公益性。

4. 服务企业的公关是一种交际型、服务型的公关。服务企业经常要直接面对顾客，交际和服务是主要内容，必然具有交际性和服务性的特点。交际型公关强调一种人的素质、一种对公众的态度，一种人与人之间的感情联络，并通过这些人来增进他们所代表的组织之间的关系。服务型公共关系是一种以提供优质服务为主要手段的公关活动模式，要求通过服务给顾客以直接的感受。

（二）电信服务企业公关要领

电信服务业包括邮件传递、有线通讯、无线通讯、网络通讯等电信服务企业，是提供信息传递服务的社会机构。

在我国电信服务业具有双重性、垄断性、同步性等特点。双重性是指作为公关活动主体的某些电信部门，例如中国邮政，具有企业和政府管理的双重职能；垄断性是指电信服务企业，是由国有独资企业改制而来的，竞争尚不充分，具有明显的行业垄断的特点；同步性是指电信服务产品一般具有生产过程和消费过程即时、同步的特点。行业特点决定了电信服务业公关工作必须把握以下要领。

1．注重品牌宣传。双重性和垄断性的行业特点，使电信服务部门置身于全社会公众的监督之下，成为众人瞩目的焦点；电信业要避免因为行业特点进入争议的漩涡和成为舆论批判的对象。所以电信行业公关要注重树立以良好产品和优质服务为主要内涵的公众形象，取得政府、媒体的支持以及社会公众谅解。

2．制定服务规范，开展创新服务，以优质的服务赢得公众的信赖。同步性的特点，决定了电信业经常要面对社会公众办理各种业务，工作人员的言行举止影响企业形象、关系到企业的声誉，所以必须针对每一个不同的岗位，相应制定不同的行为规范，包括用语规范、服务程序的规范，客户资料保密的制度等。在日常工作中，要严格遵守服务规范，还要针对不同的客户群体，开展个性化的服务和创新服务，以优质的服务赢得公众的信赖。

3．开展经常化的客户沟通，了解并反映客户需求。电信业公关要注重经常与客户进行沟通，了解消费者的需求和对企业的意见，并及时反映给有关职能部门，加以研究，制定相应的服务策略，以稳定和扩大用户群体。

4．强化市场意识，为促进市场营销服务。电信业公关作为电信业务营销的一个重要手段，要为电信业拓展市场服务。所以企业的改革要有针对性地设计公关活动，宣传企业精神、推广服务品牌、进行政府公关、设计公益活动、联络重要客户等。

（三）运输企业公关要领

运输企业包括各种不同类型的从事物流和交通运输的营利性组织。一般来说，运输企业公关工作的内容，主要包括以下几个方面：

1．提高服务质量，改善服务态度，以实际行动树立运输企业的良好形象，赢得社会的信赖和支持。运输企业的服务质量，主要是旅客和货主所要求的安全、正点；服务态度要亲切、友善，使人满意。

2．建立通畅的信息沟通网络，加强运输企业与各类公众的信息交流，实现全方位的外部公共关系的沟通。完成这一任务的关键在于信息传递和反馈的及时性及信息处理的有效性。

3．结合运输企业的工作特点，加强全员公关培训，不断提高员工的形象意识。运输企业的员工经常单独作业，各自为战，教育和引导员工树立公关意识，自觉维护企业形象，把自己作为企业的“形象大使”，妥善处理好与旅客和货主的关系，是一项不容忽视的公关工作。

4. 认真做好顾客投诉处理工作，积极做好应变准备。运输企业是具有高认知度的公用性行业，其一举一动都引人注目，极易成为社会舆论和新闻媒介的热门话题，稍有不慎，企业声誉便会毁于一旦。因此，树立危机意识，加强防御型公关是至关重要的。

四、旅游公共关系

旅游是现代社会生活的一个重要组成部分。由于社会经济和科学技术的发展，交通与通讯手段日益完善，同时较高的物质文明，也促进了旅游事业的发展。旅游业包括旅行社、旅游饭店和旅游交通三个部分，俗称旅游业的“三大支柱”。旅游业的快速发展，为公共关系的应用提供了更为广阔的天地。

（一）旅游类企业公关特点

1. 服务性。旅游业向社会提供的主要是与旅行和游览有关的各种非物质形态商品——服务。这是旅游业经济效益的源泉。旅游公关工作必然要注意以下两个方面。

（1）设法使顾客满足和满意。服务的无形性，使公众在评价其商品质量时，往往依据其服务过程和服务结果产生的满足感、满意度来评判。所以，旅游业公共关系的立足点，是使顾客满足，创造满意的服务。

（2）依靠有形因素树立形象。作为服务性行业，旅游业给顾客和其他公众留下印象的，不仅有服务质量的好坏，服务项目的特色，还有建筑物的外观、设施和员工精神风貌、言谈仪表等。例如，一家五星级饭店，会使人联想到其完善的服务设施，一流的服务水平，训练有素的员工，以及其他有形因素。所以，旅游业是主要依靠有形因素树立形象的行业。

2. 直接性。旅游业的服务性特点，决定其商品——服务的提供，必须通过员工与顾客的直接接触进行。服务的提供者和提供服务时间的不同，都可能使服务出现质量差异。在许多服务过程中，顾客的参与又发挥着重要作用。顾客要得到满足，必须依靠员工的帮助；员工要满意地完成任务，又要顾客的配合。在这种状态下作业，员工的一举一动都关系到所属企业的形象。因此，旅游业应更加注重对全体员工公关意识的培养和公关方法的训练。

3. 复杂性。旅游业的兴旺，离不开工农业、运输业、邮电业、商业和城市基础建设的发展。作为旅游市场的供给一方，提供的是游览服务；作为需求一方的旅游者，他们需要的不只是孤立的一处景点，而是从出发到返回为止的整个旅游过程都有良好的感受。所以，旅游业必须与其他有关部门互相配合，保持协调。任何一个环节出了问题，就会影响到其他环节的质量。旅游业的这种高度依托性，使得其公共关系更为复杂。

（二）酒店业公关要领

酒店公共关系是酒店业为了在社会公众中树立良好形象，取得公众理解、支持和信任而开展的各种沟通、展示、关系协调的活动。它是企业“内求团结、外促发展”，塑造形象、信誉的一种手段，是一种以推荐和销售酒店产品，提高酒店知名度和经济效益的经营管理活动。

具体而言，酒店公共关系的组织实施，应从以下几方面着手。

1．树立享有声誉的酒店形象

（1）设计酒店形象。这是树立酒店形象的基础。良好的酒店形象，在设计时至少要综合考虑两方面因素：公众对酒店的要求以及酒店的条件和优势。也就是说，在公众希望酒店怎样和酒店擅长为公众做什么之间，找到酒店形象的落脚点，并引申出酒店的个性特征。例如，北京的香格里拉饭店，其酒店形象是：一座在阳光下闪闪发光的、东方的景致和西方的舒适珠联璧合的24层大楼。

（2）推广酒店形象。设计出来的酒店形象，要通过各种方式和媒介推广出去，使大众了解和熟悉，提高酒店的认知度。

（3）检测酒店形象。要通过广泛的调查、了解，检测酒店的实际形象与期望的形象是否有差异，分析差异产生的原因，并反映给酒店决策者，采取相应的措施。

（4）调整酒店形象。在必要的时候，酒店还要根据形势的变化，对形象进行调整，重新定位。例如，上海的锦江饭店，在一般公众的心目中是庄严有余、亲切不足。在新形势下，锦江饭店认识到，原有的形象对扩大业务、提高经济效益不利。于是，在公关部的建议下，这家饭店打破森严的壁垒，开门迎客，使锦江饭店在保持原有高贵豪华形象的同时，又增添了几分亲切平和的感觉。

2．教育和引导员工树立公关意识

酒店要在公众中树立良好的形象，对外开展公关活动是十分必要的。但这是不够的，因为酒店企业提供服务的过程和消费者消费服务的过程在时间上和空间上是统一的，企业员工的一举一动都涉及企业形象，因而，还必须在日常工作中注意公共关系的运用，时刻塑造自己的良好形象。

在日常工作中，酒店要引导员工树立明确的公关意识、公关观念，珍惜和爱护酒店的形象、声誉，使酒店的公关工作得到全体员工的合作、支持。酒店公关要明确要求员工在社会交往中，注意扩大酒店的影响、传播酒店的美誉；在与顾客的接触中，树立“顾客至上，信誉第一”的思想，注重塑造、传达企业形象，并注重维护企业声誉、赢得公众赞誉与合作。

3．联络感情，增进了解和加深友谊

公共关系要为酒店的生存和发展创造良好的外部环境，就要与各种公众进行联络，重点是酒店宾客、新闻媒介、社区公众以及同业公众。

（1）酒店宾客。酒店要注意区分不同的宾客，采用不同的方式进行交流。

（2）新闻媒介。酒店公关部门要了解和熟悉新闻媒介，与其保持广泛联系，建立个人友谊，及时通报情况，为新闻单位的工作提供各种便利，从而借助新闻媒介，宣传酒店，提高酒店的认知度、美誉度、和谐度。

（3）社区公众。酒店要注重睦邻之道，积极参加社区建设，支持社会公益事业，维护社区公众的利益，从而得到社区公众的接受、认同。

（4）同业公众。这主要是指经营伙伴和竞争对手，对酒店来说，要积极发展与经营伙伴的关系，也要搞好和竞争对手的关系，争取共同发展，避免相互诋毁。

4．收集信息、参与决策

收集信息、参与决策包括分析评估酒店的认知度、美誉度、和谐度，了解公众对酒店的意见和反映，整理之后报告决策部门，使领导及时了解不足；调查公众行为、分析公众态度、预测变化趋势并提出解决问题的方案；从公关的角度评议酒店方针、政策和计划，研究是否符合公众利益和社会利益及其对酒店形象的潜在影响，并提出建议；协助营业部门增设服务项目，扩大酒店的业务范围。

5．处理突发事件和宾客投诉

酒店是公共场所，容易发生一些突发事件，如火灾、爆炸、重大失窃、严重食物中毒、自然灾害袭击等。在这种时刻，酒店公关部门要立即行动起来，积极设法宽慰宾客和有关人员；与其他部门密切配合，投入善后工作。一旦酒店形象因此受到破坏，还要采取措施补救，改变公众看法，挽回影响。

酒店面对的是来自四面八方的旅客，由于性格、气质、态度、兴趣、爱好等各不相同，以及一时一地的心境不同，常常对同样的服务产生不同的心理评价。因此，酒店收到抱怨的投诉是常见的。如果投诉处理得不好或不及时，就会严重影响企业的声誉；相反，如果处理得法，使旅客满意而归，酒店则受益无穷。

（三）旅行社公关要领

旅行社企业公共关系的组织实施，应注意下面几个方面。

1．搜集市场信息、提供决策咨询。收集市场信息、提供决策咨询是旅行社公关的重要职能。具体有四个方面的工作。

（1）全面掌握本旅行社的状况。要掌握旅行社的发展方向，需要了解本社的组织结构、组织性质、取得的成绩、面临的主要问题、人员结构，以及本社推出的旅游线路情况，只有掌握和了解了企业的这些信息，才能及时给公众提供各种咨询。

（2）了解旅行社在旅游者心目中的形象。旅行社在旅游者心目中的形象如何，将影响旅行社未来的发展，影响旅行社目前的经营状况。所以，公关部门必须重视这方面信息的收集，以促进旅行社服务质量的提高。

（3）关注其他社会信息。旅行社的公关人员还应该收集国内外政治、经济、文化、科学技术等方面的信息，这将对增加旅行社的知名度和美誉度，提高经济效益产生积极影响。

（4）向旅行社领导提供决策咨询。决策咨询的内容主要有提高信誉、树立形象、协调关系、处理纠纷和投诉、开发旅游产品等方面。由于公关人员掌握大量的信息，可通过对这些信息的整理、分析，向旅行社领导和有关部门提供决策依据、建议或可行性方案。

2. 设计、推广产品形象。旅行社产品是指旅行社为满足旅游者在旅游过程中的需要而向旅游者提供的各种有偿服务，包括旅游线路、旅游节目和单项服务等。产品形象是公众对旅行社产品所形成的看法和评价。设计产品形象是旅行社公关人员的一项重要工作。要树立旅行社产品的形象，使旅行社产品易于被公众喜爱和接受，其产品设计就必须能够满足旅游者的需要并适应市场的需求。

3. 策划促销活动。旅行社产品的促销，是指旅行社通过各种方式和渠道向旅游者和从事旅游招徕业务的旅游推广、销售机构，介绍本旅行社的产品信息，影响和说服他们购买旅行社的产品或宣传推广这些产品的销售策略和方法。旅行社在市场经营过程中面对广阔的旅游市场和众多的潜在旅游者，为了增加其产品的销售量，旅行社必须将它生产的各种产品的信息用多种有效的传播手段最大限度地告诉公众，通过反复提示和诱导以引起更多人对这些产品的注意和兴趣，进而产生购买的欲望，以至最后下决心购买。

4. 开展全员公关、重视现场调解。旅行社公关就是全员公关。旅行社直接面对公众服务，企业员工经常独自面对顾客，需要进行现场沟通和调解，其一举一动都影响与公众的关系，进而影响企业形象，所以，教育和引导员工树立全员公关意识非常重要。

在日常工作中，旅行社要引导员工珍惜和爱护旅行社的形象、声誉，要使旅行社的公关工作得到全体员工的合作、支持。旅行社员工要在社会交往中，注意扩大影响、传播美誉；在对顾客的服务过程中，要为顾客着想，关注并协助解决顾客面临的问题；导游人员往往全程陪同顾客游览，要与顾客打成一片，并避免站在游客的对立面，这就更需要导游人员要有公关意识。

游客旅途中会出现各种各样的关系纠纷，顾客之间、团队之间、顾客与导游之间、顾客与运输企业、顾客与酒店、顾客与其他旅游企业从业人员、顾客与地方居民之间都难免发生沟通问题，旅行社公关必须进行现场调解。由于这些任务常常落实到随团导游身上，所以，旅行社公关要注重导游人员现场沟通、协调能力的培养，对他们提供专业化、经常化的培训，使他们能够应付各种复杂的局面。

第二节 非营利组织公共关系

一般来说，非营利组织泛指所有不从事赢利性活动，即不以赢利为根本目的的社会机构或团体。非营利组织大体分为政府组织、事业组织、社会团体组织等三类。在现代社会，公共关系已不再局限于营利性组织，在非营利组织中的应用也日益发挥着重要的作用。

一、政府组织公关

政府组织公关，是指以各级、各类政府组织为主体，以争取公众的了解与合作、树立良好政府形象为目标，以传播与沟通为手段的各类活动。

（一）政府组织的特点

政府组织具有自身的特点。首先是权威性、强制性。政府组织是代表国家依法行使管理职能的机构，在其职权范围内可以制定政策、颁布法令，并依法采取措施以保证政策、法令等管理手段的有效性。其次是服务性。政府组织同时也是公共服务性机构，为人民服务是新时期政府管理的基本理念。再次是政府的经费依靠财政拨款，财政拨款来源于税收。政府不需要直接进行经营活动取得盈利，但需要通过搞活经济扩大财政收入。最后是政府组织有着严密的体系。纵向看，政府组织是依法成立的上下对口的一个有机整体，横向看政府机构是一个职能范围大到社会的经济发展、文化教育、内政外交，小到公民的衣食住行、包罗万象的庞大网络。

（二）政府组织公关的特点

政府组织要更好的发挥管理与服务的双重职能，除了需要利用行政、司法等刚性手段完成管理使命外，还需要进一步转变职能，强化政府对经济与社会发展的服务功能。公共关系是一种柔性的管理，是政府组织发挥服务功能的必要手段。政府组织公关是经济与社会发展对政府行政管理提出的客观要求。

政府公关除具有其他社会组织公关的一般属性，还具有自己独特的内容，主要包括以下几个方面。

1．政府组织公关以服务为宗旨。在新的历史条件下，建立服务型政府，是对我国政府改革和建设提出的新要求。在十届人大三次会议《政府工作报告》中，温家宝同志明确阐述了服务型政府的内涵，报告中指出：“创新政府管理方式，寓管理于服务之中，更好地为基层、企业和社会公众服务。”政府组织的服务，包括为繁荣经济服务、为社会发展服务、为精神文明建设服务。而为人民服务是服务的主线。社会主义的核心价值是“一切权利属于人民”。社会主义国家的政府是实现人民主权的工具，其一切活动都围绕为人民服务而进行。

2．政府公关以社会整体效益为目标。从本质上说，政府属于非营利组织，所以其公关目标和内容都具有非营利组织的特点，即具有较强的公益性。政府公关必须讲求社会效益，才能赢得公众的信任、拥戴、理解和支持；同时，社会效益也是评价政府公关的最重要的指标。

3．政府公关面临广泛而复杂的公众。一般组织公共关系所面临的公众，主要包括内部公众和外部公众两类，而政府公关所面临的公众量大、面广，包括三个部分：

（1）政府机构内部的工作人员，他们构成政府公关的内部公众；

（2）政府管辖范围内的人民和其他组织，包括社会各行业、阶层，各民族、各党派、各群众团体等；

（3）政府管辖范围外的人民与组织，包括国际公众，这是政府公关的外部公众。

4．政府公关拥有最优越的信息传播条件。政府工作始终是社会公众关注的焦点，各类媒体需要通过报道政府工作的各方面信息来赢得广泛的读者，从而为政府的信息传播创造更加有利的条件。同时，政府具有一个组织严密的内部信息沟通网络。通过这个网络，大量的信息以文件的形式，准确而有效地在政府组织内部、各部门之间以及相关单位之间传递，最终传递给社会公众。

5．政府公关的任务是提高政府的美誉度。政府公关几乎不存在提高知名度的问题，因为任何一个国家或地区的人民，不可能不知道管辖他们的政府机构。政府公关的任务就是运用各种公关手段，努力提高政府的美誉度，在社会公众中树立起“创新、务实、廉洁、高效”的政府形象。

（三）政府组织公关的功能

1．促进社会和谐。政府组织的公众由不同的民族、党派、团体组成，各级政府都面临着非常众多而复杂的公众。各种公众由于所处的地位不同，难免产生各种不同的价值观念、利益要求和行为方式，甚至产生矛盾和冲突。良好的政府公关可以帮助政府广泛收集体现不同利益群体要求的各种信息，发现政治和社会生活中的不安定因素，以便及时采取有效措施，及时进行协调沟通，调整各种利益关系，减少摩擦，促进社会和谐，维护政治的平衡和稳定。

2．改善政府的内外关系环境。首先，在政府组织内部开展公关活动，有助于增进了解和共识，创造团结和谐的气氛，促进内部各方的协调，增强政府活力。其次，对政府组织外部开展公关活动，有利于政府与公众的信息交换，开展公关活动，为公众提供一个下情上达的渠道，使领导机关和政府工作人员了解公众的要求和愿望；另一方面，便于上情下传，及时向群众宣传解释某些重大举措，让社会公众了解政府系统的决策程序、意图和面临的困难，避免各种误解，从而得到公众的配合和支持。

3．塑造良好的政府形象。塑造良好的政府形象，对内而言，有助于提高它在公众中的威望，取信于民，推进民主法制建设，健全监督体制，克服腐败现象，建设廉洁、勤政、高效的政府。对外而言，开展对国际公众的公共关系，可以树立本国政府的良好的国际形象，提高国际威望，赢得广泛的支持，争取更大的发展空间。

4．提高行政效率。政府公关协调政府组织间的各类关系，有助于提高行政效率。公关活动能够帮助政府组织健全和建立咨询和监督机制，贯彻政府机关管理的民主原则，使人民群众参与行政管理，监督政府工作，从而使政府机构的整体功能得到很好的发挥。

5. 有利于加强社会主义民主政治建设。通过有效的公关活动，人民的正当权利和合理意见也越来越受到各级政府的尊重，并在决策中发挥着重要作用；政府与人民的关系将变得更加密切，社会主义的民主政治建设将不断得到加强。

（四）政府组织公关的要领

1. 政府组织内部的公共关系

（1）上下级关系。上下级关系是政府内部最常见的基本关系。一般是指政府中的领导层次和被领导层次在实现共同目标的过程中形成的一种关系。要搞好政府工作，就必须妥善处理好上下级的关系。对下级而言，要处理好与上级的关系，就必须做到：服从上级；尊敬上级，维护上级威信；不要超越权限，自作主张；帮助上级排忧解难。上级要做好工作，也必须处理好与下级的关系，具体要求是：尊重下级、公平待人、实行民主决策、增强工作的透明度和公开性、充分信任下级。

（2）公职人员关系。公职人员，是指政府公务员和政府雇员。要搞好政府公共关系，就必须做好公职人员的工作。可以从以下四个方面努力：第一，提高公职人员的素质，培养其公关意识。第二，发扬民主、共享信息，给公职人员参与决策的机会，经常听取他们的意见，使他们产生归属感。第三，积极创造条件使他们能自我发展。第四，关心他们的生活，帮助解决他们的困难。

（3）部门关系。政府工作要富有成效，客观上需要部门之间相互协调、合作、相辅相成，建立良好的关系。为此，应努力做到：互相支持，部门之间的相互支持可以是物质方面的，也可以是精神方面的；积极有效的沟通；相互尊重，互相配合。

2. 政府组织外部的公共关系

（1）与人大的关系。我国实行人民代表大会制，各级国家行政机关都由同级人大选举产生，对它负责，受它监督。搞好政府与人大的公共关系，首先要尊重人大的职权，自觉接受人大的领导；其次，要如实向人民代表报告政府工作情况，虚心接受人民代表的监督、质询和批评，认真处理人民代表的提案，切实改进政府工作；最后，要加强与人民代表的沟通，争取他们对政府工作的理解和支持，并力求在一些重大问题上达成共识。

（2）与政协的关系。人民政协，是在中国共产党领导下的由各民主党派、各人民团体和社会各方面代表参加的爱国统一战线组织，是具有中国特色的社会主义民主的一种形式。人民政协对改进政府工作，提高政府工作效率和决策水平，促进各项事业的发展和推进祖国统一大业，都具有重要作用。处理政府与政协的关系，要注意以下两个问题：第一，在重大问题上征求人民政协的意见；第二，自觉接受政协的监督。

（3）与社会团体的关系。社会团体是指在我国宪法和法律允许的范围内，社会各界群众按照一定目的、任务、形式自愿结合形成的群众组织。处理好与社会团体的关系要从以下几个方面着手：第一，要尊重社会团体的相对独立性，不要任意干涉；第二，要靠深入细致的思想政治工作，靠说服力、吸引力和感染力来领导引导社会团体组织；第三，政府要经常与社会团体联系、沟通，既听取他们的意见，发挥他们的作用，解决他们的困难，又传达政府的意图，谋求他们的支持，密切彼此的关系。

（4）与企事业单位的关系。企业作为社会主义的商品生产者和经营者，是社会财富的主要贡献者；企业的税收是政府财政开支的主要来源。事业单位是指从事科研、教育、文化、体育、卫生等事业的社会组织，他们是社会教育、福利等公益事业的重要承担者。政府要正确处理好与企事业单位的关系，必须做到以下几点：第一，加强信息沟通，了解企事业单位的运行状态以及对政府的需求，以便制定相应的支持策略；第二，为企事业单位创造发展所必需的良好外部环境，尤其是政策环境；第三，协调社会各方面的利益，尤其是政府与企事业单位的利益关系，使经济建设与社会发展协调并良性互动，促进建设和谐社会；第四，加强监督，使企事业单位有效利用各方面资源，充分用于经济与社会发展；第五，加强政府自律，杜绝政府官员利用职权之便，营私舞弊，损害政府形象。

（5）与社会公众的关系。社会公众是政府最广大的公关对象。处理好政府与社会公众的关系，对有效贯彻各项方针政策，推动国家各项建设事业的发展，维护安定团结的政治局面具有深远意义。开展与社会公众的关系要注重三个方面的工作：第一，要利用多种形式向社会公众宣传政府的政绩，传播政府的政策、法令、规划和意图，赢得公众的理解和信任；第二，通过接待日、信访、见面会等形式，建立公众意见反馈通道，加强政府与公众的直接沟通；第三，加强舆论监控，了解和掌握公众舆论，多方了解民情，倾听群众呼声，及时了解所推行的政令是否符合社会公众的要求，是否受到社会公众的欢迎，主动进行政策纠偏和调整，以赢得社会公众的好感、信任和爱戴。

二、事业组织公关

事业组织是为了适应社会发展公用事业的需要而由国家设立的专门性机构。如学校、医院、新闻组织、体育组织、文化组织、科研机构等。事业组织的经费主要来源于政府拨款、社会资助，部分经费也可通过向成员或服务对象收费获得，如学费、门诊挂号费、设计费等。

（一）学校公共关系

学校是传播科学知识、培养造就人才的社会组织。学校内部公关的主要对象是教师、管理人员、学生；外部公关的主要对象有政府职能管理部门、投资者、社区公众、媒体、学生家长等。

学校公关工作的目标是宣传学校办学思想、办学水平和综合实力，打造学校品牌、赢得社会赞誉，争取来自政府、社区、教职工、学生及其他社会公众的广泛认同和支持，这样才能进一步争取办学政策、办学经费，稳定师资队伍、改善办学条件，调动教师教学和学生学习的积极性和主动性，提高教学质量，为人才培养服务。

为了达到上述目标，学校开展公关工作要注意以下要领。

1．加强宣传

学校要利用各种公众媒体和自控媒体，向社会各界和师生员工宣传学校教育思想、办学方针、发展战略、培养目标、办学实力等，塑造学校良好的品牌形象，赢得内部公众和社会各界的赞誉和支持。

2．搞好内部公关

（1）对教职工。要注重信息沟通和感情联络，要了解教职工的思想动态，注重解决教职工所关心的问题，尤其是教学条件、教学质量、福利待遇、培训进修等问题；还可以通过开展业余文化活动，联络感情。采取各种措施，从待遇、事业、感情三各方面，团结教职工。

（2）对学生。首先，要注重宣传和展示丰富的、优质的教育资源，例如精品专业、精品师资、精品课程和多样化的教学手段等，增强学生的学习信心和认同感。第二，要借助墙报、校报、校刊、网站等媒体，提供丰富的信息资源，为他们了解学校、专业及自己关心的问题，提供有用的参考；第三，要注重建立快速、有效的信息反馈系统，例如班会、教学反馈表、校长接待日、意见箱等，了解学生关心的问题并及时予以解决、答复。第四，要经常举办各类讲座，帮助学生稳定专业思想、掌握学习方法、激发学习热情、提高学习成绩、健康水平和综合素质。第五，要开展丰富的文化活动，为学生的生活和素质的全面提高服务。

3．加强外部公关

（1）社区公关。各类学校的发展都必须依托所在的社区，公关的目标是要争取一个安全、便利、舒适的社区环境。社区公关要重点做好以下工作：第一，同地方官员保持密切地对口联系，以便及时协调解决有关问题；第二，为社区公众提供包括活动场所、交通、经营、文化、体育活动等某些方面的便利，赢得社区居民的好感；第三，注重宣传学校的办学成绩及对社区发展的积极影响，赢得社区公众的口碑和认同。

（2）政府公关。对学校的构成直接影响的政府行为包括行政管理、业务指导、政策扶持、经费资助等，开展对政府部门的公关非常重要。主要工作要领包括：第一，经常与有关部门对口沟通，有关工作及时汇报，让上级部门了解学校的运行状态；第二，学校领导和各职能部门要经常保持与上级政府及其有关部门工作人员的个人联系，建立人员对口联络的快速通道；第三，向上级部门报告学校建设与发展的设想、方案和运行状态，争取上级的政策、资金、项目等方面的支持；第四，积极参与政府有关部门组织的课题研究或业务活动；第五，站在政府的立场考虑问题，力所能及地帮助政府有关部门解决实际问题，主动承担政府部门委托完成的工作。

（3）企事业组织公关。学校与其他社会组织也有较密切的关系，尤其是职业院校和高等学校。学校对企事业单位的公关目标是争取他们在专业设置、人才培养、师资锻炼、学生实习与就业方面的支持。主要工作要领包括：第一，保持双方领导人的个人关系；第二，和企事业单位合作组织各类沟通活动，建立成员间的密切关系；第三，互派人员交流访问，密切业务关系；第四，推动建立学校与企事业单位互利双赢的长效合作机制。学校要注重为企业的人才培养、培训、进修，以及技术改造和技术进步、产品设计推广等开展服务；学校还可以和企事业组织共同进行某些领域的技改、生产、课题研究以及人才培养方面的合作。

（二）医院公共关系

医院公共关系的目的也是在社会公众中树立自己的良好形象，赢得社会各界的好感、协作与支持，取得病人的高度信任。医院的良好信誉和形象是由高超的医术、热情负责的态度和上乘的配套服务三者结合而成的。因此，医院开展公关工作要注意以下要领。

1. 传播高超的医疗水平信息。高超的医疗水平是医院取得良好形象与信誉的关键。医院公关要注重宣传医院的装备设施、治疗手段、医治环境，还要重点塑造和传播知名医护人员的形象。

2. 提高服务质量。提高服务质量是医院公关工作的基础，要把公关工作贯穿到医护的全过程和各个环节。高明的医术能解除病人的痛苦，而细心、周到、热情的服务则会帮助病人尽快康复。因此，医院要注意提高服务质量，可以从以下几个方面着手。

（1）全员树立全心全意为病人服务的思想，急病人之所急，想病人之所想，发扬良好的医风医德，对工作兢兢业业，精益求精，从而获得公众的信任。

（2）对病人要体贴入微、热情周到、彬彬有礼，帮助他们解除心理上和精神上的痛苦，使他们以合作的心理和积极的态度来配合治疗。

（3）医护人员要严格按照医疗技术规范进行各种治疗操作，尽量杜绝技术性事故的发生。

（4）后勤服务要热情周到。对住院病人要提供吃、住、行、挂号、登记、划价、付账等一套完整的服务项目，并实行合理收费。

（5）正确处理好与病人及其家属的关系，做好家属的安抚工作。通过这些环节的精良协作，才能树立起医院在公众中的良好形象。

3. 加强与社区的联系。医院的许多工作都需要社区的支持，许多服务对象来源于社区内，因而医院还要注意处理好与社区公众的关系。主要操作方式有：第一，严格遵守国家有关排放污染的规定，对医院废弃物品进行妥善处理，不得对周围居民构成威胁。第二，与社区内单位医务室建立联系，举办义务讲座、培训班等帮助其提高业务水平。第三，在社区开展卫生、保健等义务咨询，宣传各种流行病和地方病的预防知识。第四，帮助社区解决实际生活中的卫生、健康、治病防病等问题。第五，为社区公众建立家庭病房，开展巡回医疗、保健服务。第六，定期邀请社区公众来医院参观访问，与他们共同组织、参与各种形式的联谊活动、共建活动等。

三、社会团体公关

社会团体是泛指那些具有共同利益或背景的人们自愿结合而形成的非营利组织，例如工会、青年联合会、妇女联合会、老人协会、残疾人联合会、宗教团体以及各种各样的学术研究会、社会组织等。这类组织本身都不创造利润，活动经费来源一般由上级主管部门拨给或靠财政资助，现在许多社团、学会活动也常得到某些企业组织的赞助。

（一）社会团体公关的一般目标

1. 争取社会公众对本团体的任务、根本宗旨以及新思想的认同和支持。在当今团体林立的社会，各团体组织要生存发展，都必须及时地把有关自己的信息传播出去，突出宣传本团体致力于社会文明的进步，全心全意为社会大众服务的根本宗旨，突出宣传团体为此所担负的任务和为实现团体目标所形成的新思想、新观念，以取得公众的理解和支持，扩大团体的社会影响。

2. 为本团体的资金筹措创造良好的公关环境。一般来说，社会团体的经费来源来自外部，所以，必须争取社会各界的热心赞助。要做到这一点，就必须通过精心设计的信息传播，来扩大自身的影响，为组织创造良好的公关环境。

3. 争取发展更多的新成员，壮大团体组织的力量。社会团体是松散的群众性组织，团体成员是否关心团体活动状况，是否以团体为荣，热心发展新成员，是该团体能否生存发展或团体是否有活力的关键。因此，社会团体公关的重要目标之一就是努力提高本团体的知名度和美誉度，争取发展更多的新成员，壮大发展组织。

（二）社会团体公关工作的主要任务

1. 搞好组织的内部公共关系。社会团体组织内部，其成员由于地位不同，性质、特点、目标、观念有别，利益可能大相径庭。要使每个成员都能满意，团结一致，非常困难。但是，一般来说，有关公众既然愿意加入某一社会团体，说明他们在利益、理想、兴趣、目标和观念等方面，仍有不少一致的地方。求同存异，以“同”作为内部公关的出发点和归宿点，以“同”作为内部沟通的依托，围绕着“同”提供服务，使内部公众之间在“同”的前提下互利互惠，是社会团体公关工作的重要任务，也是社会团体公关工作能否成功的关键所在。

2. 与政府交往，是社会团体一项重要的外部公关工作。通过与政府公众的联系和沟通，社会团体可以及时了解有关政策、方针，准确把握精神实质，还可对政府的态度、行为和政策产生影响。因此，社会团体与政府公众之间关系的着眼点，应当是争取成为政府的智囊团、顾问和朋友，主动向政府献计献策，帮助政府解决问题。另一方面，社会团体要经常向政府有关部门汇报本组织的发展、规划和工作情况，主动征求意见。在举办各种社会活动时，还可积极邀请政府有关部门及其领导参加。

3．社会团体经费的筹集活动成为其公关工作的重要任务。社会团体的经费来源，主要是会费、赞助、募捐及有关活动收入。收缴会费本是一件容易的事，但有的社会团体执行起来却很难，原因在于内部成员对组织意见很大。这就要靠扎实的内部公关工作，理顺内部关系，例如提高组织宗旨范围内各种服务的质量、数量，增强对会员的吸引力。争取赞助和募捐，是更为艰巨的公关工作。还有一些社会团体，通过各种创收活动筹款，但要尽量减少甚至避免“商业味”，而应通过公关活动获得。

【本章小结】

本章详细介绍了生产性企业、商业企业、服务性企业、旅游企业等营利组织公共关系以及政府、事业单位、社会团体等非营利组织公共关系的特点、目标、任务和具体操作要领，为各类公关组织和公关从业人员从事本行业的公关实践提供了丰富的参考材料。

【本章思考】

1．生产性企业公关的任务是什么？
2．商业企业如何处理好与顾客公众、货源公众的关系？
3．运输企业公共关系的内容主要有哪些？
4．旅游公共关系的突出特点有哪些？
5．如何处理好政府内部公共关系？
6．学校开展与企事业组织公共关系的意义何在？
7．社会团体公关具有哪些特点？如何开展社会团体组织的公共关系？

第八章　客体公关要领

【学习目标】通过本章学习，了解客体公关的两大组成部分，即内部公关和外部公关。重点掌握员工关系、股东关系、消费者关系、政府关系、社区关系、媒介关系的特点和操作要领。

第一节　内部公共关系

内部公共关系，即组织内部的公众关系，最主要的两个方面是员工关系和股东关系。员工是每个社会组织机构所直接面对的第一位公众，员工关系是一切社会组织公共关系的起点，是其他一切类型的公共关系的基础和前提。股东是组织机构的投资者，搞任何事业都离不开投资，对于任何社会组织机构来说，股东关系是其公共关系中最重要的一部分。

一、员工关系

任何组织因其性质、所面临的公众对象不同可能有所差异，但这些组织都有一个共同点，即每个组织都有自己的员工。员工是构成组织的“细胞”，组织的各项目标只有通过他们的分工协作、各尽其责，才能付诸实现，所谓“内求团结”方能“外求发展”的道理就在于此。

（一）组织与员工的关系

员工关系是组织内部公共关系的起点和基础。组织的一切方针、政策、计划、措施，首先必须得到员工的理解和支持。组织内部公关工作就是要考察不同员工的不同层次的需求结构，有针对性地引导员工的行为，最大限度地调动每个员工的积极性、主动性和创造性，使所有员工同舟共济，齐心协力，实现组织目标。

要了解组织中的员工公关工作，首先要弄清楚它与组织中的人事、劳工关系的联系与区别。员工关系在组织中常被人们混淆为人事或劳工关系。这是由于长期以来这三项工作在某些组织中的划分并不十分明确。例如，有的组织将这三项工作合并为一个部门办理。其实，组织内部的员工关系并不完全等同于组织中的人事、劳工关系。在一个具有一定规模的组织中，这三者都应具有各自的适当地位和责任。

在一个组织中，人事关系和劳工关系主要是以行政管理的物质手段来协调处理组织与员工的关系。组织内部的员工关系主要是采用信息传播的手段来协调处理组织与员工的关系，其目的是要实现一种介于组织管理当局与员工之间的双方面的思想沟通，促使组织的各项政策既能代表组织又能代表员工的利益，同时反映双方的愿望和要求，争取组织与员工公众间的相互信任与和谐的合作。由于人事关系和劳工关系都与员工的切身利益直接相关，直接影响着员工关系，因此，从总体上看，这三者的工作是相互联系在一起的，目标是一致的，它们都是为组织的整体员工公关目标服务的。

在组织内部公共关系中，必须正确处理好以下三种员工关系。

1. 组织与管理人员的关系。管理人员是指组织内部各级业务部门主管人员和各个职能部门的主管人员。管理人员对于企业的生产、经营至关重要，因为企业的生产经营计划以及所有的规章制度都要依靠管理人员去制定和实施。为此，企业应开展公关活动来协调与管理人员的关系，了解管理人员的个性、兴趣和要求等，并采取相应的措施来激发管理人员的热情。

2. 组织与技术人员的关系。专业技术人员是组织赖以生存和发展的主力军。由于技术人员的工作性质、特点与一般的事务性工作不同，因而，在处理组织与技术人员的关系时，也要根据具体情况，采用灵活多样的方法。

3. 组织与操作人员的关系。操作人员处于组织业务活动和日常工作的第一线，是产品或服务的直接创造者，他们的工作直接关系到组织的声誉和形象。如果组织与操作人员关系不佳，彼此之间经常发生摩擦，就会直接影响到组织内部各项工作的开展。由于操作人员数量众多、情况复杂，因而在内部公关工作中，处理好与操作人员关系所需要的时间、精力也最多。

（二）员工公共关系的原则

1. 对待员工要有合作的诚意。人类都有合作行动的欲望，这是人类的基本特性，例如，资深的员工常常认为他们的劳苦和忠心并未受到充分的重视，年轻的员工则常常会感到他们的才能未受重视，这些都是希望合作的心理特征的表现。管理当局如能对此进行适当地指导，真诚地采取实际的步骤去谋求合作，许多员工关系问题的解决就有了前提。

2. 坚持诚实与公平的道德准则。在自由平等思想深入人心的当代，员工要求管理当局对一切公共事务、对是非的评价都要诚实无私，秉公办事。没有秉公办事的信念与作风，不可能取得公众的信任与爱戴，更谈不上与员工的真诚合作，良好的员工关系也就无从建立和维系。

3. 尊重员工及他们的劳动。任何人都想使自己的工作成果得到社会的承认和同行的肯定，管理部门对员工的工作表现如能以尊敬的心情加以赞扬，使员工看到自己的价值，感到精神上的满足，将会大大地激发员工的积极性和创造性。管理部门在满足员工物质需求的同时，应更注重精神鼓励，而不能以批评或斥责作为鞭策员工的惟一手段或主要手段。

4．给员工以安全感。对员工来说，安全感主要是指工作的稳定和生活的保证，包括合理的福利、人身安全保护、医疗保健、退休金政策、保障员工能自由提出批评、建议而不遭受损害等。

5．让员工了解组织。人类都有希望得知外部消息的欲望，人之所以有这种欲求，是为了更好地协同劳动、感知自己、认识处境、需要安全感、增长知识等。员工也不例外，他们对组织情况最感兴趣，因为这些情况直接与他们的利益相联系。很多组织的员工关系存在问题的直接原因，就是由于组织缺乏与员工有效的沟通。因此，以坦率的态度将组织的情况传达给员工，是改善员工关系的一项最好的方法。

6．给员工上进的机会。员工个人在政治上、业务上的上进心理，是人类基本欲望的转化形式。满足员工这方面欲望的最主要方法是制定出员工喜欢的、完善的晋升政策。这样，可以使员工有努力上进的方向；可以使员工产生安全感；可以消除员工间的不平，以增进员工的合作与团结。

7．领导的楷模。在一个组织中，员工一般是向领导者的精神状态和行为看齐的。领导的形象直接起着示范的作用，影响到广大员工。如果领导者的形象不能引起各阶层员工公众的尊敬和信心，不但组织的生产、服务的质量、员工的士气难以提高，组织的形象也难以建立。

（三）员工关系的方法和手段

1．组织管理当局与管理人员、意见领袖进行的沟通。组织管理当局与员工正式的直接双向联系的最基本、最有效的方法，是通过基层的管理人员，如领班、主管等，与员工直接接触和交谈来进行的。这些基层管理人员工作、生活在普通员工之中，与员工接触最多。组织通过他们直接向其所管辖的员工及时发布组织的新闻或指示，解释各种政策，分析和讨论各种问题，消除各种误解。通过他们与员工的交谈及时了解员工的意见和态度，了解他们的个人问题和难处，并及时反映给最高管理阶层，使员工中出现的某些问题能得到及时的解决。要使基层管理人员成为组织有效联系员工的纽带，组织公关部门有必要对这些管理人员进行从事员工联系工作的培训，并编制相关资料进行指导。

与员工中的意见领袖所进行的沟通，是组织与员工进行非正式沟通的一个很重要的手段。由于意见领袖在员工中拥有较高的威信和较强的影响力，组织在这方面所进行的努力，不仅影响到少数意见领袖，更重要的是可以通过他们进一步地去影响员工公众。在与意见领袖进行沟通的过程中，必须注意以下几个问题：首先，对意见领袖反映的情况和意见应持重视和信任的态度。其次，在工作安排上，尽可能让意见领袖担任一些重要职务，尽可能把组织的正式和非正式沟通渠道结合起来。再次，有事多与意见领袖商量，争取他们的认同与合作。最后，切不能使用任何压力手段把意见领袖变成组织的单向传声筒。

2．组织管理当局与员工进行个别会谈和视察组织机构。各级管理人员应定期与员工进行个别会谈，即使是高级管理人员，每星期也应抽出几个小时的时间来对个别员工进行简短访问。通过与员工个人的接触，一方面可以向员工更深入地解释组织的政策；另一方面员工也可更自由地发表意见。这样，可以促使具体的个人问题得以解决，与员工建立更深的感情。

组织机构的高级领导人员定期视察本组织的各机构，有利于领导亲自了解掌握实际工作情况，在员工关系上，可直接通过与第一线管理人员和员工的晤谈，与他们建立并保持联系，有利于消除与员工的陌生感和隔阂，使员工产生荣耀感，从而激发他们的干劲。

3．公开的定期演讲和员工会议。由总经理或经理们定期地向员工发表演讲，是在二战期间发展起来的，现已逐渐成为一些组织与员工进行沟通交流的制度。管理当局定期进行演讲，可以向全体员工及时报道本组织或与本组织有关的重要新闻及对形势进行分析，引导员工正确认识形势；可以不断地、直接地向员工发出号召，进行有力的鼓动，以增强对组织的向心力；可以借演讲的机会，面对面地回答员工提出的各种问题，及时解决员工的疑惑和误解，最快、最直接地把最高管理层的声音传播给每位员工。

员工会议是由管理当局周密设计和布置，邀请员工（部分或全体员工）参加的会议，是管理当局与员工联系很有效的方式。在大型的员工会议上，管理者可就组织的工作总结、新工作计划、新政策、新产品、新方法及内部问题直接向员工报告或发表鼓动性演讲。在会上还可通过褒奖有成就的员工、奖励长期服务的人员及有独创性的建议者等形式来激励员工的士气。小型的会议，可用来组织管理人员与员工代表共同研讨有关管理、生产、技术、利益分配等问题，使员工切身感受到参与管理的权利。

4．设立员工顾问。设立员工顾问的目的是为了及时协助员工解决自身不善处理的各种问题，以避免这些问题所产生的恶劣情绪给员工个人和工作带来的损失。

员工需要给予帮助的问题包括：与工作有关的问题，例如，工作时间安排的问题，工资等级问题，调换工种、岗位，休假等问题；个人生活问题，例如，家庭纠纷、婚姻问题、家庭经济问题、身体保健问题、个人法律问题等；个人心理问题，例如，由于刺激而造成的行为失常、情绪不稳定、心理压力、精神紧张等问题。

员工顾问应当积极主动地深入到员工中去，及时发现问题，立即给予热心的帮助。它的主要责任是引导员工把问题或困难看清楚、讲出来。然后把解决问题的方法摆出来，鼓励、引导员工去做最有利的抉择。员工顾问工作的价值，一是可以通过私人接触，向员工解释组织的各种政策，及时消除各种误解或曲解。同时，在不宣布资料具体来源的前提下，及时把员工的情绪，各种问题反映给管理部门，以便协助组织制定出更完善的员工政策。二是可以协助员工妥善解决工作之外的家政问题，以解除工作的后顾之忧。及时进行心理咨询，以减轻心理压力，有利提高工作效率，减少事故发生，同时让员工感受到组织的关怀和爱护。

5．在公共大众传播媒介上刊登新闻和广告。在公共大众传播媒介上刊登新闻、广告，不仅有利于推行组织的外部公众关系、建立组织的社会形象，而且有利于提高员工的社会声望和自豪感。当员工看到组织的新闻或广告被刊登、播放出来，会倍感亲切，因而也有利于员工关系的发展。

6. 征询员工的意见和建议，具体包括：进行员工意见调查，设立员工接待日或接待时间，建立处理员工申诉的专门机构和处理程序，建立员工建议奖励制度。

7. 员工的接纳和解雇。新员工的接纳是员工关系的开端，组织应力争给每一位新员工留下良好的第一印象。解雇员工对组织来说是一件非常重要的事情，要有周详的安排。对解雇的决定要提前私下告诉本人，对于解雇的理由应作详细说明，并向他提供建议性的批评意见。对被解雇人，应叮嘱有关管理部门提前发给他应得的工资、加班费或休假津贴等，并与人事部门配合帮助他寻求新的职业，尽可能让被解雇人感受到组织对他的关心和负责任的态度，离开时才能保持良好的心态。

二、股东关系

股东是组织机构的投资者。对于任何社会组织来说，股东关系是其内部公共关系中最重要的一部分。社会组织可以通过与股东保持经常双向的联系，以争取股东对机构的了解和信任，提高股东对所有权的自尊感，唤起股东对组织机构问题的兴趣，赢得股东的合作与支持等方式，来促进组织机构的发展。

（一）股东关系的概念和对象

股东关系是指社会组织与投资者之间的各种关系的总称，也称金融公共关系或财务公共关系。股东关系是股份公司（包括有限责任公司和股份有限公司）内部公关工作的重要内容，也是某些非营利组织内部公关工作的重要内容。

股东是组织的投资者，是组织的真正主人，他们的利益与组织的经营状况息息相关，他们的决策则关系到组织的生死存亡。因此，股东关系非常重要。

股东关系中所包含的公众对象大致有以下三类。

1. 持有公司股份的股东。他们人数众多，是组织的真正所有者，是组织各种权力之源、资金之源。股东也是真正与组织同甘共苦的公众，他们关心组织的经营状况，希望组织兴旺发达；一旦组织经营不善，他们受到得冲击也最大。当然，对于上市公司来说，那些很小股东（即所谓的“散户”）的行为可能更像外部公众。他们是出于投机的目的而选择组织的股票，只要时机合适，他们就会买进或卖出股票，很少忠诚地对待一个组织。

2. 董事会。董事会成员一般是占有较多股份的个人、组织或社会名流，他们通常是由股东大会选举产生，并代表股东行使对组织的管理权。

3. 金融舆论专家。这些公众以他们的观点、评论、意见，影响甚至左右股东们的行为，对组织影响很大。

（二）股东关系的内容

简单地说，股东关系的内容就是：稳定老股东，使其保持或增加组织的股份；发展新股东，开辟新财源。为此，组织要加强与股东的交流和沟通，应做好以下几项工作。

1. 了解股东需求，维护股东的正当权益。作为一个投资者，股东最关心的问题就是收益的最大化和风险的最小化，也就是其资产的保值增值。为了保证自己的利益不受侵害，他们一方面要行使自己的法定权利，另一方面要充分了解组织的相关情况。

股东自购买组织的股票之日起，就是组织的主人，应享有以下基本权利：

（1）人事权，选举组织的董事和监事，并决定他们的报酬；

（2）重大事项决策权，如批准和修改公司章程，批准公司的财务预算、决算方案，决定公司的经营方针和投资计划等；

（3）收益分配权，按投资额取得相应的收益，如股息、红利等；

（4）股东财产所有权，如公司增减注册资本、合并分立、解散或破产清算时，须由股东大会做出决定。

组织的公关部门应充分尊重股东利益，保证他们的正当权益不受侵犯。

由于在现代企业制度下所有权和经营权的分离，股东并不直接管理企业，因此，他们希望更多地了解组织的有关情况。根据国外公共关系专家的调查结果，股东们最想知悉的是以下几个方面的情况：组织的经营管理情况和盈利状况、组织的产品或服务范围、组织的业务拓展状况、组织在同行业中的地位、组织的综合实力和发展前景。

2. 建立畅通渠道，加强与股东的交流和沟通。股东是组织的主人，组织应该随时向股东汇报组织的经营状况，但对于那些股东很多又很分散的组织来说，这几乎是不可能的，因此这些组织往往采用定期通报制度。不管采用何种方法，都必须在组织和股东之间建立起畅通无阻的信息传输机制。

对组织而言，数量众多、分散于各地的股东既是一个巨大的信息宝库，又是一个不可估量的决策智囊。如果能把这些资源充分利用起来，对组织的发展无疑是非常有利的，这就要求组织建立起通畅的信息流通渠道。

（三）股东关系的方法和手段

为了搞好股东关系，组织的公关部门一方面要及时向股东通报他们所关心的情况，另一方面要尽可能地收集股东对组织的意见、建议和其他信息。一般来说，组织通常采用以下沟通方式：

1. 召开股东会议。这种股东会议既可以是股东大会，也可以是董事会或股东代表大会，从时间上看，可以定期召开，如年度、半年、季度会议，也可以是临时性会议。股东会议既是股东行使权力的机会，也是股东了解组织情况、组织收集股东意见和建议的大好时机。组织的公关部门应该精心策划，让股东们高兴而来，满意而去。

2. 编发年度（半年、季度）报告。这是组织和股东交流的主要方式，也是股东最关心的问题，其内容应尽量详细。除了报告组织的一般业务（如生产、销售、财务等）外，还要说明年度盈利状况、分配政策、组织远景规划、存在的问题及解决方案。

3. 编辑组织内部刊物。编辑组织内部刊物，并及时寄给股东，也是组织和股东交流的有效手段。在向股东传递组织信息时，有一点要特别注意，即不能只报喜、不报忧。否则，股东们就会觉得组织不值得信任，进而导致其人心动摇，抛售股票，给组织带来不良后果。

4. 发放调查问卷或意见征集表。专门就某些问题，设计调查问卷或意见征集表，收集股东对这些问题的意见和建议。

5. 建立常设的专门机构，负责处理股东关系，随时回答股东提出的各种问题。

6. 安排股东参观组织。目前参观已经逐渐地被用来作为改善股东关系的重要手段。股东参观组织机构一方面可使股东了解到组织财政、业务及产品的实况，能亲眼看到他们投资的运用。另一方面，可以提供股东与管理当局更多的接触交流的机会，管理当局可通过开放活动直接答复股东的批评和建议。开放组织机构让股东参观是承认股东重要性的表现，可增进股东的主权人的自豪感，从而得到心理满足，引发继续投资的兴趣和对管理当局的信赖。

7. 安排个人会见。与股东的接触、沟通除了以上几种方法外，组织还经常采取个别会见的方法，来向股东征询意见，建立更深的联系。这种联系方法已被一些组织作为一种制度，定期会见一些具有代表性的股东，就组织的政策、产品、管理、员工关系、年度报告、出版物及广告等问题，与股东进行讨论，并征求他们的意见。

8. 其他沟通手段。它包括利用其他媒体进行信息传播、开展征求股东批评建议的活动、向股东赠送礼品、新产品等手段。

第二节　外部公共关系

外部公众是指内部公众之外，与社会组织生存与发展相关联的其他公众。作为组织公关的外部公众对象，主要指消费者公众、政府公众、社区公众、媒介公众等。组织公关必须重点处理好与消费者、政府、社区、媒介等外部公众的关系。

一、消费者关系

（一）概念

消费者是公共关系中数量最大、范围最广的公众。它包括个人消费者和团体消费者，世界上一切人、一切组织团体都是各类组织产品、服务的消费者。消费者关系，是指组织在充分尊重消费者合法权益的前提下，用健全的管理政策、良好的服务行为、持续不断的双向沟通，建立起消费者对组织的信赖并获得消费者支持的活动。

满足消费者的需要是一切生产性、服务性组织赖以生存和发展的基础。消费者的需要决定着产品如何生产以及服务的内容，决定着消费方式、服务方式，影响到产品、服务的价格等。消费者关系的成功与否还将直接影响到员工的工资、股东的红利、企业的效益。尤其是在目前的卖方市场转变为买方市场的经济形势下，如何建立消费者与组织之间的联系，以保证组织的生存和发展，已经成为生产、服务性组织最重要的课题。因而，消费者关系也自然地被列为公共关系中优先考虑的对象。

（二）消费者关系的目标

社会组织的消费者关系目标，通常是根据组织的发展、经营和市场开发的需要，根据特定顾客公众的态度和存在的问题，以及组织的物力、财力等具体因素来制定的。总体来看，消费者关系的目标主要可归纳为以下几个方面。

1. 通过调研，确定消费者对组织的政策、行为、产品或服务的意见和基本态度。

2. 发掘消费者的不满之处，以改进工作。例如，可以通过分析造成消费者不满情绪的根源，纠正业务上、政策上或产品服务上的缺陷。

3. 对消费者的询问给予准确满意的答复。

4. 训练本组织机构的员工，使其能对消费者大众做出迅速、周到、礼貌而友好的服务。

5. 通过消费教育等传播手段，促使消费者接受本组织所提供的产品或服务。

6. 研究产品或服务，通过调查研究消费者的需求变化，来进行旧产品的改进、确定新产品的开发方向，促使本组织的产品和服务能使消费者更为满意。

（三）促进消费者关系的常用手段

组织在促进消费者关系时，常用的手段包括以下几种。

1. 直接的联系沟通手段。例如，通过各种销售渠道、展示场所与消费者直接接触和交流。通过拜访消费者或消费者团体机构，会见消费者代表或消费者团体的代表，开放组织让消费者参观等，直接向消费者介绍组织的情况，解释各种问题，增进双方的相互理解，联络感情，争取消费者的好感与支持。

2. 间接的联系沟通手段。例如，通过公共大众传播媒介发布新闻、刊登广告、提供专题片或专文等来介绍组织及其产品和服务，也可以利用组织自己出版的消费者刊物、邮寄的信函等作为与消费者联络的工具，认真解答消费者的各种问题。

3. 市场知识教育。配合组织发展的需要，向消费者提供某项产品、某种新的生活方式的知识。常用的形式有：技术示范表演、技术培训、产品试用，通过组织自己编印出版的说明书、小册子、专著等，向消费者推广普及某种商品或新的生活方式的知识。这类公关活动配以广告等传播手段，在开拓或培植市场、争取消费者好感等方面具有特殊的作用。

4．良好的销售服务。例如，售货人员的服饰仪表、柜台、橱窗、商店的设计布置，店头广告的设计和设置，灯光、背景音乐等对商店气氛的渲染。售货人员除了应做到热情礼貌、主动周到地接待消费者之外，还应能准确介绍商品和厂家，能展示商品的使用方法及一般维护修理的常识。

5．周到的售后服务。及时周到的售后服务对提高组织信誉、加强组织与消费者的感情联系有特别重要的意义。目前较常见的售后服务项目有：送货上门、实行三包、代客安装。

6．主动征询消费者意见及处理好消费者的投诉。消费者投诉的处理是一件直接影响到消费者情绪、态度的沟通工作。因此，不管消费者的投诉是有道理的，还是出于误会，或是一种挑剔，组织都应给予慎重妥善地处理。处理投诉问题时，要做到及时、态度诚恳、负责任。

二、政府关系

（一）概念

政府是指与组织运行相关的各级各类代表国家进行管理的职能机构。在我国，就国家管理机构的职能来看，对组织影响最大的有行政关系（如计划、物资、人事等）、财政金融关系（如银行、税务、审计等）和法律事务关系（如各级人大和公、检、法等机构）等三大方面。政府是影响社会、政治、经济、生活各领域的重要因素，对各类组织的活动都产生重要的影响。因而，政府关系是组织公共关系的一个重要领域。

政府关系指的是公关主体与国家管理机构及其工作人员的关系。任何组织作为社会的一员，都必须服从政府对社会的统一管理，都必须接受特定的政府机构的领导和监督。因此，如何协调好组织与政府的关系，是各类组织公关工作的重要内容。

（二）政府关系的主要目标

社会组织对政府组织及其工作人员开展公关，主要目的是让政府了解、信任本组织，进而赢得政府的关注和支持，取得较好的政府资源、政治环境，以便在具体的政策扶持、标准制定、项目安排等方面给本组织以更多的参与机会，营造更好的生存条件和发展空间。

（三）政府关系的主要手段

组织与政府公众进行联系沟通的主要手段有以下几种。

1．游说。游说是一种通过私人访问形式，与政府公众进行的联系沟通的方法。游说的主要目的在于影响行政决策和立法，使之能充分考虑组织的利益与处境，在体现国家利益时，又能照顾到组织的利益，创造有利组织生存和发展的政策、法律环境，避免政府的政策和法规对组织的生存和发展造成威胁。

2．组织领袖的个人外交。社会组织尤其是企业，经常利用企业影响和个人魅力，展开对政府官员的个人外交，并通过这条线索开展政府公关，使企业进入政府关注的视野。

3．其他与政府公众直接接触联系的手段。组织经常采用的与政府公众直接接触联系的其他手段有：

（1）在各级立法机构或专门委员会的审议会上，在政府或立法部门举办的各种政策、法律研讨会上列席，并就组织对某项政策、某一问题、某项拟议中的法案的看法进行阐说，或列席作证答复问题；

（2）通过正式或非正式的聚餐、圆桌会议等形式，与政府官员或立法人员就双方所感兴趣的生产、经营、税收、法律、政府管理等问题进行对话，广泛交换意见，讨论有争议的问题，以增进双方的相互了解；

（3）访问政府或立法机构，或邀请政府官员或立法人员访问参观组织。

4．与政府公众进行联系沟通的间接手段。组织与政府公众进行联系沟通常用的间接手段有：

（1）利用报纸、杂志、电视、广播等各种大众传播媒介，间接地把组织的活动经营状况，发展目标和计划，以及存在的问题报道给政府公众；

（2）利用各种大众传播媒介影响社区公众对组织的评价，呼吁他们支持或反对某项未决的立法或政策；

（3）争取具有相同利益的组织、社团及员工、股东、社区公众的支持与合作；

（4）针对某个问题，对各组织或一般公众进行民意测验或调查，公布民意结果或将调查结果提供政府官员或立法人员作为决策时的依据。

三、社区关系

（一）概念

社区指的是人们共同生活、活动的一定区域。从组织公共关系的角度看，社区的大小要视组织机构的分布情况和活动范围的具体情况而定。机构的分布和活动范围较集中的组织，其相对的社区地理范围会小些。反之，机构分布地域广、活动范围大的组织，其相对的社区地理范围也会较大些。

公共关系中的社区关系，指的是组织机构与所在地的全体居民和各种社会组织、团体的关系。如组织机构与所在地的市、区、街道或镇、乡、村等居民，与所在地的各级政府、企事业单位、社团等的睦邻关系。所以，社区关系也被称为地方关系或区域关系。

从社区发展的角度看，组织与社区间客观存在着相互制约和相互依存的关系。一方面，社区是一个组织生存和发展的根据地，良好的社区环境是组织赖以生存和发展不可缺少的基本条件。另一方面，如果没有社区中各组织的发展，社区的繁荣和发展同样也是不可能的。社区中绝大多数的工商组织是社区财政收入的主要来源，社区环境的维持与改善，基本上是依靠各组织根据国家的法规所上缴的税金，及履行社区公民义务所做的各种赞助和捐献。所以说，组织的发展与社区的发展是相互制约、相辅相成的，其根本利益是一致的。这种相互制约、相互依存的关系，为组织推行社区公众关系提供了良好的发展基础。

（二）处理社区关系所应遵循的基本原则

1. 组织应当把发展良好的社区公众关系作为组织发展、建立更广泛的全国性的、国际性的公众关系的基础。

2. 组织应正确地认识、积极参与、关心社区各方面的发展，为社区发展尽自己的责任是发展良好社区关系的物质基础。

3. 组织要注意与社区中富有影响力的主要人物或团体建立有效的良好的关系，以此作为进一步与更广泛的社区公众建立良好关系的起点。

4. 组织要明确参与社区的各种活动是其最高管理层的职责，特别在一些重要场合，在探讨一些重大社区问题时，最高领导者的作用是其他普通管理人员所无法代替的。组织领导者应抽出更多的时间和精力去从事社区关系工作，成为社区公众所熟悉的社区活动家。

5. 组织应制定公开的、及时的沟通政策。公开坦诚的态度和及时不断的沟通是联结组织与社区关系的纽带。在社区传播上，组织除了应首先向其员工公众提供消息外，其次就应是社区公众，再次才是外界。

（三）促进社区关系发展的主要手段

组织在进行社区沟通时经常采用的主要手段有以下几种。

1. 通过社区的报纸、杂志、广播、电视等大众传播媒介的沟通。主要有：向公共大众传播媒介提供组织的新闻、广告或专题片，组织自己编制出版发行的“区域通讯”杂志、年度报告书、小册子、通讯或组织的内部刊物等。通过这些媒介及时不断地把组织的情况，组织对社区贡献的事实报道给社区公众，为组织的生存和发展创造良好的社区舆论环境。

2. 开放组织，让社区公众参观。目的是为了让社区公众对组织的工作环境、各方面的发展有更多的了解，留下深刻的直观感受和印象，也可借此纠正社区公众对组织的各种误解和错误观念。通过直接交往与社区公众建立感情，吸引人才。

3. 管理人员的演讲。由管理人员在社区的各种集会上，向公众团体及各阶层人士发表演讲，以增进了解，树立管理人员的良好社会形象，提高组织对社区生活的影响力。

4. 组织领导与社区舆论界领袖的会晤、座谈或集会。促进他们对组织政策的了解，向他们通报组织的计划、经营状况，或者就某些问题进行商谈、征询他们的意见和建议，以保证社区舆论界领袖对组织的全面认识和正确理解，并通过他们进而影响社会公众的观念。

5. 访问社区机构。组织领导应邀或主动拜访社区的各种机构，如，学校、社团、研究机构、新闻媒介、福利机构、文化机构、地方政府机构以及各种工商机构。通过拜访，可向这些团体公众示以关心和善意，使之感到组织对其的重视和尊重。

6. 通过员工的沟通。通过员工的沟通，最大的优势是可扩大组织与社区公众人际交往的接触面和接触的深度，组织公关部平时应鼓励员工积极参与社区活动，在社区的各种社团组织担任职务，增进员工在社区生活中的影响力，并对员工就如何向外界宣传介绍本组织进行指导，及时向他们提供各种信息和资料。

7. 展览或陈列。利用本组织机构的设施或租用社区内的共场所，举办介绍组织的各种展示活动。

8. 积极参与或赞助社区的文化体育事业。积极参加社区组织的各种文化、体育活动。例如，参与或赞助文化周、音乐会、歌咏竞赛、书画摄影展、体育或竞技、节日的游园等活动。

9. 协助地方发展教育事业。例如，设立奖学基金；捐献教育设施；提供专家教育计划；扩大组织在教育界，特别是在未来的劳动力资源——青年一代中的影响。

10. 参与或赞助社区的公共福利事业，关心协助解决社会问题。例如，积极参与义务献血活动，赞助地方医疗防疫设施建设和全民卫生计划的推行，关心对失足青年的教育、社会治安的治理等问题。

四、媒介关系

（一）概念

媒介关系指的是组织与大众传播媒介及其工作人员的关系。如与各种报纸、杂志、电台、电视台、通讯社等机构及其记者、编辑、作家等的关系。

当今社会，媒介是影响、引导社会舆论最有力的工具之一。良好的媒介关系是组织力求建立良好的公众舆论关系的最主要环节。公众舆论虽是无形的，但力量却很大，有利的舆论可使一个组织走上成功的坦途，不利的舆论则可能严重地遏制组织的生存和发展的机会。媒介关系是一种只能搞好，不能搞坏的重要关系，也是最花费公关人员精力的关系。

（二）处理媒介关系应遵循的原则

1. 良好的媒介关系应建立在双方相互支持的基础之上。组织与媒介建立关系不应是追求施舍，更不应是讨好收买。组织应在积极主动支持媒介工作，向他们提供更多的有新闻价值的资料的基础上与媒介建立起相互支持、平等互惠的关系。

2. 应认识到只有“诚实”才是最好的媒介关系政策。“真实性”是媒介新闻报道的生命，唯有时时做到真实，才能获得媒介的信任。

3. 提高公关人员从事新闻传播工作的专业水平是获取媒介好感与尊敬的最好方法，也是良好的媒介交流关系的基础。公关人员有较高的专业水平，容易得到媒介的尊敬和认同，同时可为媒介减少很多麻烦。

4. 严禁干涉媒介的正常新闻活动，特别是利用各种手段（权力、财力等）来压制或要求取消媒介的某项新闻报道。在特殊情况下，如果有充分的理由和法律的依据，可以要求媒介缓发或者停发某项新闻，或就某些有损于公众利益的内容向媒介解释，或与之讨论以求得共识。

5. 注意交往中的君子风度，不乞求，也不吹毛求疵。公关人员不要为刊载新闻而去乞求记者，更不要利用广告去胁迫记者；同时，也不要自以为是，对所刊载出来的东西吹毛求疵，对编辑的修改抱怨不停，这些做法都极易使媒介感到反感。

6. 要注意组织的最高管理者与媒介进行直接接触的价值。这种接触最能引起媒介的兴趣，也会使媒介体验到受尊重感。这对改善媒介关系，建立组织形象都大有好处。

7. 对于各新闻媒介要一视同仁，不应厚此薄彼，以免招来怨言，或造成不必要的误解。

（三）组织与新闻媒介沟通的手段

组织与新闻媒介联系沟通的常用手段有以下几种。

1. 访问新闻媒介。特别是在新的公关部主任或负责媒介关系的主管上任时，应在组织最高领导带领下，访问各有关新闻媒介。访问新闻媒介时要注意访问时间的选择，一般应在记者编辑工作告一段落后较为合适，以免干扰媒介的正常工作，最好事先应有预约，会使访问更为成功有效。

2. 招待新闻界人士。组织常用的招待新闻界人士的形式各种各样，例如，以新闻发布为主的记者招待会、定期会晤或工作餐会、招待记者参观组织机构、邀请记者对本组织的各分支机构进行系列采访等。

3. 向新闻媒介提供组织新闻、专稿、广告、新闻图片、专题及广播、电视报道等。

4. 与新闻媒介合作举办各种具有广泛社会影响的活动。例如，时装模特表演、健美表演、摄影展评、征文活动，协办各种专题节目或专栏，以加强与媒介的合作关系。

5. 邀请记者帮助训练组织的新闻报道人员，邀请编辑指导组织刊物的编撰。这不仅能提高本组织的公关活动能力，而且还可以加深组织与新闻媒介的感情。

【本章小结】

本章对组织内部和外部的具体公关实务问题，进行了较全面的介绍。着重探讨组织内部的员工关系及其工作原则、改善员工关系的方法和手段，股东关系的责任和目标、股东关系的内容等基本问题；对组织与外部的消费者、社区、政府及新闻媒介等最主要公众的具体公关实务问题，进行较详细深入的探讨和介绍，从而为推进组织外部各类型的公众关系提供了可遵循的原则、可选择的手段，以及所需的技术知识。

【本章思考】

1．改善员工关系的手段和方法主要有哪些？
2．组织与股东沟通的方式主要包括哪些？
3．促进消费者关系常用的手段包括哪些？
4．处理政府关系应遵循的基本原则包括哪些？
5．处理社区关系应遵循的基本原则包括哪些？
6．组织与新闻媒介沟通的手段通常有哪些？

第九章　危机公关要领

【学习目标】通过本章学习，了解公共关系危机的涵义、特征和类型，明确公共关系危机处理的意义，掌握公共关系危机处理的对策和公共关系危机预防策略。

第一节　公关危机概述

公关危机是各类社会组织都必须认真对待的特殊困境。由于传播技术的高度发达，以及法治和社会文明的进步，社会组织的运行受到广泛的监督，其言行日益透明化。稍有不慎，危机就会不期而至，并且来得快、影响大，直接影响企业的生存和发展。对此，我们必须有一个清醒的认识。

一、公关危机的涵义及特征

（一）公关危机的涵义

危机，英文为 Crisis；在汉语里，危机的书面意思是紧急困难的关头。公共关系学中的危机，是指由于某些人为的或非人为的突发事件及重大问题的出现，打破了组织正常的有序运转状态，使组织声誉和利益受到损害，甚至遭遇生存危险，从而不得不面临和处理的一种紧张状态。

（二）公关危机的特征

1. 突发性。一切突发事件都具有突然性。它们一般是在组织毫无准备的情况下转瞬之间发生的，往往给组织公关带来各种意想不到的困难。特别是那些由组织外部原因造成的危机，如自然灾害、国家政策变革等，往往是组织始料不及并难以抗拒的。

2. 严重危害性。危机事件的危害是很大的。它会破坏组织形象，影响组织经营，给组织带来严重的形象危机及巨大的经济损失，同时也给社会造成危害。

3. 不规则性。对组织来讲，每次危机产生的原因、表现形式、事件范围、影响程度、损失程度都不尽相同，呈不规则出现，因此，解决的方式也没有一成不变的固定模式。

4. 舆论的关注性。危机事件的爆发最能刺激人们的好奇心理，常常成为人们谈论的话题和新闻界舆论关注的焦点、热点，成为媒介捕捉的最佳新闻素材和报道线索。有时会牵动社会各界公众的神经，乃至在世界上引起舆论轰动。

二、公共关系危机的类型

（一）从危机的性质上分

1. 突变危机。突变危机主要是指造成较大生命损失的危机。在这类危机中，一部分是指自然灾害如地震、风暴、洪水、泥石流、雪崩、火灾、流行病等。另一部分指人为的灾难，如抢劫、盗窃、破坏、爆炸等。

2. 商誉危机。商誉危机即商业信誉危机。主要指由于不履行合同、不按时交货、质量问题而形成的经营危机。商誉是组织存在和发展的根本，出现商誉危机会直接威胁组织的生存。

3. 经营危机。经营危机是管理不善而导致的危机。如投资失误、定价策略失误、产品质量低劣、管理混乱。另外，组织由于种种原因而经营不下去也属于此类危机。

4. 信贷危机。信贷危机主要是指因组织丧失信誉而得不到上级拨款或银行贷款，同时又难以募集到股份，致使资金枯竭、正常运行难以为继，从而形成危机。

5. 素质危机。素质危机是指由于内部素质不高危及自身生存的危机。如员工缺乏公关意识和质量意识、专业技能低下、组织技术水平不高导致的危机。另外，组织基本设施、建筑老化，设备重大故障而导致的危机也属此类危机。

6. 形象危机。形象危机是指组织由于自身形象不好，知名度、美誉度不高，或是总体特征设计不好、定位不当造成的危机。当然，以上突变、商誉、经营、信贷、素质危机最终都会影响组织形象，导致危机。

（二）从危机发生的程度上分

1. 一般性突发事件危机。也叫日常纠纷，如组织内部纠纷、同公众间的关系纠纷、组织之间的纠纷等。这种纠纷一般涉及的范围不大，影响面较小，但它是突发性的，如不及时处理，事端扩大后会严重影响组织的形象和声誉。

2. 重大突发事件危机。它是指重大工伤事故、重大生产经营决策失误、质量事故、天灾造成的严重损失等。

（三）从危机发生的外显度上分

1. 显在危机。显在危机指危机趋势非常明朗，爆发只是个时间问题。如经营决策失误造成的产品积压、市场缩小的危机。

2. 潜伏危机。潜伏危机是指危机的因素已经存在，但没有被人们意识到的危机。如安全防火设施破坏、缺乏防火意识，或设备本身质量不过关、缺乏质量意识等。潜伏危机比显在危机具有更大的危险性，犹如一座冰山，显在危机是浮在水面的部分，所占比重小，容易被人所重视；而潜伏危机犹如藏于水下的冰山本体，不容易被发现且危险性更大。

第二节　公共关系危机的预防

公共关系危机的预防对组织具有很重要的意义。虽然有时危机是难以预料的，但有效的危机预防，可以及时发现产生危机的“萌芽”；即使危机真的出现，也能相对从容地采取有效措施。

一、危机的原因分析

综观组织公关危机的类型，危机的原因概括起来主要有两个方面。

（一）组织内部可控的原因

1．经营决策失误。这是造成经营性危机的重要原因。组织不能根据内、外部条件的现状及变动趋势正确制定经营战略和公关战略，使组织的生产经营活动得不到公众的支持，而遭到困难无法经营，甚至使组织走向绝路。

2．管理不善。这主要是因组织基础工作差，管理制度不健全，管理方式、手段不科学等原因造成的。管理不善会影响商品与服务质量，也易引发纠纷和突发性事件。

3．组织素质低。组织素质首先是领导和职工素质。特别是组织领导人员，如果不能正确处理组织长远利益与近期利益的关系，往往会出现管理的短期行为，这将扩大组织素质与现代生产经营活动客观要求之间的差距，组织就会因为自身素质偏低而被社会淘汰。

4．公关策略失误。如果决策失误，发生误导，就会人为地造成危机。陈旧的观念、落后的形式、一般化的公关活动虽然不会对组织造成致命的伤害，但也提高不了组织的知名度。公关决策失误，将使组织公关活动难以发挥应有的作用，势必孕育着危机。

（二）组织外部不可控的原因

1．不可抗力。不可抗力是组织无法抵御的外力或突发性自然灾害，使组织的生产经营活动无法正常进行。如地震、山洪、海啸等自然灾害，战争、政变等社会突发事件，这些事件的爆发对组织的影响是巨大的，也是组织无法抵御的。

2．体制和政策因素。国家或地区的经济管理体制和政策是组织外部的不可控因素，会对组织的经营和发展产生重大影响。国家或地区的体制、政策是构成组织外部环境的核心。

如果体制不顺、政策对组织发展不利，经营就会遇到阻力，或者陷入欲进不能、欲退不忍、裹足不前的困境。如果没有良好的社会环境和经济环境，组织的危机在所难免。

上述造成危机的原因中，可控的原因通过组织自身努力是可以解决或者改进的。而对不可控的原因，组织也并非是完全被动的，组织有效的公关活动可以给外部环境以积极影响，甚至可以促进政府改进或改变政策。

二、公关危机预防

公共关系危机预防主要从以下几个方面入手。

（一）危机事件的分析预测

对于组织来讲，危机的出现虽然是不规则的，但其中也存在一些带有规律性的东西。这就需要从以下几个方面进行分析预测。

1. 根据组织的性质作出预测。搞清楚自己的组织是什么性质的组织，列出这种组织可能发生的各类危机事故。

2. 从组织事件中作出预测。找出自己组织历史上曾发生什么危机，因为发生过的事情很可能再度发生。

3. 从同行教训中作出预测。找出自己所属组织的同行、类似组织发生过什么危机，分析危机会对组织造成多大损害。考虑这种危机事件后，谁会受影响，范围有多大。

（二）在日常业务中预防

在日常业务中严格执行科学管理制度，保证产品、服务质量，遵章守法，维护公众利益，从而消除危机隐患。以北京肯德基快餐厅为例，为预防与顾客发生矛盾纠纷，肯德基餐厅严格执行下述三点铁的纪律。

1. 餐厅制作炸鸡严格按“七、十、七操作法”进行。即将一袋鸡块放到鸡蛋液中浸七下，再放到干粉里滚十下，最后再按七下。有一天，因顾客爆满，炸鸡供不应求，操作工为了加快速度，按“七、十、七”一次同时操作两袋鸡块，结果被经理发现，立即给予口头警告，并扣奖金 15 元。

2. 肯德基制定了一项铁的规定：即鸡块炸出超过一个半小时就不能再卖，不管剩多少都要扔掉，不准作廉价处理，不准给员工吃。不作廉价处理的理由是便宜卖给顾客，会损坏餐厅的名声。

3. 运用科学手段，保证炸鸡的分量。在制作过程中，餐厅运用电脑控制选用肉鸡，体重均在 1.13～1.23 千克之间。每只鸡分 9 块，保证分量。

此外，美国肯德基总公司还明文规定，肯德基快餐厅一律不许卖酒。世界各地的 7700 余家肯德基快餐厅都要遵守这一规定。

肯德基快餐厅的上述规定和做法，预防了许多危机或纠纷的发生，可为我们预防危机事件提供有益的启示和借鉴。

（三）建立危机预警系统

许多危机在爆发之前都会出现某些征兆，因此应当建立组织的预警系统来及时捕捉这些危机的预兆。建立预警系统的工作可由公关人员协同各个管理部门来进行，主要包括：

1. 加强公共关系信息与组织经营信息的搜集分析工作，及时掌握公众对组织活动的反映及评价。

2. 密切注意国家经济政策及经济、政治体制改革的方向，使组织的生产经营活动与社会经济大气候相协调。

3. 加强与重点客户的沟通，使其成为组织的稳定支持者，及时关注其变动趋势。

4. 经常分析竞争对手的生产经营策略和市场需求发展变化趋势。

5. 定期或不定期进行自我诊断，分析组织生产经营和公共关系状态，客观评价组织形象，找出薄弱环节，采取必要措施。

6. 开展多种调研活动，并在此基础上研究及预测可能引起组织危机的突发事件，把组织危机因素消灭在萌芽之中。

（四）制定危机应变计划

危机应变计划是提供应对、处理突发事件所需要的人力、组织、方法和措施的一整套方案。一旦危机出现，就可以借助计划去应付、解决危机。

一个较健全的危机应变计划，大致包括以下三项内容。

1. 成立危机应变小组。危机应变小组首先由经理（厂长）、技术专家、公关部主任和法律顾问组成一个核心，然后根据可以预见的危机，增加危机处理小组的人员。这样，发生某种危机时，可以直接由专人负责处理。而在平时，负责处理某项危机的人就应有意识地做好各种应战准备。

2. 拟定危机应变计划。应变计划要设想各种可能发生的危机和所采取的应对行动。一些组织常常把本单位拟定的危机应变计划体现在危机应变手册上。例如，对商贸企业来说，最有可能也是最严重的危机之一是商品质量发生问题，影响企业信誉，因而在企业的应变手册中，不仅要预见到这一危机，而且要指明何处、何人可以向我们提供紧急援助，并且指明他们的姓名和联络方法。危机应变手册是处理各种危机的指南，虽然不同行业和组织有所不同，但其计划一定要细致到足以应对危机。

3. 危机模拟训练。危机应变小组在完成危机应变计划的纸上作业后，可以举行模拟演习。演习假设一种或多种危机情况，考核危机应变小组对紧急事件的反应能力、危机处理的知识和决策能力。模拟演习还要使组员接受处理紧张心理的训练，以免到真正危机时，紧张的心理妨碍组员的思维和决策。另外，还要学习如何与新闻界打交道，掌握接受记者采访和对外发言等方面的技巧。

总之，危机应变计划和训练做得越周详，处理危机的工作就越成功。不过，仅有危机应变计划还不能解决危机。应变计划只是解决危机的工具，还需要人们在实际操作中执行和灵活运用。

第三节　危机公关概要

公关危机一旦发生，通常会给社会组织带来严重的负面影响，必须积极应对。这种应对就是危机公关。社会组织能否顺利渡过危机，化险为夷，甚至把坏事变成好事，则要看公关组织或公关人员危机公关的能力。

一、危机公关及其意义

（一）危机公关的概念

危机公关（Crisis Public Relations)也称为公共关系危机处理，从管理学的角度又称危机管理（Crisis Management)。危机公关是指组织调动各种可利用的资源，采取各种可能或可行的方式和方法，预防、限制和消除危机以及因危机而产生的消极影响，从而使潜在的或现存的危机得以解决，使危机造成的损失最小化的方法和行为。危机公关是公共关系学和管理学结合的产物，运用危机公关，科学地处理组织潜在的或现存的危机，可以提高组织生存能力、防患于未然；危机处理得当，甚至能够变坏事为好事。

（二）危机公关的意义

国际化、全球化的趋势，使危机事件的发生机率不断加大，危机波及的范围越来越广，影响程度越来越深。企业的发展、品牌的打造，往往需要几年甚至几十年，而一场危机就足以断送一个企业的前途，甚至波及其他企业。当今，危机公关作为一种管理手段，被各类社会组织广泛采用。作为危机事件发生以后的应急机制，危机公关主要有以下意义。

1．妥善处理危机可以减少组织的损失。妥善处理危机事件，迅速控制事态的发展，就能使组织的损失减少到最低限度。这对于事后迅速恢复生产经营活动具有重要的意义。

2．妥善处理危机可以维护组织的形象。组织形象是组织的重要资源，无论是纠纷事件，还是突发事件，都会给组织带来一定的形象损失。危机处理得当，可以挽回形象损失，甚至能够提升组织形象。例如，2005 年 5 月份“雀巢奶粉碘含量超标”事件，前期处理失当时的雀巢奶粉信誉度大减；而 2005 年 6 月 8 日雀巢中国有限公司大中华区总裁穆立的道歉在中央电视台“每周质量报告”栏目中播出，彻底扭转了前期危机处理手段欠妥带来的不良影响，显示了雀巢公司认真负责的态度，提升了组织形象，受到媒体和公众的一片好评。

3．妥善处理危机可以增强内部团结。处理危机事件不仅是对组织凝聚力的检验，也是加强内部团结的好时机。

4．妥善处理危机可以创造经营时机。在处理危机事件中，公关人员应树立“妥善处理危机就等于盈利”的观念。成功的组织与失败的组织之间的差别，并不在于是否出现过与公众的纠纷和危机事件，而在于出现危机后所采取的截然不同的处理方法，即借助于处理危机事件创造有利的经营因素和条件。

二、危机公关的原则与对策

（一）危机公关的原则

任何组织都难免发生危机事件。危机发生后，由于情况紧急，大家都感到手忙脚乱。为了使危机处理有序进行，需要遵循危机处理的几个主要原则：

1．快速反应的原则。凡危机都是突发性的，而且会很快传播到社会上去，引起新闻媒介和公众的关注。尽管发生危机时组织面临极大的压力，但仍须迅速研究对策，作出反应，使公众了解危机的真相和组织采取的各项措施，争取公众的同情和支持，减少危机的损失。高效率和日夜工作是做到快速反应不可缺少的条件。

2．真诚坦率的原则。危机的发生会使公众产生种种猜测和怀疑，有时新闻媒介也会有夸大事实的报道。因此，组织要想取得公众和新闻媒介的信任，必须采取真诚坦率的态度。里杰斯特尤其强调实言相告的原则，他指出，越是隐瞒真相越会引起更大的怀疑。

3．人道主义的原则。危机在不少情况下会带来生命财产的损失。新闻媒介等舆论界对造成危及人的生命安全的事故或事件尤其重视，甚至加以渲染。因此，在危机处理时首先要考虑人道主义的原则。组织在处理危机中要把抢救和安置灾民放在第一位。

4．维护信誉的原则。公共关系在危机管理中的作用是保护组织的声誉。这是危机管理的出发点和归宿。声誉对组织来说极其重要，是组织得到人们拥护和支持的基础。没有声誉，组织的工作就难以进行，就没有效率可言，甚至危及组织的合法性。在危机管理的全过程中，公关人员要努力减少危机给组织信誉带来的损失，争取公众的谅解和信任。

（二）危机公关的对策

对一个组织来说，公关危机是不期而遇的，必须有良好的对策，方能化险为夷。一般来讲，危机公关应从以下几个方面采取对策。

1．成立处理危机事件的专门组织机构。处理危机事件最关键的是要镇定，不能使组织一下子陷入混乱状态，即使是灭顶之灾也应如此。这就需要有专人负责，统一指挥。因此，当危机事件出现后，组织应首先成立由最高层领导牵头的，公关部门主管具体负责的，有公关人员、相关技术人员及其他相关人员参加的专门组织机构，全力以赴投入危机事件的处理。

2．对危机事件进行调查判断。重大事件发生后，首先应该运用有效的调查手段，迅速查明情况，判断事件的性质、现状、后果及影响，为制定对策及应急措施提供依据。

（1）查明事件的性质与状况：包括事件的种类，事件发生的时间、地点、原因，已经得到控制还是仍在发展等基本情况。

（2）查明事件的后果和影响：如伤亡人数及严重程度、设施的损失状况及价值、其他受破坏的程度和范围以及已经和将会造成的后果社会影响。

（3）查明事件牵涉的公众对象：直接、间接受害的公众对象，与事件本身有直接、间接责任或利害关系的组织或个人，与事件处理有关的机构，以及新闻舆论界人士等。要特别注意与事件的见证人保持联系，并谨慎处理与新闻界的关系。

3．制定处理危机的具体对策。在全面调查了解危机事件的情况后，将所获取的信息进行分析整理，针对不同对象确定相应的对策。

（1）对组织内部的对策

- 危机应变小组应立即行使工作职权，对危机处理形成权威性的意见，统一进行指挥。
- 判明情况，制定对策，通告全体人员，以统一口径、协同行动。
- 如属内部事件，应立即通知伤亡者的亲属，采取有力措施进行救护或善后工作，安抚有关各方人员。
- 如属外部事件，应立即组织队伍参与抢救、维持或应急服务工作。
- 奖励处理事件的有功人员，处罚事件的责任者，并通告有关各方。

（2）对受害者的对策

- 认真了解受害者的情况，实事求是地承担责任，并诚恳地道歉。
- 冷静地听取被害者的意见，了解和确认有关赔偿损失的要求。
- 避免在事故现场与受害者发生争辩，即使受害者有一定责任，也不要在现场追究。
- 给受害者以安慰和同情，尽可能提供其所需的服务，尽最大努力做好善后工作。
- 向受害者及其家属公布补偿方法及标准，并尽快实施。
- 由专人负责与被害者接触，在事件处理过程中不随意更换负责处理工作的人员。

（3）对新闻界的对策

- 应统一对新闻界的口径，注意措辞，尽可能以最有利于组织机构的形式来公布。
- 成立临时记者接待机构，由专人负责发布消息，集中处理与事件有关的新闻采访，给记者提供权威的资料。
- 主动向新闻界提供真实、准确的信息，公开表明组织机构的立场和态度，以减少新闻界的推测，帮助新闻界作出正确的报导。
- 必须谨慎传播，在事实未完全明了之前，不要对事件的原因、损失以及其他方面的任何可能性进行推测，不轻易地表明赞成或反对的态度。

- 对新闻界采取合作和自信的态度，不可采取隐瞒、搪塞、对抗的态度。对确实不便发表的消息，亦不要简单地说“无可奉告”，而应说明理由，求得记者的同情与理解。
- 注意以公众的立场和观点来进行报导，不断提供公众所关心的信息，如补偿办法和善后措施等。
- 除新闻报导外，可在刊登有关事件消息的报刊上发歉意广告，向公众说明事实真相，并向有关公众表示道歉及承担责任。
- 当记者发表了不符合事实真相的报导时，可以尽快向有关媒体提出更正要求，指明失实的地方。并提供全部与事实有关的资料，派遣重要发言人接受采访，表明立场，要求公正处理，但注意避免产生敌意。

（4）对上级主管部门的对策

- 及时汇报。事件发生后，及时向组织所直属上级主管部门汇报，不能文过饰非，更不能歪曲真相，混淆视听。
- 定期和及时联系。在事件处理中，应定期报告势态发展，及时与上级主管部门取得联系，求得上级主管部门的指导和支持。
- 总结报告。事件处理后，形成详细报告，内容包括处理经过、解决方法以及今后的预防措施。

（5）对业务往来单位的对策

- 传递信息。尽快如实地传递事件发生的信息。
- 传递对策。以书面形式通报正在采取何种对策。
- 当面解释。如有必要，选派组织职员到业务单位巡回解释。
- 传达处理经过。在事件处理中，定期向各界公众传达处理经过。
- 书面表示歉意。事件处理后，应用书面形式表达诚恳的歉意。

（6）消费者及其团体的对策

- 疏通零售点渠道。通过零售点渠道向消费者发布说明事件梗概的书面材料。
- 疏通报纸广告渠道。如有必要，还应通过报刊登载广告来公布事件经过及处理办法和今后的预防措施。
- 热情接待消费者团体及其代表。因为他们代表消费者利益，在新闻界很有发言权。因此，当他们前来询问有关情况时，要热情接待，并慎重接触。

（7）对组织所在社区居民的对策

- 登门道歉。如火灾、爆炸等突发事件给社区居民带来损失，组织应登门致歉。
- 分别道歉。根据事件的性质也可以派遣本组织职员去每个家庭分别道歉。
- 发表致歉广告。在全国性的报纸和地方性报纸上分别刊出致歉广告，面向所有公众，告诉他们急需了解的情况，明确表示本组织敢于承担责任的态度。
- 赔偿损失。根据实际情况，赔偿必要的经济损失。

第四节　公关危机处理案例分析

如何应对公关危机，换句话说如何进行危机公关，决定了组织在面临危机时何去何从，或从容应对、化险为夷，或手忙脚乱、一败涂地。本节拟以两个危机公关的案例，分析危机公关的成败得失。

一、针头丑闻：百事可乐的公关危机

（一）背景资料

1993 年 6 月 10 日，西雅图一家电视台报导，当地一对夫妇在一个百事可乐罐中发现了一个注射器针头。很快，第二起投诉又出现在西雅图。这种情况促使 FDA（美国食品和药物管理局）发布了一个地区性的声明，提醒消费者在饮用百事可乐前将其倒入玻璃杯。这条警告引起了全国媒介的注意，24 小时内，在全国各地发现百事可乐罐中有针头的消息见于各种媒体。媒体的报道引发起了公众的紧张，针头已被感染的可能性使公众更加恐惧。危机还对百事可乐公司预期在假日达到最大销售额的目标产生了巨大的负面影响。百事可乐公司面临前所未有的挑战，其声誉受到严重威胁。由于并未在生产线上找到这一系列奇怪事件的起因，百事可乐公司宣布不回收产品。然而媒介方面不习惯厂方在如此规模的产品污染事件发生后持此种态度，开始持续报道“受害者”的申诉并坚持向公司寻求答复。

（二）公关危机处理

1．公关调查

百事可乐久已制定的危机反应计划已被研究和测试过十年。随着公司业务增长和结构的变化，公司的危机计划已由消极的产品回收转为精密的网络传播。在一系列改进后，公司通过对计划的真实运用和模拟演练，发现有效的传播是成功解决危机的关键。在这次危机中启动的计划已在先前的一些地区性事务中获得成功运用，如工厂危机、包装缺陷和产品污染。基于这些认知与经验，百事可乐公司的公关人员策划并实施了危机反应方案，以终止丑闻和重建公众信心。

2．公关策划

在为期一周的危机中，当西雅图的瓶装供应商开始着手调查问题所在以回复媒介及公众时，百事可乐的危机反应计划就开始实施了。危机小组不懈工作，向公众证明百事可乐产品和生产流程的安全性，以维护品牌信誉和公司业务。公司确定了一个由生产界、法律界等专家组成的危机小组，目标是向公众说明，公司的产品绝对安全，这些人为的针头事件在逻辑上是不可能发生的，而且回收产品不能解决任何问题。整体策略是积极回应媒介，保持公开坦诚的态度，尽早和经常地向公众通报事实，并和 FDA 紧密合作以调查出现注射器事件的真正原因。公司建立了集中的传播渠道，使相关讯息直达所有受到影响的公众——消费者、媒介、调查官员、瓶装供应商、股东、雇员和客户（零售店、饭馆和所有百事可乐的销售通道）——使他们逻辑和理性地来查出真相。由于危机不断升级，已形成全国性的事件，公司没有预先设定预算。执行危机计划共花费了约 50 万美元。

3．公关执行

随着事实的不断澄清和 FDA 调查的不断进展，危机经历了四个阶段。危机小组一直在监测媒介报道，不停发布新的新闻以更新与公众的沟通。在第一阶段，公司迅速行动以调查清楚问题的来龙去脉，并排除了生产线上的破坏可能。西雅图的瓶装供应商发布了现场采访，允许当地记者到工厂参观高科技的瓶装线并举行新闻发布会向公众保证将找到答案。随后，在危机发展成为全国性的事件，且被“媒介捕风捉影的报导的恶性循环”（FDA 语）所推动时，为抵制这种现象，危机小组发布了大量信息——录像新闻、新闻发布会、消费者谈话节目、厂商建议、员工公告、商业信函、照片、图片和采访——传达给那些能帮助百事可乐公司和 FDA 迅速结束丑闻的人。百事可乐公司还依靠电视来尽可能快地把信息传达给最广泛的受众。小组还请了公司长期的录像制作商和媒介顾问，来制作录像以传达信息。这些信息通过卫星向全国发送，引导消费者到厂房中去见证生产线的高速与安全，证明同时在不同地点出现这么多投诉是非常不合情理的。百事可乐公司的首席执行官出现在主要的广播新闻节目中，宣布公司“99．99%确信”这些针头不可能出现在工厂中。6 个媒介关系经理共处理了 2000 多个来自报纸、广播和电视等媒体记者的电话；24 个消费者专家在 40 个志愿者的协助下，接听了成千上万的消费者的电话。公司每天通过传真向百事可乐公司的 400 家瓶装供应商发送两次建议，并派专人去为他们的人事部门提供当地事务的咨询。FDA 由于在人为损害产品事件调查处理方面的经验，成为百事可乐公司的首要危机顾问。FDA 的各级官员都全力投入调查针头事件的工作中来，而百事可乐公司则全力证明其包装及生产线具有绝对的安全性与防污染性。

（三）效果

针头风波在七天之后平息了（调查表明，这起事件是一些居心不良的人制造的，旨在向百事可乐公司索取赔偿，他们依法受到了惩处）。尽管危机使百事可乐公司的销售额下跌，损失了 2500 万美元，但到夏季销售额开始复原，并在季末取得了五年以来的最高销售额，比 1992 年同期增长了 7%。无论是在收银台前还是在危机过后做的态度与认知调查中，消费者都投了百事可乐公司的信任票。即使在危机的最高潮时期，仍有 94%的消费者认为百事可乐公司对危机的处理是负责的。且有 75%的人说由于百事可乐公司对事件的处理方式，他们对百事可乐产品感觉更好了。由于 FDA、瓶装供应商和消费者空前联合地抵制在全国范围内回收百事可乐产品，危机反应计划取得了巨大成功。在打给百事可乐的成千上万个电话和百事可乐收到的数以千计的信件中，消费者表达了他们对公司的支持。而全国的媒介也反省了它们的错误，正是它们使丑闻升级，并误导了消费者与企业，使他们对毫无事实根据的投诉产生恐慌。美国众议院在国会记录中也赞扬了百事可乐公司在遏制这起全国性丑闻时采取的迅速、有效的措施。

二、回炉奶事件：危机公关的败笔

（一）背景资料

2005 年 4 月下旬，浙江省工商局在全省范围内对儿童食品进行了一次质量抽查，检测中发现，批次为 20040921 的“雀巢金牌成长 3+”奶粉碘含量达到 191.6 微克，超过其产品标签上标明的上限值 41.6 微克，浙江省有关部门迅速于雀巢中国有限公司取得联系，要求公司在 15 天内予以答复。5 月 9 日雀巢方面做出答复，承认检测站检验结果。5 月 25 日浙江省工商局依据法律程序对外公布：“雀巢金牌成长 3+”奶粉为不合格产品。于是，雀巢奶粉危机事件全面爆发。5 月 26 日雀巢中国有限公司，公司表示不接受任何媒体采访。5 月 27 日，雀巢中国有限公司公布声明，称“雀巢金牌成长 3+”奶粉“是安全的”。6 月 1 日中国消费者协会公开指责雀巢公司不能自圆其说。从 5 月 26 日也就是从公布雀巢奶粉碘超标的第二天开始，杭州、宁波、广州、上海、北京等地的一些大型商场超市陆续开始对“雀巢金牌成长 3+”奶粉予以下架，全国其他地区接着也采取同样措施，雀巢奶粉事件使雀巢公司的信誉一落千丈，不仅影响到雀巢奶粉的销售，甚至波及到其他奶粉，影响整个行业的经营，乳品业及其销售服务企业，都在紧张中度过。这就是发生在 2005 年的雀巢奶粉事件。

此时，国内乳业作为同行，面临由雀巢奶粉事件引起公众对乳品行业信任度下降的挑战；作为竞争对手，也有抢夺雀巢所拥有市场份额的潜在商机。因而，国内乳品企业如能吸取雀巢公司的教训，严格管理，加强防范，则能很好的抓住则面临很好的机遇。然而在公众高关注度的状态下，光明乳业还是步了雀巢的后尘。

2005 年 6 月 5 日，河南电视台首先报道了光明乳业郑州子公司将过期奶回炉并用于销售；6 月 10 日，《都市快报》报道称杭州出现光明“早产奶”；6 月 13 日，《中国经营报》报道称上海市出现光明“早产奶”。而光明的“掌门”王佳芬除了在 6 月 7 日接受了一家媒体采访外，再也没有公开露面。光明公司方面，分别在 6 月 7 日和 6 月 20 日发布“诚告消费者书”和“澄清公告”，但对众多媒体的采访却一律拒绝，其新闻发言人和董事会秘书也采取了回避媒体的做法，光明乳业公关危机全面爆发。

（二）公关败笔

综观系列危机事件以及光明乳业的表现，从危机公关的角度分析，光明乳业危机公关漏洞百出，败笔不断，使本来可以妥善处理的危机被变得无法控制了。简要总结一下，败笔主要体现在如下几点。

1．危机意识淡薄，没有建立危机预警和避免机制。雀巢奶粉“碘超标事件”发生以后，光明乳业没有给予足够的重视和警醒，也没有及时导入危机的预警和防范机制，使雀巢的危机悲剧以不同的剧情在光明乳业身上再度上演。作为像光明这样的大公司，理应有一套比较系统而完善的危机预警和防范机制，而且以公关经理为主导的所有员工都应该具有危机意识和娴熟的应对技巧。然而事实上光明乳业根本不具有危机管理的能力。当雀巢奶粉危机发生之时，光明乳业正确的做法的第一步应是先引起警觉，在整个集团系统内部进行自查，使整个系统对雀巢危机事件引起足够的重视，看有没有管理漏洞和可能存在危机的隐患，但是，光明乳业没有这样做。

2．态度怠慢，对媒体及公众的质疑置若罔闻，缺乏有效的沟通机制。当光明“回奶事件”发生后，董事长兼总经理王佳芬直接出面，一口否决了光明乳业存在“回炉奶问题”，而且肯定地说光明乳业的牛奶尽可以放心饮用，不存在任何问题。然而事态并没有朝着光明乳业理想的状态发展，公众舆论的质疑更加强烈，新的问题不断被媒体揭露出来。随着浙江和上海光明“早产奶”被揭露和查处，光明乳业负责人及其公关部经理们又走向了另一个极端，选择了逃避。他们的通讯设备要么无人接听，要么关机，整个光明乳业断然拒绝与外界进行任何的沟通。因为缺乏企业正面的声音及引导，造成媒体和公众猜测与愤怒，促成了光明危机的进一步的迅速扩散。

3．光明乳业危机应急及后续处理手段单一。光明公司遭遇危机后，否认、拖延、躲避、单方面声明等构成了其危机公关的主要手段，人们很难听到作为企业危机当事方的正面信息和主张，而能够展示给公众的信息，也显得底气不足、语无伦次，这种反映水平与光明乳业这样的企业和地位不相称。其实，从危机公关的角度来说，当危机事件发生后，企业与其逃避不如主动应战！坦诚、充分、毫无保留地与公众沟通是企业危机公关的最有效手段；此外，企业还需主动与媒体保持必要和及时的沟通，策略性地引导媒体的报道方向。

4．光明乳业发言人选择失策。光明乳业“回炉奶”被河南电视台曝光后，上海光明乳业在第一时间，不自觉地把该公司董事长王佳芬推向了“最前线”，由其代表上海光明乳业直接回答记者提出的问题。从危机公关的策略层面来讲，王佳芬的这种回答其实代表了上海光明最终的回答，没有可以回旋和调整的余地。王佳芬的答辩存在着诸多被事实证明是矛盾的地方，缺乏说服力，因而也导致公众对光明乳业产生更多的不信任。

其实，危机公关具有很强的艺术性和策略性，在坦诚、沟通基础上特别讲究策略性。当企业危机爆发以后，在内部，光明乳业应该设立一个危机管理小组，来全权负责危机的应对和处理。在接受采访或者发言时，应该设立一位“新闻发言人”，由公共关系部经理或者有一定应变能力的副总裁担任，一般不主张由代表最高层的CEO或者董事长直接兼任。

（三）负面影响

由于光明乳业缺乏危机公关意识，没有建立相应的机制，危机事件发生后处理手段失当，给企业造成巨大的负面影响，表现在以下几个方面。

1.没有建立一套危机预警和避免机制，雀巢奶粉事件也没有引起光明乳业足够的警觉，使得危机事件在最不该发生的时候发生了；由于没有丝毫的思想准备和应急机制，危机产生后手段单一，进一步恶化了局势。

2. 由于对舆论的消息采取否定的态度，受到更大的质疑后，进而又实行“鸵鸟政策”，采取回避的态度，使得事态进一步扩大，造成更为广泛的影响。

3. 光明乳业是一家上市公司，在消费者心目中有着良好的信誉。事件的发生及处理，使得消费者对光明乳业的信任度降低，势必影响光明乳业的经营业绩。目前乳品行业竞争十分激烈，光明乳业 04 年销售收入增长速度只有 13.3%，已落后于行业总体 30%的平均增速，“回炉奶”事件的发生正值销售旺季，危机公关不力，使其销售受到冲击，对下半年的产品销售造成一定负面影响。此外，因与“回炉奶”事件直接相关，短期内郑州光明山盟乳业生产线停产整顿，给企业发展和职工生活带来不良影响；事件发生后，媒体负面报道不断，使公司的股价大幅下挫，部分二级市场的投资者蒙受巨大损失，这些都产生了一系列社会问题。

【本章小结】

公共关系危机具有突发性、严重危害性、不规则性和舆论关注性的特征。按照危机的性质、发生的程度及外显度可将危机划分为若干类型。公共关系危机处理具有重要的意义，处理公关危机事件时必须采取相应的公关对策。

【本章思考】

1. 什么是危机？什么是危机公关？
2. 公关危机是如何引起的？如何预防公关危机？
3. 危机公关有哪些原则和对策？
4. 简述公共关系危机处理的意义。
5. 如何预防公关危机事件？

第十章　公关礼仪艺术

【学习目标】通过本章的学习，了解现代礼仪概念及基本构成要素，把握现代礼仪的实施原则，学习掌握办公室的礼仪艺术，重点掌握商务活动和服务行业礼仪，以便更好地工作和生活。

第一节　现代礼仪的要素及实施原则

现代礼仪是人类精神文明的重要体现，讲求礼仪是为了建立和发展良好的、和谐的社会交往关系。人们要自觉学习和遵守现代礼仪，才能在生活、生产、经营活动中，营建和谐的公众环境，为企业发展和社会进步服务。

一、现代礼仪的概念及分类

（一）现代礼仪的涵义

现代礼仪，是指人们在现代社会交往中，共同遵循的行为准则与规范。在礼仪的实施过程中，交往双方都要表现出对对方的尊重、恭敬、友好、谦和、诚恳，这是尊重互换、情感互通的过程。所以说，现代礼仪既可以单指为表示敬意而隆重举行的某种仪式，又可以泛指人们交往的礼节、礼貌。

现代礼仪有三个要素，即仪表仪容、语言（包括书面语言和口头语言）、仪态，这三要素也是现代礼仪的基本表现形式。

遵守现代礼仪是现代人实现自身价值的重要手段和途径。在现代社会中，人们只有通过讲究礼仪，才能建立良好的合作关系，才能得到帮助和被群体接纳；个人的能力、才华、业绩、成就和形象，才能得到社会的认可和好的评价。

（二）现代礼仪的分类

礼仪是人们在长期的生活实践中因风俗习惯而形成的共同遵守的行为规范。尽管由于地区、民族、国度的不同而导致礼仪形式各异，但从本质上看，所有的礼仪都有敬重、友好、谦恭、关心、体贴别人之意，都是通过仪表仪容、仪态、语言表现出来，从而反映出人们的文化心态、内在精神、道德观念、历史传统等。因此现代礼仪主要由仪表仪容礼仪、仪态礼仪、语言礼仪构成。

1．仪表仪容礼仪。仪表，是一个人的外表，主要包括容貌、姿态、服饰三个方面。仪容，主要是指一个人的容貌。仪容是仪表的重要组成部分。仪表仪容是一个人的精神面貌、内在素质的外在体现，是社交中不可忽视的重要因素。

在中国这样一个古老而又文明的国度里，历来注重社会交往中如何待人和交往形象问题。随着社会的发展，人们为了树立良好的个人形象，越来越注重追求仪表美。人们努力以仪表堂堂、容貌秀丽、风度翩翩、装扮得体、气质高雅的形象维护个人的自尊，同时也体现出对他人的尊重。

诚然，一个人的先天条件对其仪表有着重要的影响，但是一个人的仪表仪容美，起决定作用的还是其内在的素质。物质条件如服饰、化妆等，表现的只是一种形式上的美，是没有灵魂的美。真正的美，应该是一个人高尚的道德情操、进取向上的生命力、深刻的审美情趣等内在美的自然展现，是外在美与内在美的统一，是形式美与灵魂美的统一。

2．仪态礼仪。仪态，又称“体态”，是指人的身体姿态和风度。姿态是身体所表现的样子，风度则是内在气质的外在表现。人的一举手、一投足、一点头、一弯腰乃至一颦一笑，并非偶然和随意，这些行为举止自成体系，像有声语言那样具有一定的规律，并具有传情达意的功能。人们可以通过自己的仪态向他人传递个人的学识与修养，并能够交流思想、表达情感。伟大的艺术大师达·芬奇说：“从仪态了解人的内心世界、把握人的本来面目，往往具有相当的准确性和可比性。”用优良的仪态礼仪表情达意往往比语言更让人感到真实、生动。容貌与穿着的美，在很大程度上具有先天性与物质性；而仪态美则是一种深层次的美，能表现出真实的自我。

3．交谈的语言礼仪。交谈是交流思想和表达情感最直接、最快捷的途径。在人际交往中，因为不注意交谈的礼仪规范，或错用了一个词，或者多说了一句话，或不注意词语的感情色彩等而导致交往失败或影响人际关系的事，时有发生。

美国哈佛大学前校长伊立特曾经说过：“在造就一个有修养人的过程中，有一种训练必不可少，那就是优美、高雅的谈吐。”可见，在交谈中只有遵循一定的礼仪规范，才能达到双方交流信息、沟通思想的目的。

二、现代礼仪的实施原则

许多人在陌生的环境中往往感到手足无措，以致在紧张与无知的情况下举止失礼，究其原因，主要是由于国度、地域、场合和交际对象的不同，现代公众礼仪的内容与形式也就有所不同。其实，人们各自交往活动自始至终都有一些共同的规律可循，即礼仪的实施原则。探讨这些实施原则，有助于社交基本礼仪的规范，增强人们对礼仪的认识，进而加强礼仪在社会交往中的指导作用。

实践证明，在现代日常社会交往活动中，公众实施基本礼仪，应遵循下列原则。

1．自信与微笑的原则。自信是人的意志与力量的体现，是交际者应具备的重要素质之一，也是保持标准化礼仪规范的前提。许多人在社交场合并不是不懂得礼仪规范，他们最大的心理障碍就是胆怯，主要表现为紧张、害怕、手心出汗、表情呆滞、语无伦次、手脚不自觉地做“小动作”等，结果笨拙的言行带来无意的失礼。因此，在与人交往中，不要过多地考虑“别人会怎么看我”，而应当努力来表现有礼有节、充满自信的自我。有了从容的心境，才可能表达对社交对象的友好，才可能完成彼此的交流与沟通。

轻松适度的微笑，能给人以谦虚、真诚、友好的印象。美学家认为，在大千世界万事万物中，人是最美的；在人的千姿百态的言行举止中，微笑是最美的。在大多数场合，人们喜欢在生活中见到笑，微笑还可以给人以力量、帮助交往的双方战胜自卑与胆怯。在礼仪交往中，就应当保持自信与微笑，创造良好的人际关系。

2．理解与宽容的原则。只有人与人之间的相互理解，才能进行感情沟通。一般来说，交往双方的心理总存在一定的距离，存在不相容的心理状态，这种差异会在交往者之间产生思想隔膜，甚至会使关系僵化。要想缩小这种心理上的差异，求得人与人之间能多一份和谐、多一份信赖，就必须懂得别人的思想与态度，能理解与自己观点、立场、态度不同的人。在理解别人的时候，要尽量设身处地地站在他人的角度去考虑问题，不要主观臆断或误解。只有在别人真正体会到你是真正理解他时，才可能使他与你推心置腹，从而结成相互信赖的关系。

惟有宽容，才能排除人际交往中的种种障碍。金无足赤、人无完人，熟能无过？况且，过错的原因也不一定是人的主观意图不正。在与人交往中，如果出现意见相反，或对方伤害了自己的尊严，侵犯了自己的利益，即使是听不入耳、看不顺眼的言行，也应以宽容之心予以谅解。不能宽容他人的人，往往会得理不饶人，对无理者或失礼者纠缠不放，挫伤其感情，使对方产生更加强烈的对抗心理。

理解宽容是通往彼此内心的桥梁。应当记住，共性寓于个性之中，人们应该维护和发展共性，以理解和宽容来增加人们之间的凝聚力。

3．真诚与守信的原则。只有真诚，才能体现对他人尊重，也才能得到他人的信任和尊重。在人际交往中，人们展示良好的行为、姿态、服装等，目的就是为了树立良好的个人形象，获得他人的赞许和承认，使他人能够友好地与自己相处和合作。在人际交往中，表里不一、口是心非、缺乏真诚的人，尽管在礼貌礼节方面无可指责，但最终还是不会给人留下好印象，使正常的交往难以维持。与人交往应从友善平等的愿望出发，诚心待人，不能虚情假意，心有恶念或非分之想或无端怀疑他人，更不能因为地位的高低而阿谀奉承或盛气凌人。

市场经济的实质就是信用经济，只有守信，才能发展经济，促进社会和谐。信用是现代商品经济的脊梁。守信是人的立身之本、企业的无形财富，是市场经济的黄金法则。人际交往必须遵时守信，赴约时应准时或稍稍提前，承诺的事情务必完成。在人际交往中，不守时、失约、言而无信等，都是失礼的行为，是令人反感的。在与人约定了时间后，不可轻易更改；若必须更改，应尽早通知对方并致歉，以免造成更坏的影响。向他人承诺的事，必须力所能及，一旦答应，就必须做到。如果最终办不到，比不答应更失礼。

4. 谦虚与相互尊重的原则。人人都渴望被他人所重视，人人都有自尊心。因此，尊重他人，是人际交往礼仪中不可忽视的原则。在与人交往时，有的人趾高气扬、夸夸其谈，甚至蔑视或侮辱他人人格以求自尊。事实上，不尊重他人的人，是不会受到他人尊重的。

在实际生活中，往往是越有修养的人越谦虚。他们待人随和，不是总强调自己的主观意志，也不强求他人按自己的爱好与习惯来生活。谦虚的人总会使与他交往的人感到自己存在优点、自己受到重视，感受到交往的快乐，从而使大家都乐于与他接近。一个真正知礼的人，会在内心深处意识到，无论在何时何地，宁可把“自尊”放在第二位，也不能对他人随便无理，从而充分体现出虚怀若谷的胸怀。

5. 热情与关心的原则。热情的人使人觉得容易接触，愿意与之交往。在公众交往中，如果对事物或人保持热情，即给予关注、欣赏和赞扬，可以获得良好的人缘。有的人与人交往时，总给人以冷若冰霜的感觉，会被人认为高傲或故意摆架子。这种情况有的是因为个人性格孤僻，不善交际；有的是因为“玩深沉”或自命“清高不凡”。不论什么原因，在交往中拒人于千里之外，对人对事冷漠置之都是失礼的。热情是相互的，不关注任何事物的人，同样也不会被别人关注。人生在世，任何人都会遇到困难；遇到困难时都希望得到帮助，被帮助者在得到慰藉的同时，会感激与尊敬帮助过他的人。助人为乐是一种高尚的道德情操，主动真诚地关心他人是建立良好人际关系的前提，因而在公众礼仪中，应该坚持关心原则。

6. 遵守社会公德的原则。社会公德，是指一个社会的公民为了维护整个社会生活的正常秩序而共同遵循的最简单、最起码的公共生活准则。人们都生活在一定的社会关系之中，如果没有一种共同的行为规则，社会就难以井然有序。因此，社会要求每个人都要敬老、尊贤、爱幼、乐于助人、爱护公物、遵守公共秩序、维护正义等。遵守公德是文明公民应当具备的品质，也是一种礼貌的行为；不遵守公德，就是不尊重他人，也就是不尊重自己。

社会公德涉及的往往是细微的、容易被忽视的事，“勿以善小而不为”。一个人的举止是否文明，最好的判断标准就是看他遵守社会公德的情况如何。

总之，要想在公共关系中处于主动并获得成功，就应自觉遵守公众常用礼仪的实施原则。

第二节　办公室礼仪

办公室是单位对内对外的“窗口”，既是工作场所，也是社交场所。因此，办公室礼仪，即办公室工作人员的工作礼仪，既是工作的需要，也是社交的需要。办公室礼仪的内容很多，在此主要以企业为例，重点介绍办公室工作人员的接待礼仪、交谈礼仪和电话礼仪。

一、办公室接待礼仪

（一）办公室的致意礼仪

礼貌地致意，是人们见面时必须遵守的礼节，它会给人一种愉快的感受，在办公室内常见的致意礼有点头礼、握手礼和鞠躬礼。

1．点头礼。以点头礼向长者、领导、同事及客户表示致意和打招呼时，必须充满诚意。点头时，要面部略带微笑，两眼正视对方。如果是坐着行点头礼时，应微微欠身。

2．握手礼。握手时，要让主人、长者、身分高者、女士先伸手，然后马上回握。但是，如果对方忽略了谁先伸手的礼节而先伸出了手，也应立即回握。

握手时，要注意方式，自然平等的握手姿态应当是：双方的右手手掌都处于与地面垂直状态中相握，握手时要注视对方，微笑致意或简单地问候、寒暄几句。

握手的方式要因人而异。与长辈或上级握手时，应伸过手去擎着对方的手，不能过于用力；与下级或晚辈握手时，要热情地把手伸过去，以示亲切，时间一般不要太短，用力不要太轻；与老同事、老朋友、老同学握手时，应远远地把手伸过去，要紧紧地握住对方的手，以表达不期而遇的喜悦；与异性握手时，应视熟悉程度相握，一般不可用力，只是象征性地轻轻一握即可。人多时，握手不要交叉，一般是与长者、上级、女士先握。与顾客握手时，可随握手时说“欢迎”之类的礼貌用语。

握手时不能戴手套，如果来不及脱掉，应向对方致歉。另外，要注意握手的礼仪规范。

3．鞠躬礼。鞠躬，即弯腰行礼，我国古已有之。它不仅是我国传统的礼仪之一，也是世界上有些国家常用的礼貌。在办公室内，只有在接待习惯于鞠躬的外宾（如日本人等）时，才使用。鞠躬的深度视对受礼者的尊敬程度而定。

4．其他致意礼。致意礼的方式很多，如举手、起立、欠身、鼓掌、抱拳、合十、拥抱等，在这里不再一一介绍。总之，举止得当、文雅大方、不卑不亢，不仅能表现出一个人的良好修养和风度，也能反映出一个现代办公室的管理水平。

（二）待客的礼节

待客应热情、服务周到、注重礼节，具体应注意以下几方面问题。

1．做好准备工作。为给客人留下良好的第一印象，应收拾整理待客场所，并备好水果、饮料、食品、烟具、茶具等，以免临时手忙脚乱。需要迎接的，应提前进入迎接场所，如果素不相识，应了解其外貌或备好迎接用的寻人告示牌；需要全日程接待的，应提前安排好食宿、陪同、交通等事宜。

2．迎接应及时、热情。在家中接待客人，不要赤脚或只穿内衣、裤衩、睡衣，如事先来不及更换，应先向客人致歉请客人稍候，并迅速及时更衣再开门迎客；迎接客人应致热情诚恳的欢迎语；客人有随身携带的物品，应帮助接下并放在适当的地方；若客人奉送礼物，主人应双手相接并致谢。

3．待客周到得体。客人进入室内，主人应热情服务。客人脱下的帽子、大衣、鞋等，主人应帮助放置；可根据温度高低，为客人递毛巾、开空调或风扇等；夏天宜备上冷饮，冬天可沏上热茶；敬烟时，应将烟盒上部朝向客人，用手指轻弹出几支让客人自取，不要用手指取烟递给客人。为客人点火，最好打一次火只为一个客人点烟，最多不超过 2 人；火柴宜吹灭后再放入烟灰缸。

与客人谈话，应亲切热诚，举止大方得体。对客人的来访与谈话，不应表现出烦躁与厌倦。如当客人的面看表、收拾房间、吵嘴、教训孩子等，给客人冷板凳坐、不搭理客人，这些行为都很容易引起客人的误会。

客人告辞，应热情挽留。客人离开，应将客人送至门口并且目送客人走远，切忌客人刚出门就很响地关门。

二、办公室工作人员的谈吐礼仪

办公室既是办公场所，又是交际场所，因此，交谈是必不可少的，且是十分重要的。讲究办公室谈吐礼仪，是办公室工作人员必须具备的基本素质。中国有一句古话："良言一句三冬暖，恶语伤人六月寒"。也就是说，同样一句话，采用不同的表达方式会产生不同的效果。语言有好坏之分，美丑之别，文野之界。有的人吐珠纳玉，使人有如饮醇醪、如沐春风之感；有的人语言粗野，恶语伤人，则令人为之赧然。由此可见，礼节礼貌的谈吐，不仅能使交往对象获得精神上、心理上的快感，也有助于缩短彼此之间的距离，调节交往双方的关系。

（一）谈吐要求

1．谈吐要规范典雅。规范典雅的谈吐，能引起对方满意的反映。

2．谈吐要真诚。真诚的谈吐，能使人感到可以信赖。

3．谈吐要委婉。委婉的谈吐，不仅能完整、曲折地表达自己的意思，还能使对方感到你是在为他着想，或感到合情合理，使对方乐于接受。

4．谈吐要谦和适度。过分的谦和，会使人感到肉麻，有时还会丧失自己的身份甚至人格。

5．谈吐要有风度。谈吐风度是指一个人内在气质的言语表现，是一个人涵养的外化。谈吐时风度翩翩，不仅具有强烈的人际吸引力，也使人仰慕不已。

6．谈吐中适当运用幽默语言。幽默能给人一种美感的享受，它是人际关系的润滑剂，它能调节气氛，缩短距离，可以塑造愉快的气氛。

（二）交谈用敬语

办公室工作人员在交谈时，要善用"敬语"和"谦辞"。对对方要善用敬语，如"贵公司”、“您”、“您老”、“先生”、“师傅”、“老师”、“大夫”、“小姐”、“夫人”，在“经理”、“厂长”、“主任”、“工程师”、“教授”等称谓前面要冠之以姓。对自己要用谦辞，如“愚弟”、“家父”、“小女”等。

总之，礼貌的谈吐不仅展示了自己的文化修养，同时也能引起对方的满意反应，形成一种友好的交际情感氛围，产生最佳的社会效应，从而起到为本单位树立良好社会形象的作用。

三、办公室电话礼仪

（一）电话礼仪的意义

当用户第一次打电话到某公司时，接电话者明朗的声音、清晰的吐字、礼貌的语言和适度的措辞，会使对方留下深刻而又美好的印象，同时也会使对方对该公司产生深刻而美好的印象。反之，对方就会对接电话者和该公司产生不好印象。因此，每一位电话接听者都要有代表该公司的意识。这样，不但树立了公司的良好形象，同时自己也给对方留下了良好的印象。

（二）电话礼仪要求

办公室工作人员在接听电话中要注意以下几方面的事宜：

1. “您好”之后请报公司名称；
2. 接听电话应随时保持笑容；
3. 姿态应正确，声音应明朗；
4. 电话应对中的声调宜悦耳、动听；
5. 不要让铃声响的太久；
6. 应用左手握话筒，右手执笔；
7. 正确记录所要传达的事；
8. 通话完毕应让对方先挂断电话；
9. 确认对方姓名时，一定要注意礼貌；
10. 在办公室内避免打私人电话；
11. 避免让对方久等；
12. 学会耐心接听电话，切忌在电话应对中表现出不耐烦的口吻；
13. 电话记录中，应特别注意数字号码，传达重要数字应使用两种不同的说法；
14. 要熟知到达公司的各条交通线路；
15. 拿起电话时，请中断其他的交谈；
16. 工作以外的时间，因公务打往私人住宅的电话，首先要考虑对方是否方便。

第三节 商务活动礼仪

商务活动是企业除生产之外最频繁的组织行为，狭义的商务活动泛指与商务直接相关的如采购、销售等活动。商务活动礼仪是商务活动中拉近双方距离的桥梁，是商务活动的手段。商务人员的礼仪、礼节，在一定程度上反映了一个国家、一个民族或是一个人的文明、文化程度和社会风尚，从而影响商务者合作的态度。

一、商务拜访的礼仪

商务活动中的相互拜访，可以交流信息、沟通思想、增进友谊，因而是商务活动的一项重要内容。拜访看似简单，其实只有懂得并遵循拜访礼仪的人，才可能使交流在一种和谐、欢愉的氛围中进行；否则，宾主双方难以沟通，可能会处于尴尬或厌烦之中。拜访时需要注意以下方面的问题。

1．拜访要经常化，并事先约定。在商务活动中，应使拜访经常化，切忌“无事不登三宝殿”。只有这样，感情联系才可能紧密牢固。拜访的时间应选择恰当，最好事先约定，以免吃“闭门羹”，也利于主人安排时间和准备待客。拜访一般应避开吃饭和午休，晚上不宜过晚拜访，而且谈话时间也不宜过长，以免影响主人休息。如果因急事或无法预约而直接拜访，则应向主人致歉并说明原因。

2．拜访应注重仪表。整洁的仪表服饰反映来访者对主人的尊敬程度，因此男性应刮胡子，头发整齐干净；女性应适当化妆。鞋应干净，不可穿背心、拖鞋拜访。入屋时，要脱下帽子、墨镜、大衣、围巾等，因为在室内穿戴以上衣物都是失礼的。

3．拜访言行要礼貌规范。上门拜访，可携带小礼品，以增进感情。至门前，应先轻声敲门或按门铃，回答主人询问“谁呀？”时不能回答“是我”，而应当自报姓名。开门后，不可径直闯入，应问好，并简短说明来意，待主人邀请进入后，方可入内。若敲错了门，应向人致歉并顺便打听受访者的住所。进屋后，应向所有相识的人打招呼，并向陌生人点头致意。主人请入座，应道谢，并按主人指引的座位入座，不可见座就坐。主人敬茶，拜访者应欠身双手相接，并致谢。茶水过烫，可揭盖凉置，放杯盖时盖口应朝上，喝茶时忌讳边吹边喝。喝茶应细品，不可一饮而尽。在征得主人同意后方可吸烟，且不可乱弹烟灰，烟头应掐灭后放入烟灰缸内，不可让它自行熄灭，接敬烟时，要致谢，即使不吸，也应说“谢谢，我不会抽”。在拜访中，不要东张西望，也不要随便翻动。对于主人的隐私，不要随便打听。

拜访时间不宜过长，告辞应注意礼貌。主人挽留可稍留片刻，多数挽留是出于礼貌，客人应主动自觉告辞。告别前，可向主人说告别语及感谢语，如“打扰了”、“谢谢了”等。对其他成员及客人也应致告别语。

二、商务洽谈礼仪

与一般的会见活动相比，洽谈活动具有时间长、内容多的特点，往往会涉及各方的实际利益，因而它是商务谈判活动的中心。任何成功的谈判，都是一定方式之下的圆满的洽谈。在圆满的洽谈活动中，遵守洽谈礼仪毫无疑问占有重要地位。当然，在洽谈活动中，遵守了洽谈礼仪未必就能使谈判一举成功。但是，如果违背了洽谈礼仪，却会造成许多不必要的麻烦，甚至给达成协议造成威胁。因此，在洽谈活动中，除遵守会谈礼仪的一般原则外，还必须严格遵守洽谈活动中的礼仪。

（一）座次安排的礼仪

座次安排是洽谈礼仪中一个非常重要的方面。虽然各国的风俗习惯有所不同，但仍然存在一定的国际惯例，即一个多数人能接受或理解的安排方式。座次的基本讲究是以右为尊，右高左低。这里所谓的高低是指洽谈参与者身份地位的高低。业务洽谈（特别是双边洽谈）多使用长方形的桌子。通常宾主相对而坐，各占一边。谈判桌横对入口时，来宾对门而坐，东道主背门而坐。谈判桌一端对着入口时，以进入正门的方向为准，来宾居右而坐，东道主居左而坐。双方的主谈人是洽谈中的主宾和主人。主宾和主人居中相对而坐，其余人员按照职务高低和礼宾顺序分坐左右，原则仍是以右为尊。这样，主谈人右手第一人为第二位置，左手第一人为第三位置，右手第二人为第四位置，左手第二人为第五位置，依此类推。记录员一般位于来宾的后侧，翻译员位于主谈人的右侧。参与洽谈人员的总数不能是13，可以用增加临时陪坐的方法避免这个数字。多边洽谈一般采用圆桌的形式。有时为了强调对主宾的尊重，己方人员有不满座的习惯，即坐2/3即可，但须视情形而定。座次排列属于重要的礼节，来不得半点马虎。为了避免因出错而失礼或导致尴尬的场面，在座次安排妥当后，在每个座位前可安排一个名签以便识别；也可安排引导员对来宾落座加以指引。

（二）谈判的语言礼仪

谈判的语言能充分反映和体现一个人的能力、修养和素质。

1．谈判的用语

在谈判中，应根据实际情况选择恰当的用语，表明自己的立场、观点、态度和意思。谈判中常见的用语有五种，即礼节性的交际语言、专业性的交易语言、弹性语言、幽默语言、劝诱性语言等。

谈判用语的基本要求是清晰、明确，能充分、完整、快速、确切地表达己方的意见和意思。用词要精炼，概念要明确，判断要恰当，推理要严谨，观点要独立，说服力要强。须注意的是：由于礼仪的规范，洽谈中话语的字面含义同其实际表达的隐含意义并非完全一致。有时字面含义是简单无歧义的，但其后却蕴含了复杂微妙的意思。能透过对方话语的字面含义识破其心机，深入、准确把握对方的意思，从而做出相应的反应，是谈判人员的一项重要素质。既遵守礼仪维护洽谈气氛，又维护已方利益在谈判中是难能可贵的。因此谈判用语既要准确明白，又要文雅中听。粗暴无礼的语言，有伤他人自尊心的话语、埋怨、责骂、挖苦、自夸的话语，都要尽量避免使用。用语是否有引起曲解的可能，这些问题涉及多方面的素质和要求，难以作细致的分析，须在实际操作中具体把握。

还要把握好谈判的语气、声调、语速。有时，运用加强语气、提高说话声音以示强调，或显示说话者的信心和决心。这样做要比使用一长串的形容词效果好。说话声音的改变，特别是如能恰到好处地抑扬顿挫，会使人消除枯燥无味的感觉，吸引听话者的兴趣。此外，清晰、准确的发音，圆润动听的嗓音，也有助于讲话的效果。

总之，语速、语调和声音大小要视具体情况而定，但一定要在人为控制中。谈话者不能失去内心的平衡，这样才能根据洽谈的气氛、洽谈的具体内容来正确运用商务洽谈的语言，达到预期的洽谈效果，实现预期的洽谈目标。

洽谈用语的禁忌：虚情假意，生编硬造，玩弄花招，设置陷阱，欺骗对方；出言不逊，恶语伤人，斥责、讽刺对方；陈述空洞无物、枯燥生硬、杂乱无章，让对方听了不知所云；常用以自我为中心的、过分专业化的、极端化的语言；不倾听对方意见，把意见强加于人，妄图压服对方；用词失当，陈述欠佳，说话平淡，甚至讲话尖酸刻薄、粗俗下流、声调高、嗓门大，或唾沫四溅，令对方尴尬生厌；声音高亢、尖锐、嘶喊，或大声狂笑，或发出粗鲁、不悦耳的声音等。

2．体态和手势

（1）体态。体态是一种语言。一方面，在洽谈中，有人会有一些不经意的动作，能透露出有关内心动静的有用信息。人在某种环境下，可以通过自觉的意识，在语言、语气等方面显示出强硬和雄辩，表现得信心十足，决不后退，但因为内心并不踏实，没有把握，便在下意识中借助一些动作来掩饰自己，平衡内心的紧张和冲突。比如：频繁地擦汗、抚摸下颚、敲击桌面等，都反映出心情的紧张不安。有经验、训练有素的洽谈人员颇能自我控制，能最大限度地避免无意识的动作，在任何情况下都镇定自若、不慌不忙，显示出风雨不动稳如泰山的风度。另一方面，自觉的体态运用也能微妙地、不知不觉地影响对方的心理。例如：抱着胳膊，这表示警觉和戒备心理；摸鼻梁，扶眼镜，同时闭目休整，其实却表示正在集中精力思考某个问题，准备做出重大决策，有时也表示进退两难的情况在内心引起的紧张；握拳或紧握双手是信心十足、自我鼓励的反应；还有一些下意识的动作反映焦虑和不知所措。以上这些体态能增加一个人的潜在影响力，表现出一定的人情味，也是一种礼仪和风度，在洽谈活动中是不可或缺的增效剂。

（2）手势。手势是另一种重要的身体语言，在洽谈过程中有助于表现自己的情绪，更好地说明某个问题，从而增加说话的说服力和感染力。手势要自然大方、恰到好处。

- 太做作地有意做某个手势，会给人以虚假做戏的感觉。
- 手势如果过多过密，就会分散对方的注意力，甚至引起对方的厌烦心理。

- 做手势时如果动作过大，将手伸到越过双方距离中界线的地方，会让对方感觉侵入了自己的身体空间，有故意挑衅之嫌。
- 在比划双手时一般不要超出双肩以内的范围，否则给人以手舞足蹈、轻浮乃至轻狂不实在的印象。
- 手势不可太拘谨，生硬怯懦，缩手缩脚，既显得缺乏应有的自信，也难以引起对方对你的信赖感。
- 手势要注意与说话时的语速、音调、声音大小密切配合，不能出现脱节的滑稽情况。
- 做手势时应把握好手势的力度，给人以轻重合适、表达自然的感觉。
- 体态和手势应视具体情况而定，以文雅含蓄为准，不可失控失态。一旦由于情绪激动而做出某种失礼的姿态和手势，应勇于承认错误，主动向对方致歉。

3．距离和面部表情

人与人之间的空间距离与心理距离联系密切，空间距离大小直接影响洽谈双方心理上的距离。一般情况下，人们交谈时，无论站、坐，都要保持一定的角度，避免直接相对。谈判中，较合适的双方距离应在 1～1.5 米之间，这个距离也是谈判桌的常规宽度。距离过大，双方交谈不方便，难以相互接近，有谈不到一起的感觉。距离太近，生息相通，显得人为地过分亲近，使人觉得不自在，浑身难受，难于进行良好的交流。距离的变化可以传递某种信息，反映交谈者的不同心态。相互间移近，可能表示交流良好、有兴趣，是一种友善认同愿望的自然流露，有极强的感染力。

面部各个器官的动作能展示出内心多种情绪和心理变化。洽谈活动中，有人嘴唇紧闭，唇角下垂，眼睛睁大紧盯对方，有时甚至牙缝中挤出话来，这表明他是一个有攻击性和敌意的人，有一种不是你死就是我活的心态。有人满脸堆笑，目光闪烁，眉头不动，这反映了其内心游移不定。有人面带微笑，脸露真诚，眉目平和安定，虽无咄咄逼人的气势，但却反映了一种内在的力量，可能是个有能力、难以对付的强手。

在面部表情中，眼睛是最富有表现力的。洽谈人员必须正确运用自己的目光。一般说来，目光以看着对方脸的上部三角部分，即双眼为底线、前额为上顶角的部位为宜，这样既能把握洽谈的进行，有不致因无礼而导致对方不快。视线接触对方脸部的时间正常情况下应占全部谈话时间的 30%～60%，超过或不足都有点失态。时间过长，如对方洽谈人员是女性，就显得更为失礼。如注视对方的时间太短表明对其谈话兴趣不大，有点心猿意马、三心二意了。目光注视对方的正规做法是散点柔视，这样既显示真诚，又不会使对方感到不自在。对视的时机要正确把握，一般视交谈内容而定，当强调某一问题时，或当对方注视你、发出交流信号时可对视。其他情况下要视对方脸部为一个整体，不要将目光集中于对方的某一部位，目光要柔和。瞪与盯是非常规的目光，须慎用。斜视是无礼的举动，不应使用。

需要注意的是，由于文化背景、心理心态习惯的不同，对目光的运用在各国有较大差异，这在进行涉外商务谈判时要格外小心。欧美国家的人大多倾向于在谈话时双方对视，认为这样方显坦诚相待、相互信赖。他们认为只有心怀鬼胎、居心不良，才害怕看别人的眼睛。然而也有例外。比如，英国人一向以传统保守著称，他们在交谈时不喜欢打量对方，对两眼盯着对方的人特别反感，认为这会使对方紧张难堪，是不礼貌的行为。日本人交谈时一般看着对方的脖子。在地中海沿岸，人们的行为习惯不同于欧洲大陆其他地区，他们普遍认为目光呆滞无神是某种凶险的预兆，因而忌讳瞪眼直视，尤其是直而失态的盯视，害怕由此带来不吉祥。总之，了解对方的习惯很重要，如一时仓促上场，应尽量以平静目光注视对方，显出坦诚与尊重，表明认真地倾听对方的意见，或认真回答对方的提问，阐述你的意见，减少表情、目光运用的复杂性，同时注意随时观察对方的心理活动，及时做出应有的调整。

4．女性的举止礼仪

举止和谈吐是女性在商务谈判活动中须注意的一个方面。女性的站、坐、走姿均有各自的规定性，不可等同于男子礼仪要求。女性坐下时应双腿并拢，端坐在椅边，坐下后注意整理一下衣着。行走时，头部要端正，不宜抬得过高，目光须平和，直视前方。行走间上身自然挺直，收腹，两手前后摆幅要小，两腿收拢，身子自然挺直，不能乱晃乱动。在业务洽谈中应注意语调、声音的正确应用，既要有自尊自重的态度，又不失女性的温柔，切忌用撒娇的语调或不庄重的语调进行洽谈。

三、交换名片

交换名片是人们交往中常用的一种方式，使用时有许多讲究。名片通常在社交的礼节性拜访中、日常商业性质的横向联系与交往中、某些表达感情或表达祝贺的场合中使用。

交换名片时应按照“先客后宾，先低后高”的原则进行，当与多人交换名片时，应按照职位高低或者由近及远的顺序进行，切忌跳跃式进行，以免让对方有厚此薄彼之感。

递接名片通常是在自我介绍或经人介绍后进行，接受他人名片时应毕恭毕敬，马上说一声“谢谢”。如果可能的话，最好用半分钟左右的时间从头至尾默读一遍对方名片所载内容，不懂之处可以当即向对方请教，而不可以有意识地读出声来。重复一下对方名片上所列的职务或单位，以示仰慕。看过的名片应郑重地放好，若随手一放则是对对方的不恭。接受别人名片之后，理应随即将自己的名片递过去，如果到处寻找或错把别人的名片递过去，则是严重的失礼。

在递名片时，应用双手捏住名片的两个角递上，名片上的字体应正面朝向对方，目的是让对方能够直接读出来。这时应和对方说：“请多关照”、“请多指教”等，以示客气。

四、介绍礼仪

介绍是指从中沟通，使双方建立关系的意思。社交活动的正常进行，离不开介绍礼节的运用。

1．介绍先后顺序。一般来说，先将男性介绍给女性，将年轻者介绍给年长者，将职位低的介绍给职位高的，将主人介绍给客人，将迟到者介绍给早到者，将未婚的介绍给已婚的。

2．正式介绍和非正式介绍。正式介绍是指在较为正规、郑重的场合所进行的介绍，一般需特别注意礼仪规范。介绍时应采用“请允许我向你介绍……”的说法；而且介绍完，不要马上离去，以避免被介绍双方陷入尴尬局面。

非正式介绍是一种比较随意性的介绍，可不必过分拘泥于礼节。

3．介绍他人、自我介绍、被人介绍。介绍他人之前，最好了解双方是否有结识的愿望，切不可冒昧引见；介绍时应遵循介绍的顺序规则。

自我介绍是跨入社交圈、结交更多朋友的好办法。当主人忘记介绍，而你又想结识周围的人的时候，最好的办法就是作自我介绍。自我介绍的内容可以简单些，只需简单地介绍自己的姓名和工作单位，如“我是王兰，在北京大学工作，认识你很高兴。”

被人介绍，是别人将你介绍给对方，这时你作为被介绍人应站在另一被介绍人的对面，等待介绍完毕，应说“你好”、“见到你真高兴”等语言，也可顺势递上自己的名片。

五、宴请礼仪

宴请是指盛情约请谈判双方及有关人员宴饮的聚会。它是商务谈判中常见的交际活动之一。谈判中，尤其是签约仪式后，谈判的一方（一般是主方）通常宴请谈判双方及有关人员。

（一）宴请方式

宴请种类复杂、名目繁多，各国宴请都有自己国家或民族的特点和习惯，因此宴请的方式多种多样，主要有以下几种方式。

1．中餐宴请。它是中国传统的具有浓厚的民族色彩的宴会。它要遵循中国的饮食习惯，饮中国酒，食中国菜，用中国餐具，行中国的传统礼节。

2．西餐宴请。它是采用西方国家举行宴会的布置形式、用餐方式、风味菜点而举办的宴请活动。它要遵循西方的饮食习惯，摆西餐台面，吃西式菜点，多用刀、叉、匙进食，采用分食制，常在席间播放音乐。

3．茶会。它是一种比较简单的招待方式。席间一般只摆放茶点、水果和一些风味小吃。谈判双方共聚一堂，饮茶尝点，漫话细叙，形式比较随便自由。有时席间还安排一些短小的文艺节目助兴，使气氛更加喜庆、热烈。

4．鸡尾酒会。它是西方传统的聚会交往的一种宴请方式，盛行于欧美等国家和地区。鸡尾酒会规模不限，灵活、轻松、自由，一般不设主宾和座位，绝大多数客人都站着进食，各方人士可互相倾谈、敬酒。鸡尾酒会有时与舞会同时举行。

5．冷餐酒会。它是西方国家较流行的一种宴会方式。可分为立餐和坐餐两种形式，一般是用冷菜、酒水、点心、水果来招待客人。菜点和餐具分别摆在菜台上，由宾客随意取用。酒会进行中，宾主均可自由走动、敬酒、交谈。

（二）宴请礼仪

举行不同的宴会，是社交活动中联络感情的一种重要手段。不管是你被别人宴请，还是宴请别人，都必须遵守一定的礼仪规范。

1．认真地备宴

筹备宴请的主要内容包括：确定宴请的目的、名义、范围和形式；确定宴请的时间、地点；发出宴请请柬；订菜；席位安排；现场布置（安排宴请程序和现场服务，含迎客、入席、致词、上菜、祝酒、就餐、餐毕、散席、送客等）考虑这些问题时，必须兼顾政治气候、文化传统、民族习惯等因素的影响。

正式宴请大都需要发出请柬，事先口头约定的也应补发。请柬要在宴请之前1～2周发出，以便被邀请者有所准备。正式宴会的请柬上一般都标明了席次号，并注明被邀请者答复是否出席。

2．礼貌地邀请

主人应略早到并站在入口处迎接宾客，主动和来宾打招呼、握手，表示欢迎，然后由领座员安排客人入席；要给不相识的客人作介绍，不要让任何一位客人受到冷落；宴会正式开始时，主人致简短的欢迎词，向客人敬酒，每上一道菜，主人要请客人用菜，同时还要引导客人谈话，调节宴会的气氛；主人要待客人都吃好了，才能示意离席，主人要一一握别，并送至门外。

3．得体地赴宴

（1）应邀后应作答复。被邀请后，无论去与不去都要作答复，让主人心中有数，便于其做安排。如果因事不能赴宴，必须提前通知对方，并表示感谢和惋惜。

（2）赴宴的准备。出席宴会前，最好稍作梳洗打扮，至少穿上一套符合时令的干净的衣服。每个客人都衣着整洁、容光焕发地赴宴，会使整个宴会充满一种隆重的气氛，从而使主人感到高兴，最忌穿工作服、带着倦容赴宴，这会使主人感到未受尊重。如果需要送花或送礼，都要做好准备。

（3）准时赴宴。赴宴者接到请柬以后，应看清宴会日期和时间，一般在宴会开始前15分钟到达即可。如确实有事无法按时到达，应及早通知主人，以免大家空等。鸡尾酒会的时间可灵活掌握。

（4）抵达致意。到达时应向主人问候致意，再向其他客人问候致意。如果是冬天，抵达后要将大衣、帽子、手套等脱去。

（5）入席就座。应根据主人的安排，找到自己的座位，不可随意乱坐。入座时，应让年长者、地位高者、女士优先；然后自己以右手拉开椅子，从椅子的左边入座。同时，应与同桌客人点头致意。入座时，不可双手托腮或随意地翻动菜单、摆弄餐具。

（6）应当事先准备好名片。被介绍给他人时，要用双手捧着名片相赠，切不要随便丢到桌子上，让别人去捡。接别人名片时，也应双手接。接到后应认真看一下，有时可有意识的重复一下对方的姓名和职务，以示尊敬和仰慕，不要漫不经心地塞进口袋。

4．主持宴会的礼仪

（1）做好准备。无论举行哪一种规格的宴请，都必须事先做好精心的安排，大小事情要考虑周全，避免因考虑不周而造成失礼。需要准备的事情有：确定宴请规格、确定宴请人数、确定宴请地点、确定宴请形式、发请柬、安排宴会的程序。如果是正式宴会，还应有对服装的要求，这一点必须在请柬中加以注明。

（2）正式宴会还要安排好席位。各地的座次安排并无统一规定，要根据具体的风俗进行设计。但是，座位的安排也有两个基本原则，第一是贵客居尊；第二是以中心定周边的原则。何谓尊？一般有三个标准，即以中心为尊、以右为尊、以面门为尊。贵客居尊原则要求居中一般为主客或长者的座位，内部人员宴会也可安排主管领导。以中心定周边指的是中座坐定后，其他客人一般以其与中位者的关系，依次安排就做，主客与陪客合理间隔作陪。

（3）做好客人的迎来送往。所有的客人到来时，都应临门迎接；离去时，都应热情话别，不能厚此薄彼。

（4）灵活把握宴会的气氛，避免出现不愉快的场面或出现冷场。

（5）点菜或叫酒水时，应注意征求客人意见，尤其是要照顾到客人的禁忌，避免因此而失礼。

5．席间礼仪

（1）服务员送上的第一道湿毛巾主要是用来擦手的（吃过饭后再用别的毛巾擦脸），有的人一上来就擦脸，甚至连脑袋都擦一遍，这是很不文雅的。

（2）宴会开始，应停止交谈，听主人致词，以示礼貌。同时，可将餐巾对折，折口朝外，平铺在自己的双腿上。

（3）宴会进行中，不能当众解开钮口、脱下衣服。如主人请客人宽衣，男宾可脱下外衣挂在衣架或椅背上。

（4）祝酒一般由主人和主宾先碰杯，然后主人再和其他人一一碰杯；人多的话，也可同时举杯示意，不一定个个碰。在碰杯时尽量不要交叉碰。

（5）主人向客人敬酒，客人应起立回敬，喝过酒后，方能坐下。

（6）吃菜、喝汤的声音不宜过大；嘴里有东西时不要说话；剔牙要有一定掩饰，女性剔牙最好去洗手间进行。咳嗽、吐痰应离开餐桌。

（7）席间，服务员给你斟酒，不要把杯子拿起来，而应放在餐桌上。每次喝完酒后，要把酒杯放回原处，不要乱放。饮酒要适度。

（8）席间，如不小心弄脏别人的衣服，应致歉，并递上手帕或餐巾纸，千万不要自己在别人身上擦，尤其是对异性。

（9）善于席间社交。每个人在宴会上都应该而且善于与同桌的人交谈，特别是左右邻座。如果男性身边坐的是女性，男性切莫让其感到被冷落。在整个宴会上一声不吭是不礼貌的。但是也不要整个宴会上只同一个人交谈，似乎对其他人全然不感兴趣，这同样是不礼貌的。

（10）退席时机的把握。不要选择在席间别人说话时退席，以免引起误会。如果自己确有要紧的事必须先走，可向主人悄悄告辞，不必惊动太多客人，以免影响整个宴会气氛。退席时，应向主人致谢。

6．其他注意事项

（1）喝茶或咖啡时，送上的小茶匙放回茶碟上，千万不要用小匙来喝咖啡。喝时右手拿杯把，左手端小碟。

（2）饮酒应控制在自己酒量的 1/3 以内，以免酒量过量，失言失态，影响整个宴会气氛。对外宾敬酒要适度，不能劝酒。

（3）宴请外宾时，可用公用餐具主动给外宾让菜，不能用自己的餐具让菜。但是，如果外宾设宴回请，对方是主人，你不要主动让菜。自己不能吃或不爱吃的菜肴，不能拒绝，服务员分到盘内时，应表示“谢谢”，不要吐舌头或做出其他难堪的表情。

（4）有些国家的客人认为在酒桌上谈生意是一种诱惑、拉拢行为，在酒席上一般不要谈及生意，以免导致自讨无趣。

（5）酒会上的谈话除了不涉及他人隐私外，对政治宗教问题也要慎重，要了解一下在座者的倾向，以免无意之中得罪客人，影响业务活动。

（6）赴宴时，注意尊重主人的民族习惯，对不合口味的菜也要吃一些。

第四节　服务行业礼仪

服务行业礼仪是通过服务人员的服务行为体现出来的。规范的服务礼仪是服务人员优良道德品质的体现，在具体工作中遵守礼仪规范是服务行业提高服务质量和提高经济效益的需要。

一、热情周到的服务态度

热情周到的服务态度，主要体现在服务人员接待顾客时的主动、热情、耐心、周到上。热情是关键，是发自内心的感情，是社会主义制度下人们共同的理想、共同的道德所激发的情感。有了这种真情实感，才能做到主动、热情、耐心、周到。

1. 主动。主动，就是服务人员在服务过程中，不能用消极等待的态度对待顾客，服务人员要主动体现出关心顾客，为顾客服务的精神。具体应做到“六个主动”：

（1）主动向顾客打招呼；

（2）主动询问顾客需要；

（3）主动递拿商品；

（4）主动当顾客的参谋；

（5）主动帮助挑选商品；

（6）主动帮助顾客排忧解难等。

2. 热情。热情，就是服务人员在服务过程中，要态度和蔼、语言亲切、讲究礼貌。在营业过程中，服务人员应做到“五声”：

（1）顾客到柜有招呼声；

（2）挑选商品有介绍声；

（3）询问商品有回答声；

（4）收款找零钱有交待声；

（5）顾客离柜有道别声。

3. 耐心。耐心，就是服务人员在接待顾客中时，要做到有问必答、百问不厌、多挑不烦，宁可自己麻烦千遍，不让顾客稍感不悦。要切实做到“六个一样”：

（1）顾客买与不买一个样；

（2）顾客买多买少一个样；

（3）大人小孩一个样；

（4）生人熟人一个样；

（5）退货与买货一个样；

（6）打烊前与营业中一个样。

另外，要虚心听取顾客的意见，沉稳地对待顾客的非难；即使顾客无理，也要善于平息顾客的激动情绪，尽量避免矛盾的激化，使营业场所保持愉悦、祥和的气氛。努力做到“四个不计较”：

（1）顾客语言轻重不计较；

（2）顾客要求高低不计较；

（3）顾客态度好坏不计较；

（4）顾客挑剔毛病不计较。

4. 周到。周到，就是服务人员在服务过程中，尽量为顾客考虑全面，出售商品时，顾客没有想到的，要帮助想到；顾客不知道的方面，要介绍到；顾客购买的零星小件商品，要代为包扎好；有时效期或保修期的商品，应向顾客交代清楚。在服务过程中，营业员要做到“接一待二招呼三，忙时必须话当先”。

二、端庄文雅的服务仪态

注意修饰自己的仪表、重视规范自己举止的服务人员，单是其外表就能给顾客以亲近感和信任感。服务人员的仪表、举止，不仅关系到自身的形象，而且关系到企业形象。因此，服务人员在接待顾客时，总的要求是仪表大方、姿势端正、精神集中、表情自然、举止文雅。

服务人员统一着装、穿着整齐、洁净大方，不仅能表明身份，体现服务业的精神面貌，而且能反映企业随时准备为顾客服务的态度；反之，衣衫不整，蓬头垢面，便会使顾客失去信任和购物欲望。服务人员不可敞胸露背，捋拳捋袖，这是严重失礼于顾客的行为。服务人员应精神饱满，笑迎顾客。服务人员在工作时间，应站立服务，身姿放松，注视顾客，若有顾客前来，应热情迎上接待。切忌倚柜、托腮，一副懒散、冷漠、邋遢、萎靡不振的神情。

举止要大方，姿态要规范。服务人员的岗位是相对固定的，其举止行为会全部展现在顾客的眼前。因此，注意行为举止，能给顾客留下良好而鲜明的印象，这是营业员塑造自我、接待顾客、搞好销售的必需条件。所谓举止大方，就是服务人员的站姿、走姿和一切举动，都要适度得当。在柜台内，应做到：三人以上一线站；二人两边站；一人中间站。站立要直，不应一脚站立一脚抖动，也不应两腿劈叉或交叉站立。走动时，步履轻盈快捷，不可应声而不动，也不要踉踉跄跄。

【本章小结】

本章首先介绍了现代礼仪的概念、分类、要素和实施原则，然后围绕公关人员的日常工作，重点介绍了办公室礼仪、商务活动礼仪、服务行业礼仪及实施艺术，是公关学习重点掌握的内容，也是公关及相关职业的职前必修的内容。

【本章思考】

1. 现代礼仪的实施原则是什么？
2. 办公室待客的礼节上应注意哪些问题？
3. 办公室工作人员的谈吐礼仪有哪些要求？
4. 在商务拜访中应注意哪些问题？
5. 商务洽谈的礼仪要求有哪些？
6. 服务行业礼仪规范的基本要求有哪些？

第十一章　公关语言艺术

【学习目标】通过本章的学习，了解社交中的基本礼节，重点掌握公关的有声语言和形体语言的设计和运用，学会基本的公关礼仪文书的写作格式和技巧。

第一节　公关语言设计

公关活动的实质是公关人员与公关对象进行信息传递的过程，得体的交往礼节、准确的表达、恰当的形体语言是成功公关的关键所在，而整个过程中起决定性作用的是公关人员的语言运用艺术。所以，进行公关语言设计，非常重要。

一、语言设计

语言交谈是公关活动中传播信息的重要手段。它以语言为媒介，使公关人员与公众得以沟通，实施公关活动。语言交谈中是否注意礼节，语言运用是否恰当，直接关系到信息沟通的效果。所以公关语言要求以语言的“礼”吸引人，以语言的“美”说服人。

在现代社会中，人们（包括公关人员）在语言交谈中首先必须掌握好的就是语言礼仪。语言礼仪是指人们在交谈中所应该注意的礼节，仪态。一般来说，它集中体现在礼貌语言的使用和谈话时的表情及声音上。

（一）“十字”礼貌用语

“十字”礼貌用语为：“你（您）好”、“请”、“谢谢”、“对不起”、“再见”。

1. “你（您）好”一词是世界上使用最为广泛的问候语。人们见面时要互致问候与寒暄，“你好”是最常用的。无论是亲朋好友还是生意伙伴或竞争对手，都可以用“你好”进行问候、招呼，从“你好”开始沟通与合作，从“你好”开始化敌为友，翻开新的一页。

2. “请”字最能体现对人的敬意，有事相托时，不要忘记说“请”字，万一需要使用祈使句时，加上一个“请”字，也会使命令的口气缓和了许多。美国人说话、写信、打电话都少不了“请（please）”字。“请坐”，“请转告”，“请您先走”，“请多费心”，“请及早复信”等。打电报时，他们宁可多付电报费，也不省掉“请”字。因此，美国电信总局每年从这个“请”字上就可多收1000多万美元。

3．“谢谢”一词经常用来感谢别人的恩惠。接受别人任何服务，感谢他人时，不要忘记说声“谢谢”。日本人说话离不开“谢谢”。据统计，一个在百货公司工作的日本职员，一天平均要说571次“谢谢”，否则就不是一个好的职员。经验表明，人们都愿意光顾洋溢着亲切和尊重人的气氛的商店。

4．万不得已需暂时离去或打断对方，或自觉不周到处，应说“对不起”。英国人最常用的词汇是“对不起”。凡事稍有打扰，便先说一声“对不起”。警察对违章司机进行处理时，先要说声“对不起”，两车相撞时，相互说声“对不起”。在这样的气氛中，双方的自尊心都得到了满足。

5．分别时别忘了说“再见”，“再见”标志沟通的结束，也给未来的新的合作埋下伏笔。“再见”能传达对对方的美好感受，是常见的礼貌用语，是交往中不可缺少的。

（二）“六不”语言禁忌

1．不讲阴阳怪气的话；
2．不讲低级庸俗的话；
3．不讲讽刺挖苦的话；
4．不讲有伤顾客自尊心的话；
5．不讲强词夺理的话；
6．不讲欺瞒哄骗的话。

（三）声音的讲究

交谈过程中，说话者的语速、音质和声调，也是传递信息的符号。同一句话，说时和缓或急促，柔声细语或高门大嗓，商量语气或颐指气使，面带笑容或板着面孔，效果大相径庭，要根据对象、场合进行调整。说话是一种艺术，要想把话说得好，正确地表达自己的意思，必须从以下几个方面注意。

1．必须发音正确、清晰易懂，否则由于口齿不清，发音不准，就会影响内容的表达。清晰易懂的发音，可能依赖平时的练习，多注意别人的谈话，多朗读书报；交谈时克服紧张情绪，讲话不急不躁，就会做到这一点。

2．说话的速度不宜太快，亦不宜太慢。说话太快会令人应接不暇，反应跟不上，而且自己也容易疲倦。有些人以为自己说话快些，可以节省时间，其实说话的目的，是使对方领悟你的意思。说话太慢，也会使人着急，既浪费时间，也会使听的人不耐烦，甚至失去谈下去的兴趣。因此，谈话中，只有使自己谈话的速度适中，即每分钟讲120个字左右，才最适宜。

3．要注意语调。人们说话时常常要流露真情，语调就是流露这种真情的一个窗口。愉快、失望、坚定、犹豫、轻松、压抑、狂喜、悲哀等复杂的感情都会在语调的抑扬顿挫、轻重缓急中表现出来。语调同时还流露一个人的社交态度，那种心不在焉、和尚念经式的语调绝不会引起别人感情上的共鸣。

在社交场合，为使自己的谈话引人注目，谈吐得体，一定要在声音的大小、轻重、高低、快慢上有所用心，这样才能收到好的效果。但是，这要做得自然，如果装腔作势，过分追求所谓的效果，会给人华而不实，像在演戏的感觉，其实自然的音调也是美好动听的。

二、交谈技巧

（一）正确认识自己

人人都可以成为一个善谈、健谈的人。但首先要消除胆怯心理，克服内向心态，打消顾虑，增强信心。每个人在社会上都有一席之地，在人与人的交往、交谈中都有要说的话。须知“言为心声”，只要是发自内心，态度真诚的话，都会打动人心。有些性格内向的人往往以自我为中心，在交谈时先想到：“人家会怎么看我，我是否会失态”。这种心理状态不利于谈话的深入。最好的谈话心理应该以谈话内容为中心，打消顾虑，稳定情绪，自然地加入谈话。如果感到与人交谈缺乏内容，话题很少，语言枯燥，可以平时多看报纸、杂志、书籍、电视，关心时事、艺术、体育等，随时留意周围所发生的事，同时多和他人谈话，谈的次数多了，就可以贮存知识以供将来谈话之用，日积月累，久而久之，一定会感到话题多了，内容充实了，词汇也丰富了。此外，在与人交谈时，应力争主动，尽可能先提出自己最得心应手的话题，放开来讲述，以表示有信心与人交谈，从而克服胆怯心理。

最后要注意的是，谈话的姿态也会反映出一个人的性格和心理。胆怯内向的人，谈话时往往双肩紧并、下垂，腰部弯曲，显示出一副紧张、卑屈的样子。因此，切忌采用这种姿态与人谈话。谈话姿态分站、坐两种。如果站着与人交谈，说话时要挺胸、收腹，全身重量均匀地分配于两足，使重心稳定。这样，会感到自己的肩膀似乎宽了些，人也显得生气勃勃，泰然自若。如果是坐着谈话，要注意谈话距离宜保持在一臂之内。双脚要平放于地面，不宜交叠双腿，在身份高者面前，更不宜跷着二郎腿；坐时背部要紧靠椅背，肩膀平正，腰部挺直。

（二）交谈技巧

交谈时除注意语言美、声音美之外，姿态美也很重要，也就是说在谈话中语气、语态、神色、动作、表情等都要合乎规范。

1. 谈话时目光注视对方是一种起码的礼貌，以表示对谈话的兴趣和对对方的尊重，同时也可以为愉快和谐的谈话气氛创造条件。美国 NBC 的著名节目主持人芭芭拉·华特曾说：“对全神贯注和我谈话的人，我以为是可亲近的人，没有其他的事比这更重要了”。假如是个有心人，也一定会发现，交谈一方有时偶尔把目光随意转向一旁，会十分引起另一方的注意，可能会因此认为一方对谈话不感兴趣而关闭谈话的大门。当然，注视并不等于凝视，直勾勾地盯着对方，或目光在对方身上左右上下乱扫，甚至还跑到对方身后去，这只会使对方透不过气来或惶惑不安，有话也说不出来。一般来说，如果两个人在室内面对面交谈，目光距离最好在 1～2 米之间，目光注视对方胸部以上、额头以下部位。有时可能会出现谈话双方目光对视的情况，此时不必躲闪，泰然自若地徐徐移开就可以了。不要东张西望，左顾右盼，更不要看书看报，或者面带倦容，哈欠连天。也不要作一些不必要的小动作，如玩指甲，弄衣角，搔脑勺等，这些动作显得不礼貌，也会使人感到你心不在焉，傲慢无理。

2. 谈话要尊重别人，调和意见，交谈过程中要避免冷场，但不要长篇大论。社交场合，参加谈话是对众人的一种义务，如果对于所议论的某个主题可以提供若干意见，就该讲出来；如谈话的目的只是为了娱乐，当然也要尽一份本分。不能只静坐听别人的谈话，而自己却一直三缄其口，因此要常常说话。但谈话并不是独白，如果只顾自己发表意见，而不愿听别人说话，甚至不容别人插话，发表看法，交谈就变成了“一言堂”。“一言堂”的谈话方式，或许可以显示口才，但结果往往事与愿违，别人可能认为你自高自大，蔑视他人的存在。所以虽然常常发言可以加深别人的印象，但长篇大论地说下去，容易使人厌倦而不耐烦。为此，自己每次“发言”所用的时间从总体上讲，宜短不宜长，通常自己讲一两分钟之后，就应相机把“讲坛”主动相让于他人。要是碰上别人“发言”过久，或是意欲发表个人见解，应耐心等候。他人讲话结束之前，千万不要打断别人讲话。一次生动活泼的谈话，要求每个交谈者注意不但自己说，也要让别人说。聪明的谈话者，往往不急于发表自己的意见，而设法让对方开口，谈他所关心的问题，吸引对方与自己交谈。记住，如果不是讨论性的交谈，一般不要与人争辩。如果对方反驳你的意见，大可不必急躁、恼怒，从容说出自己的道理便是。企图与别人争胜是拙劣的想法，有时越是想做到这点，越是想逞口舌之利，就越不能使对方成为朋友。总之，要学得谦虚些，随时考虑别人的意见，让大家都觉得你是可以谈话的人，这才是道理。

3. 谈话要看对象，交谈不是一味地发泄自己的感情和情绪，而是一种合作的程序，所以必须考虑交际对象。交际对象是最直接的对谈话起制约作用的因素。说话人的言语行为总是围绕着听话对象进行的，以他们能接受为前提，而不能逾越他们的思想、感情、知识所能及的范围。不同的对象，因年龄、性别、职业、社会地位、人生阅历的不同，对同一句话会产生不同的反应，甚至会导致截然相反的反应。所以，在交谈过程中，所说的话要符合交际对象特定身份的要求，从称谓到措辞组句，从交谈话题、谈话语气到表达方式等都应尽量合乎交谈对象的特点，做到恰当得体。

4. 谈话要看准时机，留有余地。“言贵精当，更贵适时”。不该说的时候说了，是操之过急；该说的时候没说，是坐失良机。把握住说话的适宜时机，是说话得体的重要因素。比如，在听话人心情比较平和的时候去反映情况或提出批评建议；在双方的感情和认识差距稍小了以后再开口劝说。高明的推销员从不直接向持拒绝态度的顾客推销商品，而是先迂回，套近乎，解除了对方的“武装”之后，再劝人家购买推销的商品。这样，往往会获得成功。

5. 其他注意事项。在参与多人交谈时，应表现出对谈话内容兴趣很大，而不必介意其他无关大局的地方，比如对方有浓重的乡音，读错了字或记错了日期等，只要不妨碍交谈的进行，没有必要当面指正。不要在对方谈兴正浓时，突然凑到某个人耳边窃窃私语，这容易引起别人的反感，有可能使谈话者产生误会：有什么事不好当着大家面讲？如果确有私事要说，不如请他到另一边再谈。撇开众人，只跟一小帮人交谈，这说明他还不善于与大家打交道。

三、聆听技巧

（一）交谈中聆听的作用

一般人在交谈中，倾向于以自己的意见、观点、感情来影响别人，因而往往谈个不停，似乎非如此无法达到交谈的目的。实际上，与人交谈，仅仅作一个好的演说者不一定成功，还须作一个好的听众。也就是说，在谈话中，任何人都不可能总是处于说的位置上。要使交谈的双方双向交流畅通无阻，就必须善于倾听他人的谈话。善于聆听的人，懂得“三人行，必有我师”的道理，能够利用一切机会博采众长，丰富自己，而且能够留给别人讲礼貌的良好印象。

外国曾有谚语“用十秒钟的时间讲，用十分钟的时间听”。社会学家兰金也早就指出，在人们日常的语言交往活动（听、说、读、写）中，听的时间占54%，说的时间占30%，读的时间占16%，写的时间占9%。这说明，听在人们交往中居于非常重要的地位。

注意倾听别人讲话，还可以同时思考自己所要说的话，整理自己的思想，寻找恰当的词句，以完善地表达自己的意见，给人鲜明的印象。一般来讲，听比说快，听话者在听话过程中总有时间空着等待，在这些时间空隙里，应该回味讲话人的观点，定义，论据等，把讲话人的观点和自己的观点作比较，预想好自己要阐述观点的理由，设想可能有的其他观点等。因此，从某种意见上说，在社交场合受大家欢迎的，人人都爱与之交谈的人，并不仅仅在于他能说会道，而重要的是他会听。因为交谈中只有既讲又听才可以满足双方的需要，也只有如此，才能使交谈顺利进行。如果只顾自己讲，不想听对方说，则一定是交谈中的“自私者”，当然也是不受欢迎的。

（二）交谈中的聆听礼仪

善于倾听，是谈话成功的一个要诀。一般而论，任何人都会对诚心诚意倾听自己谈话的人产生感激之情，从而开启心扉，倾吐真情实意的。所以，在交谈过程中，不仅要让自己的话说得更得体，还要注意用聆听来赢得对方。要注意以下几个要诀。

1．要站在对方的立场去听。聆听时要设身处地，要站在对方的立场去反应，去认识，去理解，去记忆。这样，既能集中注意力，又能较好地理解说话者的原意，使对方感受到尊敬和鼓舞，愿意继续沟通，并发展彼此友好的往来关系。

2．要注意谈话者的神态、表情等非语言传播手段。这些往往会透露出话外之意，不仅如此，还要多注意自己的“身体语言”。在他人讲话时，应尽可能地以柔和的目光注视着对方，以便与对方进行心灵上的交流与沟通，这样做，会使对方感受到无声的鼓励或赞许，可以赢得其好感。

3．要学会用声音、动作去呼应，要随着说话人情绪的变化而伴以相应的表情。如身体稍稍倾向于说话人，面带微笑。在说话者谈到要点，或是其观点需要得到理解和支持时，应适时适量地点点头，或是简洁地表明一下自己的态度。当然，只是在关键地方点点头就可以了，不必频频点头。同时，还可以通过一些简短的插话和提问，暗示对方你对他的话确实感兴趣，或启发对方，以引起感兴趣的话题。

4．如果对对方的话题不感兴趣，且十分厌烦，那就应该设法巧妙地转变话题。但须注意方式，取得谈话人的理解，而又不至于很唐突。

5．当有多人在一起交谈时，要学会用目光适当照应在场的其他人，很快地交换一下目光，以鼓励那些不爱开口的人说话。

6．要善于从别人的话语里找出他没有能明白表达出来的意思，避免产生误解，此时也可用一两个字暗示对方。或恰当地提出问题，以表明聆听得十分认真，并力求理解他讲的含义。

7．要善于向别人请教。如与人交谈时，能向其请教一两个他擅长且不避讳的问题，一定会使其自尊心得到莫大的满足。但要注意向人请教绝不能避实就虚，强人所难。

8．要注意避免不礼貌的聆听和交谈方式。例如，听别人谈话时，心不在焉，或左顾右盼，或处理他事，或摆弄东西，或不时走动。还有的人，听时虽然很认真，但却挑其毛病，或者妄加批判，或遽下判断，或发出争论。这些行为，都会影响交谈正常而深入地进行，无法收到较好的效果，还可能影响到双方的关系。

（三）交谈中要善于提问

谈话过程中，不仅要注意倾听，还要善于提问。恰当的提问可从对方那里了解到自己不熟悉的情况，或将对方的思路引导到某个要点上，有时还可以打破冷场，避免僵局。

提问既然是为使交谈有效、深入地进行下去，就要注意内容，不要问对方难以应付的问题，比如，超乎对方知识水平的学问或技术问题等，也不应询问人们难以启齿的隐私，以及大家都忌讳的问题等。

提问的人应巧妙设计提问。巧妙的提问，不仅能起到投石问路的作用，还能使交谈沿着自己希望的轨道向深处展开，达到相互沟通的目的。有的人问话一出，便立即打开了对话的话匣子，双方相见恨晚，成了好朋友；有的人问话一出，却使双方无话可说，形成难堪的场面。可见提问是一种艺术，对接近起着很重要的作用。比如接待一位东北客人，若这样问："你是东北人吧？""你刚到北京吧？""东北比北京冷吧"等，对方恐怕只好一次又一次地重复"是"，这不能怪客人不健谈，而是这种笨拙的发问也至多能回答到这种程度。如果换一个问法："这次到北京有什么新感受？""东北现在建设得怎么样？有什么新闻？"等。这样的问话，对方不但可以介绍一些你所不了解的事，还会使客人能充分叙述自己的感受而使气氛自然融洽。

如果你提出的问题对方一时回答不上来，或不愿回答，不宜生硬地追问或跳跃式地乱问，要善于调整话题。如果对方往往是因为羞怯而不爱说话，那就应当问点无关的事，比如问问他工作或学习的情况，等紧张的空气缓和了，再把话题引入正轨。

（四）结束谈话

在社交活动中，无论是谋职，谈判还是结交朋友、处理业务，都要和人交谈，这就涉及到怎样结束谈话。如果能做到恰到好处，就会给人回味无穷的感觉，如果处理不好就会把事情弄糟。所以，怎样结束谈话是有些技巧的。

1. 已进行的话题，如果达成了某种一致，如果此时没有什么新的话题，就应该及时结束。有些人不大注意这一点，认为前边既然谈的好，后面一定会更好，殊不知交谈的内容已快枯竭了，如果再接着谈，只会变得枯燥无味。

2. 结束谈话时，如果达成了某种共识，要进行简短的总结，双方确认后，再结束谈话。

3. 对于分歧的意见，也要进行适当处置，再结束谈话。谈话在尚未获得结论或一致意见的情况下，突然结束谈话是不明智的，不利于解决问题和人际交往。分手时更不能讲使对方讨厌的话题，出现分歧时，应主动作出让步，比如可以转换一个话题，把有分歧的话题暂时放一放，谈一些别的，待气氛缓和了再把谈话告一段落，这样能增加双方的亲近感。

4. 要注意掌握好谈话的时间，使谈话能顺其自然地结束。此时要注意观察，对结束谈话是否有个心理准备，可以预先留一点要结束交谈的时间，为结束谈话创造一定条件。

5. 要注意的就是结束谈话后如何打招呼。一般分别时，双方都应主动打招呼，也可以说些祝福的话、感谢的话或赞美的话，以增加感情。

第二节　公关形体语言运用

人的行为举止以一种无声的语言，体现着自己的态度、作风、文明和修养，而这些也就是现代人的风度。在公关活动中，公关人员往往身负重任，更有必要检点自己的举止动作，设计好自己的形体语言。

一、基本举止姿势

基本举止包括日常办公及社交场合的行为姿势，这里主要介绍站、行、坐、蹲、持文件的姿势要领。

（一）站姿

优美而典雅的站姿，是体现人的动态美的起点和基础。良好的站姿应该是直立，头端，肩平，挺胸，收腹，梗颈。具体要求上，男女略有不同。

1．男士站姿

男士站立时，应将身体的重心放在两只脚上，头要正，颈要直，抬头平视，挺胸收腹不斜肩，两臂自然下垂，从头到脚成一条线。双脚可微微分开，但最多与肩同宽。站累时可向后挪半步，但上体仍须保持正直。这种站姿从外观上看有如挺拔的青松，显得刚毅端庄，精神饱满。男士站立时须注意以下几点。

（1）一般在任何场合都不宜斜靠在门边或靠墙站立。两腿交叉站立也是十分不雅的，这是一种轻浮的举动，极不严肃；同时这种交叉腿的动作，也是一种防卫性信号。有时一只脚踝紧靠在另一条腿上，而以脚尖或脚掌触地，也会给对方一种缺乏自信、紧张的感觉，至少是不够大方。所以如果去谋职，千万不要有这种动作。既然出去工作，就要表现自己的能力和信心，因而应采用开放式姿态——两脚分开，两腿成正步或一前一后，抬头挺胸，眼睛看着对方，给人以坦率、自信的感觉或印象。公关员在公众面前，也不要采用腿交叉的姿势，否则双方难以达到心理沟通。

（2）站立时，手不宜插在腰间，这是一种含进犯性意识的姿势，如在男女之间，这种姿势还有“性的侵略”的潜意识。

（3）不可双手插于衣裤袋中，实在有必要时，可左手或右手插于左或右前裤袋，但时间不宜过长。

（4）与人站立谈话时，扭动、张望、斜肩、叉腰均属轻薄浮滑举动，应注意避免。

2．女士站姿

女士要想使自己具有优雅迷人的站姿，关键要让自己的双脚、双膝、双手、胸部和下颌等五个部位都处于最佳的位置。

（1）双脚的脚跟应靠拢在一起，两只脚脚尖应相距 10 厘米的左右，其张角为 45 度，呈“V”字状。两只脚最好一前一后，前一只脚的脚跟轻轻地靠近后一只脚的脚弓，将重心集中于后一只脚上，切勿两脚分开，甚至呈平行状，也不要将重心均匀地分配在两只腿上。

（2）在正式场合双膝应挺直，而在非正式场合则伸在前面的那一条腿的膝部可以略为弯曲，意为“稍息”。但是不论处于哪一种场合，双膝都应当有意识地靠拢。这样方能确保双腿自上而下的全方位并拢，并使髋部自然上提，避免双腿的“分裂”、臀部撅起等极不雅观的姿势。

（3）双手在站立时若非拎包、持物，则最好是将右手搭在左手上，然后贴在腹部，同时应当注意放松双肩，使双肩自然下垂。不要耸肩、斜肩、或是弯臂、端肩。在非正式场合双手自然下垂贴放在身体两侧未必不可，但在正式场合这样做，就毫无美感可言了。不要把手插在口袋或袖子里，也不要双手相握，背在身后。前一种作法显得自由散漫，后一种作法则看起来老态龙钟。

（4）胸部在站立时应略向前方挺出，同时要注意收紧腹肌，并挺直后背，使整个身体的重心集中于双腿中间，不偏不斜。这样的话，不仅能使自己看起来精神振奋，线条优美，而且也不会出现凹胸、挺腹，弓背等难看的姿势。下颌要微内收，脖颈要挺直，双目要平视前方，以便使自己显得自然放松。

（5）此外还要注意一些禁忌。例如：羞于抬头正视他人，下颌高扬，用鼻孔“看人”，单手探脖，鞋子半穿、半脱，在他人面前弯下腰去拾捡东西，拾掇鞋袜或是当众敞开双腿蹲下。

（二）行姿

行姿即人们行走时的姿态，它是以优雅、端庄的站姿为基础的。一般说，行走时步履应自然、轻盈、敏捷、稳健。有人总结了以下几个要点。

1．最基本的行姿是使自己的脊背和腰部伸展放松，并使脚跟首先着地。行走时移动的中心是腰部，而不是脚部，所以行走应首先视为腰动，而不是脚动。应当上体前驱，借以带动脚。

2．行走时腿不伸直是无法走出漂亮的姿势来的，因此在走动时务必要使膝盖向后方伸直。如果膝盖伸直了，腿也就自然而然地随之伸直了。

3．行走时要有一定的节奏。行走时双肩要放松，双臂要伸直，手指要自然并拢并略为弯曲，然后还应当使两只手臂一前一后地摆动。双臂摆动应以肩关节为轴，手臂与上身之间的夹角不要超过 30 度，双臂各自摆动的幅度不应大于 40 厘米。走路时双臂不动或同时向一个方向摆，或摆幅过大，都不雅观。另外，行走时的步幅同样是有规律的。在一般情况下，女士往往穿高跟鞋，故步伐小一些，一步走 30 厘米左右，才会显得更为高雅迷人。同时行走的速度也应当不紧不慢，保持节奏感。同样，对于男士，观其步伐也能判断出他们的气质、性格。男士的步伐会毫不掩饰地向人流露：你是什么样的人，你目前精神面貌如何？若想给人以严肃、威严的印象，则要挺起腰板，摆平脑袋，步伐大而稳健；若想给人以儒雅、谦和的印象，则可以放慢、放轻脚步；若希望让人觉得你年轻，富有活力，应尽可能地增加步伐的节奏感。无论怎样，不要拖沓萎靡。

4．行走时应使脚尖略为展平，脚跟首先触地，通过后跟身体的重心移送至前脚，促使身体前移。须注意的是，行走时的注意力应集中于后脚，而不是向前跨出的那只脚上。

5．行走时应上身挺直，目视正前方。在腰际以上，不允许摆摆晃晃。同时成一直线前进，不左右摇摆。

在日常生活中，人与人不同，走路姿态不可能呈现一个模式；个人的行姿多与其年龄、职业、着装及所处场合有关，尤其是女士。例如，同一位女士，穿旗袍配高跟鞋和穿长裤配平跟鞋，行走时步伐的大小和速度的快慢便有所不同，穿旗袍配高跟鞋，相对而言行走时的步伐要小，速度宜慢，以示其内雅和含蓄。而穿长裤配平跟鞋时，步伐则应当大一些，速度快一些，以示其活泼与洒脱。

（三）坐姿

坐姿是指人们就座时和坐定之后的一系列动作和姿势。一般来讲，坐姿应当高贵，文雅，舒适自然。基本要求是，腰背挺直，手臂放松，双腿并拢，目视于人。

就座时的动作要领是公关人员在就座时一定要不紧不慢，不慌不忙，大大方方地从座椅的左后侧接近它，然后不声不响地轻轻坐下。不要大大咧咧地一把拉过椅子，“扑通”一声地把自己扔进座椅里。落座时搞得响声大作，是没有教养的表现。所以落座时切忌用力过猛。若是走向他人对面的座椅落座，可采用后退步接近属于自己的座椅，尽量不要背对自己将要与之交谈的人。女士若坐下之后所要面对的是异性，则通常应当在入座前用手将裙子拢一下，显得娴雅。要是面对一位异性坐定之后，才大模大样地前塞后掖自己的裙摆，难免会失之于庄重。

1．男士坐姿

通常男士入座后，人体重心要垂直向下，腰部挺起，上身垂直，不要给人以“瘫倒在椅子上”的感觉。坐时，大腿与小腿基本上成直角，双膝应并拢，或微微分开，两脚平放地面，两脚间距与肩同宽，手自然放在双膝上或椅子扶手上，头平稳，目平视。需要侧坐时，应上体与腿同时转向一侧，头部向着前方。如有需要，可交叠双腿，但一般是右腿架在左腿上。

在社交场合，4 字型叠腿方式和用手把叠起的腿扣住的方式，则是绝对禁止的。叠腿、晃动足尖则更显得目中无人和傲慢无礼，公关人员应该忌之。此外，在座椅上，不能两腿叉开，伸得老远，或是脚藏在座椅下，甚至用脚勾着座椅的腿，这都是失礼的举动，也会给人传递错误的信息，造成不必要的麻烦。

如果在交谈过程中，一旦发现对方身体前倾，双手摆在膝上，或双手抓着椅子时，千万不要误会对方是对谈话感兴趣，正相反，这是想尽快结束正在进行的话题的最明显的标记。应设法采取措施，免得这一姿势进一步延伸。

2．女士坐姿

女士的坐姿是否优美，是影响形象的重要因素。通常女士可采用的坐姿有如下几种，除了在双腿必须完全并拢，尤其是膝部以上必须完全并拢这一点相同之外，它们之间的区别主要在于坐定之后的腿位与脚位有所不同。

（1）双腿垂直式。具体要求是，双腿垂直于地面，双脚的脚跟、膝盖直至大腿都需要并拢在一起，双手自然放在双腿上。这是正式场合的最基本坐姿，可给人以诚恳、认真的印象。须注意这种坐姿脊背一定要伸直，头部摆正，目视前方。如两膝张开，会给人很散漫的印象。

（2）双腿叠放式。这种坐姿要求上下交叠的膝盖之间不可分开，两腿交叠呈一直线，才会造成纤细的感觉。双脚置放的方法可视座椅的高矮而定，既可以垂直，也可与地面呈45度角斜放。脚尖不应翘起，更不应直指他人，采用这种坐姿时，切勿双手抱膝，且不能两膝分开。穿超短裙时应慎用。

（3）双腿斜放式。坐在较低的椅子上时，双脚垂直放置的话，膝盖可能会高过腰，较不雅观。这时最好采用双腿斜放式，即双腿并拢之后，双脚同时向右侧或左侧斜放，并且与地面形成45度优美的“S”形。当坐沙发时，这种姿势最实用。须注意两膝不宜分开，小腿间也不要有距离。

（4）双脚交叉式。具体作法是双腿并拢，双脚在踝部交叉之后略向左侧或右侧斜放，坐在主席台上、办公桌后面或公共汽车上时，比较适合采用这种坐姿，感觉比较自然。应当注意的是，采用这种坐姿时，膝部不宜打开，也不宜将交叉的双脚大幅度地分开，或是向前方直伸出去，否则会影响到从前面通过的人。记住：不造成对别人的困扰是基本礼仪中最基本的一项。

（5）双脚内收式。其作法是，两条小腿向后侧屈回，双脚脚掌着地，膝盖以上并拢，两脚稍微张开，这也是变化的坐姿之一，尤其在自己并不受注目的场合，这种坐姿显得轻松自然。

（6）脚踝盘住收起式。其作法是，将脚踝盘起，往椅子下面靠。在柜台或酒吧内的高脚椅就座时，就可以采取这种坐姿。此外，坐在较低的椅子上，除了采用双腿斜放式外，也可以采用这种姿势。但像沙发这样下面没有空间的座位，则不可采取这种姿势。

（7）须强调的是，女士在乘坐汽车时还应注意坐车的姿势。要想在上汽车时显得稳健、端庄、大方，做起来并不难。上车前应首先背对车门，款款坐下，待坐稳后，头和身体进入车内，最后再将并拢的双腿一并收入车内，然后方才转身，面对行车的正前方面，同时调整坐姿，整理衣裙。坐好之后，两脚亦应靠拢。下车的姿势也不能忽略，一般应待车门开后，转身面对车门，同时将并拢的双腿慢慢移出车外，等双腿同时落地踏稳，再缓缓将身体移出车外。

（8）除以上介绍的女士就座的基本方法外，女士就座时还要注意以下两个要点。第一，在正式场合就座时，背部要保持挺直。不应倚靠在椅背上，尤其是不应把头靠在椅背上。第二，应注意就座后双手旋转的位置。一般坐下之后，双手可自然地旋转于双腿之上。双手一左一右地扶住座椅两侧的扶手，双手分别放在两腿之上，双手抱膝，双手插在两腿之间，双手垫在臀部下面，双手抱在胸前，双手抱在脑后，双手前伸扒在桌上或以手抚摸脚等动作，都是不雅观的，也是非常失礼的。

（四）蹲姿

办公室礼仪要求男女职员在办公室捡掉在地上的东西时，要注意蹲姿。正确的蹲姿是：

1．交叉式蹲姿。在下蹲时，右脚在前、右小腿垂直于地面，全脚着地；左脚在后、左腿与右腿交叉重叠，左膝由后面伸向右侧，左腿跟抬起，脚掌着地，两腿前后靠紧，全力支撑身体；臀部向下，上身稍向前倾。

2．高低式蹲姿。在下蹲时，左脚在前，右脚稍后，两腿靠紧不重叠向下蹲，左脚踏实，左小腿基本垂直于地面，右脚跟抬起，前脚掌着地，右膝低于左膝，右膝内侧靠在左小腿内侧上，臀部向下。

以上两种蹲姿，男士可选用第二种，两腿间可有适当距离；女士无论采用哪种蹲姿，都要将腿靠紧，臀部向下，切记不要弯腿撅臀。

（五）持文件姿

它办公室礼仪要求在携带文件时，要求以一手抓持，以另一只手托扶，使文件置于胸前，并于身体保持非接触状态。这样能显示对文件的爱惜与尊重，显示出良好的职业素养。应特别注意不要双臂交叉将文件合抱在胸前，更不要将文件挟在腋下，也不要将文件卷成纸筒或折叠携带。

二、手势动作

手势动作是人际交往中使用范围最广的一种体态语言。要培养好的仪态，就必须对它有所了解。

（一）手势动作的含义

手势动作是极富表现力的，但同一动作在不同的国家和地区可以表示不同的含义。因此在对外交往中不能随意乱用。

1．握紧拳头，向上翘起大拇指。在中国，这一手势表示赞赏、夸奖；在日本，这一手势表示“男人”、“您的父亲”；在英国、墨西哥、荷兰、斯里兰卡等国家，这一手势表示祈祷幸运；在美国、印度、法国，在拦路搭车时横向伸出大拇指则是表示要搭车；在澳大利亚，则是侮辱人的信号。但随着全球化、国际化的趋势，竖大拇指表示赞赏、肯定的基本含义，正在被越来越多的地区所接受。例如在希腊，竖大拇指本表示骂人，可当今在其首都雅典，用此手势夸赞别人亦比比皆是。

在交谈时，将大拇指指向自己，是自夸的意思，而跷向别人，通常是看不起人的表示。一般来说，在社交场合，不宜将拇指跷向自己或别人。这样做，往往给人一种很粗鲁的感觉。

2．OK 手势。在欧美通常表示 OK，有“好”、“同意”的意思，表示赞成或欣赏对方。在日本则表示“懂了”；在缅甸、韩国表示“金钱”；在印度表示“正确”；在泰国表示“没问题”；在巴西，常以之指责别人作风不正确；在突尼斯表示“无用”；在印尼表示“不成功”；在地中海国家，常用它来影射同性恋。

3. V手势。这一手势通常表示胜利，暗示对工作或某项活动充满信心。这种手势要求手掌向外。若是手掌向内，就变成了侮辱人的信号了。

4. “右手握拳伸出食指”手势。在我国，它表示“一次”或“一”，或是“提醒对方注意”的意思；在日本、韩国等国表示“只有一次”；在法国是“请求，提出问题”的意思；在缅甸表示“拜托”；在新加坡表示“最重要”；而在澳大利亚则表示“请再来一杯啤酒”。

（二）使用手势动作要规范、适度

根据商务礼仪的惯例，在商务活动或公关活动中表示“请进”、“请随我来”、“再见”之意时，都有规范的手势。例如，表示“这边请”的意思时，应右手五指并拢、伸直，掌心向上，腕关节伸直，手掌与前臂成一直线，以右手掌尖微指被请的对象，然后以之指明方向。在这里，掌心向上，是为了表示虚心和待人的敬意，若是掌心向下，则有傲慢无礼之嫌。试想为别人引导方向时，掌心向下地挥手一指，给人的感觉会如何呢？五指要并拢、伸直，手掌与前臂要成一条直线，主要是为了视觉上的美观。否则不仅不美观，还会使人感到是敷衍了事和缺乏热情。

通常手势的使用宜少不宜多，尤其不可一种手势反复地使用，以免使人感到单调、厌烦；使用任何一种手势时，其幅度不宜过大，否则就会显得过分；同时不要下意识地滥用手势，不然会使对方曲解，甚至认为缺乏教养。

还有，与人相处时不要以手势动作来“评论”人。在公共场合遇到不相识的人，不应当指指点点，尤其是不应当在其背后这样做。这种动作通常会被理解为对对方评头论足，是非常不友好的。此外根据常规，用带尖的锐器指别人也是不礼貌的。例如，把刀子递给别人时，不能用刀尖直指对方，而应把刀子横着递过去。在餐桌上，用刀、叉或筷子指着别人，让其夹菜也是不够友善的。

最后要强调的是，公关人员在社交场合不能用手挖耳鼻，剔牙，挖眼屎，修指甲等。这些手势动作会被对方看作是对交往无兴趣，蔑视对方，是没教养的表现。

三、面部表情

公关人员在与公众打交道时，面部表情的基本要求就是热情、友好、诚实、稳重、和蔼。

（一）正确运用眼神

面部表情中起主导作用的是眼睛，眼睛传达内心情感主要是靠眼神。为此，公关人员要学会正确地运用眼神。

1．公关人员在与人交际、谈话时，应注视对方的眼睛，以获知对方真正的感受，并将自己的心情袒露给对方，以达到心灵的交流。根据商务礼仪的惯例，在交谈时不正视对方，不是心不在焉，就是心中有鬼。用眼睛表情达意时须注意两个礼仪方面的问题。

（1）注视的时间。交谈过程中，有些人让人感觉舒服，有些人则令人不自在，甚至让人感觉不值得交往，这主要与注视的时间长短有关。若与对方目光接触的时间超过了全部谈话时间的三分之一时，会让人产生两种感觉，一种是你认为谈话很吸引人，一种是你怀有敌意。因此对于不太熟悉的人，不可长时间地盯着对方的眼睛，以免引起对方的恐惧和不安。如果感觉与对方谈得来，可以一直看着他，使他意识到你喜欢与他交往。他可能也会回报，以建立良好的默契。这样的谈话，起码要有百分之六十以上的时间注视对方。不难想象，如果谈话时心不在焉，东张西望，或是由于紧张、羞怯不敢正视对方，目光注视的时间不到整个谈话的三分之一，那就不容易被人信任。当然，注视时间长短还要考虑到文化背景，对南欧人，注视对方过久可能会造成冒犯，故不能照搬。

（2）注视的位置。注视对方什么位置，传达的信息有区别，造成的气氛也相异。不同的场合和交往对象，目光所及之处应有差别。比如公务注视，这是指人们在工作交往中，联系业务、洽谈生意及外事谈判时，目光所及区域在额头至两眼之间。这种注视给人一种郑重、严肃的感觉。如果同对手谈判，采用公务注视，对方会认为你对工作认真、严肃，同时也很看重对方，有诚意，因而会慎重考虑你的意见，你在一定程度上也就拥有了控制权。再比如社交注视，这是在舞厅、茶话会、宴会及朋友聚会时用的，区域在两眼到嘴之间。这种注视会令人感到舒服，也很有礼貌，较前者在气氛上要缓和多了。

2．要学会用眼神表示对他人的尊重与友好，眼神能很好地表达出对他人的尊重与否，例如俯视带有权威感，且有侮人之意，仰视表示尊敬与景仰。因此与人交往时，尽量不要站在高处自上而下地俯视于人；面对长辈、上司和贵宾时，站立或就座应选择较低位置，自下而上地仰视对方，往往会赢得对方的好感。

当与两个或两个以上的人共处时，不应当只看着自己的熟人、与自己谈得来的人，而冷落了其他人。即使是在接待尊卑有序的许多客人时，在重点照顾好高位尊者的同时，也应当适当地与其随员和下属进行眼神的交流。面对有男有女的几位客人时，对异性和同性要“一视同仁”，否则与异性谈话两眼炯炯有神，与同性谈话时两眼却黯淡无光，这样无法与客人达到真正的心理沟通。

3．克服不良的看人习惯。在正式场合，尤其是面对不太熟悉的人时，有的眼神容易引起误会或麻烦，所以要特别注意。

（1）不要盯住对方的某一部位“用力”地看，这是愤怒的最直接表示，有时也暗含挑衅之意。

（2）不要浑身上下反复地打量别人，尤其是对陌生人，或者是对异性，这种眼神很容易被理解为有意寻衅闹事。

（3）不要窥视别人，这是心中有鬼的表现；不要用眼角瞥人，这是一种公认的鄙视他人的目光。

（4）不要频繁地眨眼看人，这样显得心神不定，挤眉弄眼，失之于稳重，显得轻浮。

（5）不要左顾右盼，东张西望，目光游离不定，否则会让对方觉得用心不专。

（二）以微笑面对宾客

五官中，嘴的表现力仅次于眼睛，嘴的开合，嘴的向上、向下运动都能传递一定的信息，如噘嘴表示生气，撇嘴表示鄙夷，努嘴表示纵容，咂嘴表示惋惜等，这些口形的含义早已人所共知，公关人员是不宜采用的。

微笑的诀窍：发自内心，有诚意。微笑既不是奴颜婢膝地曲意逢迎、强作笑颜，也不是例行公事似的皮笑肉不笑，或是笑的夸张放肆。

微笑作法：不发声，不露齿，肌肉放松，嘴角两端向上略为提起，面含笑意，亲切自然。其中亲切自然最重要，它要求微笑出自内心、发自肺腑，而无任何做作之态。

第三节　礼仪文书

公关活动总少不了信来函往，而这些信函我们常称之为专用信函，专用信函的书写不仅要求用词准确、言简意赅、行文流畅，更要求具备严格的礼仪格式。作为公关人员，善于使用礼仪文书是十分必要的。

一、礼仪文书的特点

礼仪文书是为礼仪目的或在礼仪场合使用的文书。它使用广泛，涉及到生活、工作、交往的每个方面，因此，掌握其写作要领是非常重要的，礼仪文书的写作要注意以下特点。

1. 借重事端着重宣扬。各种礼仪往来总是由一定事端引起的。人们之间的社交活动往往含有明确的目的性，活动的组织者可以事先策划，根据活动的目标，安排好活动的日程、活动的计划、以传播信息，扩大影响，配合社交活动的每一环节，精心设计与之相符合的礼仪程序，对于社交活动策划组织者来说是一项非常重要的事情。利用礼仪文书进行宣扬，可以强调社交活动的目的，增强社交活动的效果。

2. 针对性强，巧妙发挥。礼仪文书针对性非常强，其中的重要内容不允许出现任何错误，如祝贺谁、悼念谁、年龄大小、职务名称、主要称谓、庆祝内容、纪念事项，这些因素若有一字之差就可能失了分寸和礼貌，都是马虎不得的。在礼仪文书中，遣词造句都应当明确得当，不能让人有误解。既要严格遵循格式，又要允许借题巧妙发挥，以期得到良好效果。

3．礼仪周全，温文尔雅。礼仪文书首先要合乎常规的礼仪，然后才可借题发挥。中华民族是礼仪之邦，礼仪周全的表现是多方面的，如对人用尊称、对己用谦称，道贺用吉祥语、悼念避指责；表面虽然疏远，有事也须往来；意见虽然不同，语气却要平和。在礼仪场合或文书中，不可故意让人为难。若礼仪不周全，对方会以为你粗俗，不懂道理，重者还会以为你是故意挑衅。在改革开放的今天，尤其是同外国人打交道时，更应该事先了解对方的风俗习惯和特殊礼节，使自己的行为举止和文字语言都合乎礼仪规范，温文尔雅，不失中华礼仪之邦之风范。

二、礼仪书信

礼仪书信是一种专用书信，是具有专门用途和特殊写法的书信。礼仪书信所传达的是礼仪上的思想和感情，同时也能起到巩固、促进和加深人们在现实生活中形成的各种社会关系的作用。

（一）祝贺信

祝贺信是表达祝贺之意的书信形式。如某组织取得了重大成果，为社会做出了巨大贡献；某项在全社会有影响的工程奠基开工、竣工；某组织召开重要会议；某个重要节日等，都可以用贺信形式表示祝贺。

贺信的形式与一般书信相似，其正文部分要注意以下几点。

1．应概括性地说明对方取得的重大成绩以及给社会所带来的重大影响。

2．应简要说明对方所取得的重大成绩的原因。如果是祝贺会议召开，应简要说明会议内容及重大社会影响。如果是寿辰贺信，应概括说明对方的贡献和品德。

3．表示热烈的祝贺和赞颂，并提出殷切的希望。表示祝贺的感情要真诚、热情、饱满、充沛，给人鼓舞的力量，对表达赞美不使用过分华丽的词藻，要写出彼此双方共同的理想和愿望。

例：

贺　信

XX 公司全体同仁：

获悉 X 月 X 日是贵公司成立 X 周年纪念日，谨此表示热烈祝贺！……

最后，祝贺公司全体同仁在今后的工作中，取得更大的成绩。

此致

敬礼！

XX 公司

X 年 X 月 X 日

（二）慰问信

慰问信是组织对另一个组织或个人表示关怀的书信形式。慰问信的内容要表示出非常热情、亲切的关怀，要赞颂对方的可贵精神，慰问对方的辛苦和奉献精神。慰问信的语气要诚恳、真切，文字要朴实，篇幅不宜过长，最后结语还要有颂词和祝词。

当对方生病、受伤或遭受不幸时，慰问信语气不能太悲观，不能流露出失望的意思，要尽可能给收到信的人以慰藉和勇气。当对方看到这封信就如同得到了亲切的探访和看望，得到了巨大的安慰和鼓舞，在一定程度上减轻了痛苦和悲伤。在这类表示同情和关怀的慰问信中，不能对不幸事件表示出许多不解和好奇，不能借故打听，刨根问底。应在信中表示理解，并愿意为对方提供各种帮助，使其感受到组织的关怀，增强其战胜困难和痛苦的勇气和信念。

（三）感谢信

感谢信是对某单位或某个人的关心、帮助和支持表示感谢的书信，它不仅有感谢的意思，而且还具有表扬的意思。

1．感谢信的格式

（1）标题。正中写“感谢信”或“致 XXX 的感谢信”。感谢信常用毛笔在红纸上书写，以便张贴。感谢信的标题字宜大。

（2）称呼。在正文前一行顶格书写被感谢的单位名称或个人姓名，个人姓名之后应加上相应的称呼，如“同志”、“先生”、“女士”等，称呼后加冒号。

（3）正文。正文写出感谢信的内容和感谢心情，这是感谢信的主体部分。

（4）结尾。概括写出表示敬意、感谢的话，如“致以最崇高的敬礼”等。

（5）署名和日期。落款处签写本单位名称或个人姓名，并在署名右下方写明日期。

2．感谢信书写应注意的问题

（1）感谢信的语言要诚恳、真挚。

（2）感谢的原因要具体，文字叙述要精炼，要恰当地叙述对方所做的好人好事，要具体交待事情的经过，涉及的人物、地点、时间，让对方能够忆起当时做过的事情。

（3）要热情赞颂对方的高尚品德、可贵精神，以及所带来的示范作用，表示出向对方学习的态度。篇幅不宜过长。

（四）邀请信

邀请信是一个组织正式邀请有关部门或人士参加会议、典礼、宴会、参观等活动的信件，邀请信和复信均用第三人称，双方名称和名字，都要写全名。邀请信通常是打印的，以示庄重。邀请信应在预定时间几天前发出，以便收到信的单位和个人尽早考虑以做好准备，对收到信的一方，要尽快回信，说明是否接受邀请。

三、请柬

请柬，又叫请贴，它是邀请客人的通知。请柬是一种简单的书信形式，但又不同于书信。书信是对方相距较远而无法直接交谈时所采取的一种方式，请柬是出于对客人的礼貌尊敬而发出的正式邀请通知，即使近在咫尺或客人已经知道，也应发出请柬。

请柬是发送给客人的，发送的时间、方式、场合都要认真考虑，不要发送过早，客人容易忘记，也不要发送太迟，太迟了会造成客人措手不及。请柬一般以提前 2～3 天发送为宜。

请柬的设计与撰写的基本要求是：请柬的封面写上“请柬”二字，一般要做些美术加工，如文字用美术体，有条件时可以烫金，并配有各式装饰图案等。请柬既可以是开合式，也可以是正反式。同时，要精心选纸和设计尺寸，一帖精美的请柬，会使对方看后倍感亲切，兴味十足。

请柬的背面写正文，正文的格式一般是：开头顶格写被邀请者（个人或组织）的名称；写明活动的内容、时间、地点；邀请者（个人或组织）署名落款。请柬的文字排列有横排和竖排两种，根据邀请对象的情况而定。竖式富有民族特色，在邀请港澳及海外同胞、各界知名人士时使用为好；横式则是一种更为大众化的形式。

请柬的语言要亲切、诚恳、热情、文雅，要注意礼貌用语，切不可用命令式的口气。也不可舞文弄墨，故作高深。

四、礼仪电报

电报是快速传递信息的又一种通讯方式，由于通讯技术的进步，现在日常工作已经很少使用，有时仅作为礼仪文书使用，如贺电、唁电等。拍发电报要用邮局印制的有统一、固定格式的电报稿纸，电报文字最大的特点是简洁，但一味求简，会让读报人如读天书，不知所云。或者由于交待不清，引起误解，对收报人也是有失尊重的。

拟写电文应按照规定格式书写：

一是写明电报发往何地、何人，收报人的地名、详细地址、姓名；

二是要在电报内容后署上姓或名，如果对方十分熟悉自己，署名可用一个字或简单的自称；

三是仔细填写发报人的姓名、地址和电话号码，便于邮局存查。

要正确使用称呼，平辈之间拍电报，电文中可直呼其名或已名；小辈向长辈发文，电文中应写上“儿”、“侄”、“孙”等自称；长辈向小辈拍电报，电文中也应写上“父”、“母”、“叔”等自称。电文虽短，也要注意礼貌用语，切不可使用命令用语，否则会引起对方不悦。

【本章小结】

本章介绍了公关语言艺术和交往的基本礼节，重点介绍了公关语言设计和交谈、聆听等基本要求。形体语言是最重要的公关语言，本章重点讨论了站、立、行、手势及面部表情等形体语言，最后讨论了公关的书面语言礼仪——礼仪文书的写作要领及规范。

【本章思考】

1．简述交谈中的语言设计？
2．为什么要注意聆听？聆听有哪些技巧？
3．什么是形体语言？
4．体态语言在交往中的重要意义？
5．按规定的格式拟写一份请柬？

第十二章　公关沟通艺术

【学习目标】通过本章学习，了解沟通的意义、要素和构成，掌握沟通的原则和特点，重点掌握职场交际沟通、职场业务沟通技巧和要领，能够在组织公共关系或其他商务活动中进行有效沟通。

第一节　公关沟通的概念

狭义的公关沟通是指社会组织在公关活动中所进行的组织与公众间的信息沟通。由于公关沟通建立在人际交往基础之上，所以，广义的公关沟通，包括所有的人际沟通、组织沟通以及组织与人际间的相互沟通。公关沟通是为了协调关系、塑造形象，有一定的原则性，强调对沟通的整体计划和设计，沟通过程也具有艺术性的魅力，称为公关沟通艺术。

一、公关沟通的概念、基本原则

（一）沟通的概念

沟通是人们为了实现彼此了解、相互信任和建立良好的公众关系，而进行的思想、情感或信息交流活动。沟通是保证人们在共同活动中协调一致的基础。

沟通是社会成员之间传递、分享思想和感情、交流信息并获取理解的过程。从传播的角度讲，沟通是沟通主体将一定的信息传递给特定的对象（沟通客体），并获得预期反馈的整个过程。

沟通的媒介是口头语言和书面语言，也包括体形语言、个人的习惯和方式、物质环境——即赋予信息含义的任何东西。

沟通是当代职业核心技能之一。国际上各国学者公认的职业核心技能包括交流与合作能力、解决问题能力、应用技术能力、计算能力、组织能力、应用信息能力等，排在首位的就与沟通有关。

在现实生活中，常常有一些年龄、学历、起点相同的人，工作水平和业绩却有很大差别，其一个重要原因就在于他们沟通能力的不同。美国普林斯顿大学对 1 万份人事档案进行分析后发现，“智慧”、“专业水平”和“经验”只占成功因素的 40%，其余 60%取决于良好的沟通能力。

心理学家巴沃拉斯曾对领导者与沟通的关系做过实验，结果表明：最踊跃地与他人沟通的人被公认为最有资格成为领导，而最不愿与他人沟通的人被视为最没有资格做领导。良好的沟通能力是成为成功人士十分重要的技能。

（二）公关沟通的特征

公共关系沟通有别于普通的人际沟通，具体表现如下：

1．公关沟通与职业相关，形式多样。公关沟通是主体与公众之间的沟通，一般与职业有关，沟通形式包含组织沟通、媒体沟通、人际沟通等多种形式。

2．公关沟通目的明确。公关沟通的目的，是为了与公众的彼此了解、相互信任和建立良好的公众关系。

3．公关沟通讲究原则。公关沟通是建立在公共关系基本原则基础之上的沟通，公共关系原则是公关沟通原则的基础和依据。

4．公关沟通是有计划的沟通。公关沟通有明确的目的，沟通内容和方式都必须经过事先的设计。

5．公关沟通追求和谐。公关沟通的战术目标是建立良好的公众关系，战略目标是营建内利团结、外利发展的公众环境，追求主体与公众的和谐，这也与当今政府建立和谐社会的要求相一致。

（三）公关沟通的基本原则

1．互相尊重。古人云：“尊人者，人尊之”，尊重他人是沟通前提。相互尊重就是尊重他人的人格，以平等、客观、开放的态度去与人沟通。尊重对方的兴趣、爱好、行为习惯，抱着“空杯心态”，摒弃先入为主的做法，是沟通的必要条件。

2．真诚。人心是需要真诚养护的。真诚是人与人之间沟通的桥梁，只有以诚相待，才能相互理解、建立信任。多分享看法，多听取接收意见，才能建立良好的沟通环境。

3．宽容。宽容就是能容异见、差异，允许存在不同。宽容包括尊重和体谅。人际交往中往往会产生误解和矛盾，产生些磨擦，这是难免的。只要宽以待人，谦让大度、克制忍让就可以避免交往中的矛盾。只有这样才能扩大交往空间，有助于沟通的进行。

4．互酬。互酬不仅有互相酬答的本意，也有相互帮助，能力、感情兴趣、爱好上相互满足的内容。沟通是双向选择性的。双向提供帮助、补偿的互酬或互惠交往关系才能得到保持和发展。人的行为一般都具有某种互酬性，在交往中互酬水平越高，关系就越密切。

二、沟通的基本过程

沟通就是信息传递，这种信息传递需要通过一些步骤来完成。在信息传递中，无论沟通双方是通过言语沟通、非言语沟通还是采用更先进的沟通技术，沟通过程由信息发送、传递、接受和反馈四个部分八个步骤构成。

1．信息的发送

第一步：产生想法。沟通的起点是发送信息者产生一个需要沟通的想法。没有想法，一切就无从谈起。发送者在产生想法后还将权衡沟通的价值，判断是否有进行沟通的必要，即“三思而后行”。

第二步：进行编码。发送者产生沟通的想法并决定进行沟通后，接下来就必须把要传递的信息编码转换为恰当的文字、图标或其他符号。同时，确定信息的传递方式并根据传递方式对信息进行组织。常见的信息传递方式有：直接访谈、电话、信函、电子邮件、公文等。

2．传递

第三步：传递。信息编码完成后，下一步要做的就是把编码、组织好的信息按预先确定的传递方式传递出去。此时，信息传递者必须选择合适的传递时机和传递渠道，并尽量避免传递过程中的信息延误或曲解，减少传递过程中的各种障碍和干扰，使信息能顺利到达接收者并引起足够的注意。

3．接受

第四步：信息接收。前述的三个步骤构成了信息的发送过程。信息成功发送后，接下来要做的就是接收。良好的沟通不仅需要发送者准确的编码和传递，还需要接收者能应用各种接收技巧，完整地接收信息。否则，信息就会丢失或曲解从而无法实现沟通的目标。

第五步：进行解码。信息被完整接收之后，还必须进行解码，以便准确地理解它。解码是编码的逆过程，需要解码者能透过接收的文字、图标或其他符号，理解其内在涵义。因此，成功的编码—解码过程首先要求发送者在编码时尽量根据接收者的解码技能，选用恰当的编码方式，同时还要求接收者不断学习，熟悉发送者的语言，提高自己的解码水平。例如，大学教授在面对一群非专业的听众时，往往选用最平实易懂的词汇讲授专业问题。同时，听众为了能更好的理解这些内容，有时需要预先看看相关资料。

第六步：接受信息。接收者准确理解发送过来的信息后，下一步要做的就是决定是否接受它，是完全接受还是部分接受。影响接受的因素有：对信息准确性的感觉，信息传递者的权威和信誉，接收者对相关信息的了解等。

第七步：使用信息。信息被接收者使用是沟通的意义所在，但使用与否主要取决于接收者：他可以对信息置之不理，或按照信息指示付诸实施，或存储起来为将来备用，或采取其他措施。

4．反馈

第八步：反馈。就是接收者告知发送者收到信息并作出有关反应。沟通是一个双向、互动的过程，而这正是源于反馈。发送者可以根据反馈的信息，对下一个信息的内容、编码方式等作相应的调整，以提高沟通的效率，达到沟通的目标。因此，成功的沟通需要接收者良好的反馈，也需要发送者能很好的理解反馈的信息。

以上八个步骤构成了沟通的过程。了解沟通的过程，不断提高各个步骤的水平，才能更好地进行有效沟通。

第二节　求职、离职沟通

求职、离职沟通，是公关沟通的重要形式之一。在职场中会遭遇许多复杂的情况，并且会面临许多艰难的抉择。求职和离职是每个求职者都会遇到的事件，如果沟通不足，会影响到个人的职场生涯。

一、求职沟通

求职应聘是人生职业生涯的第一步。只有获得加入集体、融入社会的机会，才有实现自身价值的可能，因此如何在求职中展示自己的知识、能力和智慧显得十分重要，它是帮助我们走向成功的前提。

（一）善于进行自我推销

求职应聘时许多人往往急于获得工作机会、推销自己，在自我介绍时没有充分准备或忽视自我介绍的艺术，引起用人单位和面试考官的反感而失去机会。

小王去应聘某时装公司销售员，面试的主考官问他：“平时你是否注意服装的流行趋势？”小王回答：“非常留心。”主考官问：“对今年秋冬时装的流行趋势，你有什么认识？”小王想了很久也没想起秋冬时装流行趋势的特点。虽然他平时也爱看电视上的时装表演，却没有对时装流行趋势的发布留心过。尽管小王平时自己也很注意自己的着装搭配，有能力胜任服装的销售工作，但由于准备不充分，自我推销失败，反而使自己很被动，面试的结果是，他失去了这份工作。

求职者的自我介绍非常重要，如能留下良好的第一印象，则为踏入社会打开了方便之门。要想在最为关键的第一场接触中把握时机需要注意以下几点。

1. 实事求是。在自我介绍中，有些人为了让用人单位留下深刻的印象，往往喜欢对自己的能力和表现进行过多的夸张，如“我在这一方面有很深的研究”，“我的成绩在学校是最好的”，“我很善于市场的开拓”，不断的表现自己，殊不知太多的炫耀自己反而会引起别人的反感。谈论自己的话题，要尽量避免过多的夸张，尽量用实例证明所表述的一切，实事求是的显示自己的才能。

2. 主题明确。自我介绍中，要简单明了，抓住重点突出特长，在求职面试中，对自己的基本情况，如：姓名、年龄、学历、籍贯、学业情况、爱好、工作能力和工作经验等不同要素应详略不同，按招聘方的要求准备自己的介绍材料，围绕中心说话。假如招聘者对应聘者的工作能力和经验很重视，那么，求职者就得从自己的工作能力和工作经验出发做详细的叙述。如果是刚出校门的学生去应聘，则应注意招聘者在面试中重点询问的问题，整个介绍都应以此为中心。自我介绍清晰明了，中心突出，针对性强，效果就会好。

3．谦虚有礼。在进行自我介绍前，要谦虚礼貌的使用开场白。主动与面试官打招呼并对能够获得此次机会道声谢，如“您好，谢谢您给我这么好的机会，请允许我向您做个简单的自我介绍。”整个介绍内容结束后，还应向主考官道谢，并向在场的所有面试的人员表示谢意。

（二）强调、展示特长

有两位刚走出校门的毕业生张小姐和杨小姐，同是学习文秘专业，都是优秀学生，又同时到一家独资企业应聘高级秘书职位。人事经理看了简历以后，难以取舍。于是通知两人面试，考官让她们分别做一下自我介绍。

张小姐说：“我今年 22 岁，刚从某大学毕业，所学的专业是文秘。广东人。我爱好音乐和旅游。我性格开朗，做事一丝不苟。很希望得到贵公司的工作。”

杨小姐介绍说：“关于我的情况简历上都介绍得比较详细了，在这里我强调两点，我的英语口语不错，曾利用假期在旅行社做过导游，带过欧美团。再者，我的文笔较好，曾在报刊上发表过 6 篇文章。如果您有兴趣可以过目。”最后，人事经理录用了杨小姐。

当应聘到外企或其他用人单位时，求职者往往最先被问及的问题就是“请先介绍介绍你自己。”这个问题看似简单，但求职者一定要慎重对待，它是你突出优势特长、展现综合素质的好机会。在展示自己特长时要注意以下几点。

1．开门见山，简明扼要。一般最好不要超过三分钟。

2．实事求是，不可吹得天花乱坠。

3．展示的长处要与申请职位的要求有关。

4．突出长处，但不隐瞒不足。

5．善于用具体的实例来证明自己，说明问题不要泛泛而谈。

6．结束介绍后，要主动询问考官还想知道自己的什么情况。

要想获得良好的效果，就一定要在应试前做好充分的准备，“不打无准备之仗”。

（三）文明优雅的举止

在求职中仅靠语言和文字的表述是不够的，尤其在面试中，文明优雅的举止非常重要，需要注意以下问题。

1．仪表。它指人的外表，包括人的仪容、姿态、服饰、风度等。在人与人的交往中，相互传递的信号主要有三种：视觉信号、声音信号、语言信号。视觉信号指我们所能看到的东西：衣服、形体语言、面部表情等。声音信号指的是人怎样使用他的声音。而语言信号则是表述时的遣词造句。其中视觉因素在给人的整体印象中所占的比重为55%，超过了一半以上，可见仪表的重要性。

尽管许多有学问的人不修边幅，不太注重自己的仪表形象，但那毕竟是少数。对于大多数人，尤其对初次应聘的人员来说，仪表非常重要；仪表端正体现了一个人的素养、自尊和品位格调，也是对人和周围环境的尊重。

美好的第一印象永远不会有第二次。人们一般在见面后5秒钟内就对对方形成第一印象。许多人因为邋遢的形象而找不到工作，为此苦恼不堪。一家大型制药厂的人事经理说，他不会录取一个穿脏皮鞋的应聘者。美国成功学家拿破仑·希尔说，一个人能否成功，关键在于他的心态。成功人士都有一种积极心态。仪表是积极心态的外在表现，正式的、得体的、优雅的仪表能够增加人的自信，并能以积极奋发的、进取的、乐观的心态去面对现实，处理人生所遇到各种矛盾、困难和问题，这样就可能受到成功女神的青睐；相反，连自己仪表都不再关注的人，可能心态消极、悲观，在人际交往中很难获得别人的尊敬和信任。

2. 举止适度。微笑，不仅对身体有益，而且是显露感情最直接的方法。在面谈中，应该把握每个机会展露自信及自然的笑容，但切忌不要露出像傻子般的呆笑。另外，在遇到难答的问题时，便装出咳嗽的声音或咬嘴唇会给人以不成熟和不认真的印象。

在面试时，不要左顾右盼，目光应始终与面试官交流。这样既保持接触又避免了直盯。目视对方说明了你很感兴趣，在接受提问时，左顾右盼会给面试官留下坏印象。对面试官的提问要悉心聆听，确保所答即所问，不要说一些无关的话。语调应该放松、友好、缓慢、独特和充满自信。

一些人在应聘面试中不注意形象和细节，迟到、衣着邋遢、说话的时候有一些不良的姿态、口腔有异味、交谈过程当中明显流露出不真实的信息或对求职程序进行点评，这些人一般是不受欢迎的。

（四）制作求职材料

个人求职材料包含求职信（自荐信）、简历、证明材料。其中求职信是主体，简历材料和证明材料是求职信的附件。

1. 求职信（自荐信）。它是表达个人求职意愿的文字材料，通常为书面形式。求职沟通时，往往是口头表述加书面材料两种形式。求职信要根据各招聘单位的不同要求书写，有针对性的设计内容，不要用一封自荐信递送所有的单位。

写求职信还应该注意以下要领。

（1）要推销自己。强调自己与该职位相适应的能力和技能，以便给人留下良好的第一印象。

（2）使用积极的语言。通过以前的职业经历来表现自己。例如：暑期进行过牛奶促销，主要工作是帮助顾客了解产品的特点，并参与过商场的营销计划，通过促销提高商场牛奶的销售量。

（3）一致。全文选择一样的格式、时间顺序、模式。

（4）确保语言准确、页面整洁。错误的语法和零乱的页面会带来负面影响。

（5）注意面试表达。在求职中，面试是非常重要的，是求职者向用人单位直接展示素质和才能的机会，要注意表现自己的长处和反应能力。

2. 个人简历。它是反映个人基本信息、学历、阅历的书面材料。它虽是求职信的附件，因内容多，反映情况详细，被重视程度高，常常是用人单位主要审查的材料，所以也有人把整个求职材料说成是“简历”。由附件变成了主体，可见简历是十分重要的。

求职简历上一般包括以下几个内容：个人信息、简短自我描述或评价、工作经历、受培训经历、教育背景，如有工作经历则着重阐述参与项目的经历和特别自豪的成绩，如果有量化的数据加以说明将会更好。

3. 证明材料。它是对求职信、简历正本的证明和补充。主要内容指学历、资历证明，能力证明、荣誉证明等。具体包括学历、学位证书，各种技能、水平鉴定考试证书，执业资格证书，各种奖励证书等。

二、离职沟通

一般来说，构成离职的原因主要有三个方面：一是外部因素，包括经济、法律、交通以及人才市场竞争者因素；二是组织内部因素，如薪资福利不佳、对上司领导风格不满、缺乏个人升迁发展机会、工作负荷过重、压力大、不受重视、才能无法发挥等；三是个人因素，即家庭因素、性格特质、职业属性以及个人成就动机因素。

人只要身在职场，就会有职业变动的可能，就会产生离职的事实。不要将离职简单地看成职业的结束，而更要看到是新职业的开始，因而要将离职同求职同等重视。在离职时，应保持自己一贯的工作作风，当离职决定一旦确立，应进行离职前的沟通、协调，根据组织的要求和规定，完成离职作业程序，善始善终，给人留下完美的印象。

（一）离职沟通的内容

1. 写离职申请。离职申请一般包括以下内容：离职原因、离职期限、工作交待、向公司表示感谢等。离职理由充分且被认同，也可以再加上一些个人建议、推荐合适的接班人等内容，但措辞和语气不易过激，以免由于表述问题给自己带来不利。离职时不公开批评公司或借机煽动其他员工离职。

2. 离职面谈。这是离职过程中最重要的一步，离职请求是否能够得到批准和支持，这是很关键一步。在和主管详谈之前，必须想好离职的充分理由。如果由于平时的工作表现或者能力较强，在面谈中主管很可能会进行挽留，而你必须用得体的语言去应对，表明立场并坚持自己的初衷，切忌不辞而别。

3．交接工作。在和主管谈妥了具体离职意向并征得同意之后，就应该着手交接工作。在公司还没找到合适的接替者的时候，应该一如既往地努力做好本职工作，站好最后一班岗。即使在接替你的人来了之后，仍必须将手头的工作交接完毕才能离开公司，以尽到自己的最后一份责任。在交接工作时应逐项列好工作的交接清单，将相关客户人员、办公用品、财务账目等工作内容进行详细移交。

4．人事手续。决定离职之后，会有一系列人事手续要办，一般来说，是由原单位开出退工证明，并将个人的档案转出，相应的养老关系和住房公积金等也需一并转移。

已有新的工作单位时，要将原有的劳动关系转到新单位；假如近期没有就业意向时，需咨询有关部门后妥善处理人事关系，以免将来用到这些关系的时候发生不必要的劳动纠纷。

（二）注意事项

一旦离职的事实发生，应以开阔的胸襟坦然面对。不应有伤害对方的情形发生。在进行离职沟通时还应注意以下问题。

1．离职信和离职前的面谈要措词得体。

2．选择较恰当的离职时间，尽量替公司考虑适当的接任人选。

3．逐项列好工作的交接清单，尽量把交接工作做得完美。

4．为接替工作的新人指点工作的要点、注意事项。

5．离职当天向主管告别和道谢。

第三节　职场交际沟通

职场交际沟通是指在工作场所进行的沟通，是建立在人际沟通基础之上的公关沟通的一种形式。在现代职场上，仅仅是埋头苦干、孤立独行是很难有更好的发展机会的。而有效的推销自己、取得他人的认可、赢得他人的支持和配合，对促进事业的成功是尤为重要的。良好的沟通不仅使自己能够左右逢源，还能够营造组织内部团结、和谐的环境。职场沟通的主要对象是上司、同事和下属。

一、与上司的沟通

与上司的沟通是职场沟通中最为重要的内容，良好沟通可以让上司了解你在工作中的态度、能力、工作内容和进展，从而得到赏识，获得更好的发展机会。

在与上司交流和沟通的时候，应把上司看成自己团队的一员，上司并不独立于群体之外，它是群体中的一分子。除了最高层的领导者，所有的员工（即使是一个管理者），也会是他上司的下属，他也需要这份工作，需要有工作业绩，需要挣薪水。既然大家都是为了相同的目标、共同的利益，那么就应同心合力，建立良好的合作关系，创造更好的成绩。

（一）与上司工作上的沟通形式

1．接受工作。在接受工作时要明确沟通的目的，即使有什么问题，也不要急于进行反驳。除非得到上司的认同，否则不要在这个场合与上司进行讨论和争辩。在沟通过程中要注意倾听，并进行恰当的反馈，以最有效的方式同上司就重要问题达成理解上的一致。

明确上司的目的，防止把接受任务的过程变为商讨问题、向上司汇报工作、上司进行工作评价等其他工作沟通形式。这样使工作布置、指示发生偏离，降低工作效率，易使上司对你接受指示的态度产生误解，造成不必要地负面影响。

2．汇报工作。它是让上司了解你的工作态度、工作进度的好时机。汇报的内容要与上司原定计划和原有期望相对应，并尽量符合上司的期望。在汇报工作时要做到客观、准确，尽量不带有个人、自我评价的色彩，以避免引起上司的反感。

在汇报过程中，积极寻求反馈，对于上司所关注的重点，应重点或详细进行汇报。对于上司做出的评价，有不明白之处应当场反馈加以确认，从而获知上司评价的真实意思。

3．商讨工作。在商讨工作中注意正确扮演自身的角色。按照自己的角色、权限做出决定。以平等和互动的原则进行，在商讨问题的过程中，时刻注意把握分寸，保持良好的沟通环境。约定商讨的问题，事先应作充分的准备，对于结论要有记录，并在事后确认，防止在执行中出现偏差，无法明确责任。

（二）与上司相处的艺术

1．维护领导权威。人都需要尊重，都很爱“面子”，上司尤其是这样。上司一般会很在乎下属对自己的态度的，常会以此来衡量下属是否尊重自己。在与上司相处的过程中，维护上司的权威十分重要，懂得礼貌的下属并不是一味消极的保护领导的面子，而是在关键的时候给领导增光，取得领导的赏识。

上司也是人，也会犯错，如果上司的错误确有纠正的必要，最好寻找一种领导可以意识到，而别人又不太注意的方式进行沟通。不是很明显或无关大局的事情，就没有必要凡事都搞个水落石出孰是孰非了。

2．赢得上司的信赖。在与上司相处的过程中经常作出否定的回答，是会使上司厌恶的。要想和上司建立起和谐融洽的关系，就要养成一个良好的习惯——积极、肯定的做事态度。

在工作中主动报告工作进程，让上司了解你的工作进度。工作中有时小小的一点错误，发展到后来会变得很大，如果能及早的报告自己的工作情况，一旦出现问题和错误，上司可以及时地纠正，避免出现大的错误。让上司对你的工作放心。

上司在工作中出现错误时，切不可持幸灾乐祸的态度，这样会使上司寒心，这时应伸出援助之手，加以劝慰，帮助总结教训。上司在总结错误、失败的时候，同样希望得到别人的帮助而非冷眼旁观和冷嘲热讽。如果在上司遇到困难需要帮助的时候伸出援助之手，帮助上司化解困境，就会得到上司的信任，以后也会被另眼相待的。

3．成为上司的好助手。上司之所以成为你的上司，必有其长处，在职场上不仅要努力学习知识技能，还应向上司学习，这样才能缩小与上司的差距，懂得、熟悉上司的语言，跟的上他的思维，就会获得不断进步的机会。

作为下属，还应了解上司的语言，学习上司的能力，把协助上司完成任务看成自己份内的事情。耐心的寻找上司的工作特点，以上司喜欢的方式完成工作，并且敢于面对挑战，善于有条不紊地帮助上司处理、应付各种复杂局面。在协助上司工作的同时，提高自己的工作水平和工作能力。

4．与上司保持距离。职场上几乎所有人都希望能有好的表现，给上司留下好的印象，让上司全面地了解自己，获得升职的机会。但是，无论什么时候，上司与你还是有差异的，上司与你在职场中的地位是不同的，这一点要有清楚认识。即使上司和下属的关系很好，也不表示上司与下属之间没有距离。与上司相处，切忌交往过密。

任何领导在工作中都要讲究方法和艺术、措施和手段。这些手段措施，被员工了解熟悉，就难以获得好的效果，工作进展就会带来一些困难，这是领导不愿看到的，所以不要与上司有过分的交往，在交往中可以了解上司在工作上的性格、作风和特点，而不是生活中的习惯和特点。防止领导担心因你对他的思想感情过分了解，而影响他在工作中的权威性。

二、与同事的沟通

同事是与自己一起工作的人，是每天与我们相处时间最多的人，也是职场中与自己处在同一地位的大多数人。与同事相处得如何，直接关系到自己的工作、事业的进步与发展。同事之间良好有效的沟通、融洽的协调配合是完成工作的前提，善于与同事沟通，赢得良好的人际环境的人，总能获得同事支持。同事之间关系融洽、和谐，就会感到心情愉快，有利于工作的顺利进行，从而促进事业的发展。反之，那些缺乏与同事沟通意识、自命清高的人，同事关系紧张，相互拆台，经常发生磨擦，免不了时时被动，举步维艰，这样就会影响正常的工作和生活，阻碍事业的正常发展。

若想在事业上获得成功，在工作中得心应手，就得熟悉和了解与同事沟通的艺术。

（一）重视与同事合作

美国加利福尼亚大学副教授查尔斯·卡费尔德对美国 1500 名取得了杰出成就的人物

进行了调查和研究，发现这些有杰出成就者有一些共同的特点，其中之一就是善于与别人合作。他们注重提高自己的能力，而不是考虑怎样与他人竞争击败竞争者。事实上，多数成功的优秀者，关心的是按照他们自己的标准尽力工作，而不是眼睛只盯着竞争者。正是因为他们具有良好的沟通合作能力，再加上他们的学识和才智，他们取得了人们所想象不到的成功。

合作是一件重要、快乐的事情，很多工作只有互相合作才能做成。群体成员具有不同的背景和兴趣，这可以产生多样化的观点。与他人合作可以产生出任何个人只靠自己所无法具有的创造性的思想。同事之间互相提供帮助和鼓励，每个人都能贡献出自己独特的技能，俗语说得好："人多力量大"，"众人拾柴火焰高"。一个团队组织有序、合作努力就能在有限的时间里取得显著的成绩。才能使每个人最大限度地实现自己。在与同事合作时应注意以下几点。

1．积极参与。在团队中，每个成员都应该积极参与，具有奉献意识，并有责任做出自己应有的贡献。而有的人却喜欢让别人出头露面，在讨论中自己却静静地坐在那里，做一个感兴趣的旁观者。这样既无法显示自己的社交能力、不能对团队的决定作出贡献，也难以赢得团队中其他成员的尊重。

要注意多和同事分享看法，多听取接受别人的意见和建议，积极地参与到团队的活动中来，获得同事的接纳和支持，才能使工作的有效性提高，使工作顺利的开展，在团队的发展中成就自己的事业。

2．尊重同伴。准确认识自己在团队中的角色和彼此的关系，要使团队有效地发挥作用，就需要把握同事关系，尊敬合作伙伴，这是保证合作成功的基本准则。

要让他人充分地表达自己的观点，而不要随意打断，或表现出不耐烦，做到这一点对于团队正常地发挥功能是很有必要的。在某些场合，其他成员有不同的分析或结论，即使你确信你是正确的，也需要做出必要的妥协和让步。

3．有效讨论。同事之间会因为工作出现意见分歧，出现问题时可以通过讨论来解决。讨论的原则是互相尊重、平等商谈。表达自己观点时要客观、从容，要照顾到对方的感受，使之能够认真听取你的发言；当同事提出自己的观点时，认真地聆听他人的意见，努力了解他人的观点及其支撑的理由，做出积极的和建设性的反应；交换意见时，可通过提一些相关的问题，共同探究所讨论的问题。

讨论时不能先入为主，避免对别人的观点妄作判断；要避免急切地表白自己、不计代价地去证明自己观点的正确性。

4．客观评价。当团队对其成员提出的观点进行评价时，应该运用系统思考的方法进行评价。评价时要客观，不能意气用事。要注意弄明白争论点或问题关键是什么？这个观点是如何说明问题的？提出这个观点的理由和根据是什么？它的风险和弊端是什么？

重要的是要让团队的成员意识到，评价的对象是观点而不是提出观点的人。最常见的一种错误思考是，有的成员仅从个人的爱好或偏见出发，不是对人们提出的观点进行评价而是把矛头指向个人。对有挑战性的观点应该做出这样的回答："我不同意你的看法，原因是……"而不应该说："你真无知。"应进行良好的沟通，而不要恶语伤人。

（二）与同事相处的艺术

1. 真诚宽容。希望得到别人的关爱和注意是人的一种正常需要。当一个人感到周围同事对他真诚的关心时，他心中更会有一种温暖、安全的感觉，就会充满自信和快乐。"投我以木瓜，报之以琼琚"。别人既然真诚待己，我也同样会真诚待人，这样相互之间就容易有一种友好、亲密的关系了。真诚地关心同事，当同事有求于自己时，只要是正当的就要尽己所能满足对方的要求，当看到别人有困难时，要主动去帮助、关注和体贴。

宽容是一种良好的心理品质，也是一种处理好同事关系的艺术。宽容是现代人应当具有的性格特征，它表现为一个人对别人宽厚、有气量，不计小隙，能宽容异见。宽容体现一个人的心胸气度，体现大局意识；相互宽容往往能够调整关系，化解人际危机。尽量不要与同事计较琐碎的利益，学会宽容大度目光长远。对于同事之间的误解与磨擦，唯有冷静、宽容、谅解，才能有所作为，为自己和同事营造良好的工作环境。

2. 善于赞美。在与同事的交往中，适当的赞美别人，总能创造出一种热情友好、积极肯定的沟通环境。英国前首相邱吉尔曾说过："你想要别人有怎样的优点，那你就怎么样去赞美他吧。"在人与人的交往中，适当的赞美能束缚对方的缺点，当他的自尊心受到了赞许的激励，就会向赞许的方向努力。人们在别人的赞许中确认自己存在的价值，获得成就感和社交的满足感。

行为科学理论指出，别人对待自己的态度，大部分取决于自己待人的态度。善于赞美对方，能够赢得对方同样友好的回报，诚恳的赞许总能赢得对方的欢心，为双方的相互沟通铺平道路，和谐的环境为自己沟通奠定良好的基础。

赞美对方的宗旨是尊重对方、鼓励对方，以及创造友好的交往气氛。应该真心实意，诚恳坦白，措辞适当；如果因为有求于人才表示赞许，会令对方感到你动机不良。当你不需求对方什么的时候，表示赞许才显出诚意和可信。对别人的赞许也不必过于频繁，过于频繁就失去了鼓励的意义，并显得滑头、俗气，反遭轻视。赞美的话语不宜过分，言过其实的恭维话就成了"拍马屁"，只会被人耻笑。赞美他人也须掌握一定的"度"。

3. 含蓄竞争。竞争是对外界活动所做出的积极、奋发、不甘落后的反应。在现代社会，充分发挥自己的潜能，表现出自己的才能和优势，是适应挑战的必然选择。与同事处在同样的层次和职位，就免不了有升职、加薪的竞争；待遇、资源分配等利益的竞争。许多心高气傲的职员往往陷入这样的误区，那就是把表现自己的时机错误地放在了与自己同处一个地位的同事面前，不知什么是收敛，结果往往在职场竞争中输得莫名其妙。

同事之间应该是合作中的竞争，竞争中的合作，真正明智的竞争应该是厚积薄发，暗里用劲，应抛开杂念，不要手段、不玩技巧，表现自己分清场合和方式，面对强于自己的竞争对手，有正确的心态，不随意抱怨；面对弱于自己的，也不张狂自负。同事之间的竞争不能只讲结果不管过程，甚至只讲目的不择手段。那样会招来同事的反感，影响你的形象，也会给你的竞争带来不利。

三、与下属的沟通

在组织管理过程中，大约有一半的沟通是在管理人员与下属之间进行的。与下属有效的沟通，可以提高团队的效率，使团队内员工的分歧趋于一致，消除隔阂使下属相互信任了解，建立一个关系融洽、积极进取的团队。学会与下属进行沟通，是基层管理者必须具备的一项基本技能。

（一）与下属沟通的形式

1. 下达指示（命令）。下达指示是要求下属照你的意图完成指定的行为或工作，带有隐含的强制性。强制性的指示会压抑下属的一些创造性思考和积极负责的心理，会使下属失去参与决策的机会。但对确保下属按计划执行与按计划方向前行，却是绝对必要的。

下达指示（命令）时，要正确地传达，不随意更改；目标清晰让部下容易接受并愿意去执行；不要为了仅仅证明自己的权威而下命令。在下达指示（命令）时注意提升下属接受执行的意愿，使下属积极的执行。

2. 批评指正。在下属做错了某件事情的时候，批评是必要的，目的是唤起他的责任心，在他的脑子里形成一种警戒。批评下属的目的当然是让他改正，以后不再犯同样或类似的错误。但是只有批评是不够的，在批评之前需要首先搞清楚事情的来龙去脉，要分清错误的性质，和犯错误的人一起分析错误出现原因，这样做非常重要，这样可以避免下一次重蹈覆辙，可以避免由于批评造成情绪上的障碍，让被批评者心悦诚服地知道他的错误，并在分析的基础上提出问题的解决方案、错误的补救办法，以及以后防范此类错误的措施，最终达成的一致，使下属对办好此事更加有信心。批评他人通常是比较严肃的事情，所以在批评的时候一定要客观具体，应该就事论事，批评他人，并不是批评对方本人，而是批评他的错误行为，千万不要把对下属错误行为的批评扩大到了对下属本人的批评上。

3. 拒绝要求。当下属提出一些不合时宜的或不合情理的要求时，需要管理者拒绝。拒绝下属时要掌握以下要领：第一，拒绝下属的请求和要求需在保护双方利益的情况下进行，要耐心倾听下属所提出的要求，确切地了解请求的内涵，以表示对请托者的尊重；第二，拒绝态度要坚决，以消除对方会产生的误解；第三，拒绝语言要简明扼要，直截了当，避免争论；第四，在表情上应和颜悦色，以略表歉意，但也切忌过分地表达歉意，不要被请托者抓住弱点，反被说服而打消或修正拒绝的初衷。

在拒绝时最好指出拒绝的理由。这样做，将有助于维持和下属原有的良好关系。但这并不意味着对所有的请托拒绝都必须附以理由。有时不申诉理由反而会显得真诚，例如你偶尔对频频请托的人和颜悦色地说："真抱歉，这一次我将无法效力，希望你不介意!"

但是一旦附以拒绝的理由，则只须重复拒绝，而不应与之争辩。要使下属了解，所拒绝的是他的请托，而不是他本身。即拒绝是对事而不对人的。

（二）与下属沟通的艺术

1．懂得尊重。每个人都有自尊心，都希望被人尊重，一旦被尊重就会产生不负使命的心理，工作意念与干劲就格外高昂。一个人若无法满足其被尊重的欲望，便会削弱他的工作积极性，影响其才能的发挥。

优秀的管理者应首先具有尊重他人的品质，不应以工作为重心而加以监督，而应以人为重心加以信赖，对下属从不以支配者自居；平等待人尊重下属的自尊心；关怀下属的成功，遵守与下属的约定事项。

2．建立权威。权威简单说来就是权力和威信的总和，权力来自于职位，什么职位就有相应的什么权力。威信来自于自身的因素，是一种使人甘愿接受对方影响的心理因素，就某种意义上来说，影响力就是威信。

建立权威要在决策前查明情况，在困难面前，或众说纷纭、意见分歧的情况下敢于做出决断。善于学习、勤于实践，有专长权力能进行有效的指挥。平等待人，增强感情权力。由感情产生的权力，是威力无穷的影响力。法定权力，可使下属服从，但不能使下属主动，专长权力能令下属敬佩，有感情权力，就能使下属更自觉、主动地对待一切工作。

3．勇担责任。做下属的最担心的就是做错事，尤其是费了九牛二虎之力后却依然闯了大祸的事，因为随之而来的便是惩罚问题、责任问题。

大多数上级在处理下属乃至自己本人的失误和错事的时候，总是想提出各种理由为自己开脱，惟恐遭到连累，引火烧身。却殊不知即使是“上级”，那么下属犯错，也等于是自己的错，起码是犯了监督不力和委托非人的错误。

1980年4月，在营救美国驻伊朗大使馆内人质的计划失败后，当时的美国总统吉米·卡特立即在电视机里做了如上声明：“一切责任在我。”在此之前，美国人对卡特的评价并不高。有人甚至评价他是“误入白宫的历史上最差劲的总统”，但仅仅由于上面的那一句话，支持卡特的人居然骤增了10%以上。

试想有一天你不幸闯了大祸，如惊弓之鸟般向上级报告之后，忧心忡忡地挨到第二天，坐到了那个如同“公审大会”的会场上“听候发落”的时候，上级竟如卡特总统般众目睽睽之下掷地有声地来了句：“一切责任在我!”那该是何种心境？卡特总统的例子充分说明，下属及群众对一个上司的评价，往往决定于他是否有责任感。

懂得如何收揽人心、勇担责任的上级，在下属闯祸之后，首先应冷静地检讨一番自己，然后与下属一起心平气和地分析整个事件，指出错在何处，最后重申宗旨——每一个下属做事都该全力以赴，漫不经心、应付差事是要受惩罚的。如果不分清红皂白，无论下属的过错是否与自己有关都大发雷霆，不时强调“我早就告诉你要如何如何”或“我哪里管得了那么多”之类的言语，不仅使下属更不敢于正视问题，而且不会感到丝毫内疚，日后避免不了同这种上级大闹情绪，甚至永远不可能再拥戴他。

另外，当下属出现错误时，一味埋怨下属，推卸责任的上级，也只会令更高层的上级反感。替他人挡驾的上司，也是最会收揽人心、最有人缘的上司。

第四节　职场业务沟通

职场业务沟通属于商务沟通的范畴，也是组织公关沟通的重要组成部分。包括与股东、合伙人的沟通，与供货商的沟通，与顾客（客户）的沟通，与媒体的沟通等。

一、与股东、合伙人沟通

（一）与股东的沟通

与股东进行沟通，有利于建立良好的投资者关系，有助于建立广泛的股东基础，树立良好的组织形象，从而加强投资者对组织的信心，增强融资的能力，易于得到投资者对组织的长期支持。加强与投资者的沟通，可通过信息披露的方法，促进投资者与公司间的了解和认同，在投资者中树立公司良好的诚信形象，实现公司价值最大化和股东利益最大化的战略管理行为。

与股东沟通的内容包括以下几点。

1．公司的发展战略和近期发展目标。

2．公司的经营、管理、财务及运营过程中的其他信息，可以在符合国家有关法律、法规以及不影响公司生产经营和不泄露商业机密的前提下与股东沟通，包括：公司的生产经营、新产品或新技术的研究开发、重大投资及其变化、重大重组、对外合作、财务状况、经营业绩、股利分配、管理层变动、管理模式及其变化等公司运营过程中的各种信息。

3．组织的理念和文化。

4．股东关心的与公司相关的其他信息。在组织的初创时期，股东和股东之间、股东和管理者之间往往缺乏深入的了解，真正的相互信任还未建立，此时能否通过良性的沟通建立起企业决策者、管理者之间相互尊重、相互信任的关系常常决定着企业的成败。

加强公司与投资者间的有效沟通，会增强公司与投资者之间的相互信任与支持。把组织相关信息准确、及时、主动地与投资者进行双向交流，对实现公司与投资者之间的信息对称、改善市场投融资环境、推动理性投资观念的形成、培育以诚信为基础的股权文化将产生重要作用，可以有效地保障投资者的知情权及其合法权益，从而增强公司与投资者之间的相互信任与支持，同时对于投资市场的稳定发展也具有积极意义。

（二）与合伙人的沟通

积极地与合伙人之间保持良好的沟通，将自己的看法与合伙人进行开诚布公地交流，是合作的良好基础，也是事业发展的必备条件。

创业初期，由于合作时间短，事业发展和合伙人关系均处于磨合期，沟通就显得尤为重要。在心怀不满或疑虑的时候，应该直接表明自己的态度或疑虑的原因，因碍于情面而相互猜疑，结果只能使合伙人之间的隔阂越拉越大。团队之间如果不能相互包容，做到相互信任、相互尊重，那么企业便岌岌可危，这也正是许多创业者们郁郁不得志的关键所在。

与合伙人着重沟通的内容主要有以下几点：

1．希望合伙人在企业中担任角色及作用；

2．合伙人对经营企业的目标的认可；

3．让合伙人了解你的工作，在彼此了解的基础上建立符合双方共同需要、与双方管理风格相吻合的相互依赖的工作关系；

4．做到双方的良好沟通，则应经常向合伙股东通报工作情况，行为处事处处表现出诚实可靠，以建立双方的相互信任。

（三）沟通注意事项

与股东或合伙人进行有效沟通时，应注意以下事项：

1．传达真实的信息，减少不必要的模糊信息；

2．选择恰当的沟通时间；

3．重要的商业计划要有充分的准备；

4．尊重交流信息的保密性；

5．以一种有计划的方式向合伙人表达工作的需求和期望；

6．贡献但不操纵。

二、与供货商沟通

遵循平等、自愿、公平、诚实信用的原则，是与供货商合作的基础，在企业运行状况良好、顺畅的情况下，选择合作伙伴，把为数较少但产品不错的供应商，转变为合作伙伴，谋取双赢是现代企业采用的有益做法。

但在企业运行受到冲击、业务遇到阻碍或遇到的困难时，业务人员需与供货商进行沟通，请供货商降价或延长信用期，以获得发展的转机。

请供货商降价或延长信用期需要有明确、客观的理由。理由绝不可以是希望供货商多付出费用而保证自己可以获取较高的利润。如果你对供货商越重要，获得降价的可能性就越大。在与供货商讨论降价或延长信用期时，对象一定要是有决定权的人，否则讨论的效果是未知的。

倘若降价的要求是一次性的，沟通的过程会容易一些。在降价要求前，要对供货商的边际利润进行事先调查，以便获得清晰的第一手资料。假如发现供货商对别人的报价更优惠，降价的要求就胜券在握了。

三、与顾客（客户）沟通

在激烈的市场竞争中，顾客不再满足于被动地接受企业生产、销售的产品，对商品的质量、规格、式样、造型甚至包装等都会不断提出新的要求。

企业要在竞争中创造利润、获得生机，掌握顾客是致胜的关键。谁能善于与顾客沟通，发展出能适应顾客偏好的沟通渠道，取得顾客的认同、聆听顾客的意见、与顾客对话，谁就能有较高的获胜机会。与顾客建立良好的沟通首先要树立“以顾客为中心”的思想，充分地考虑到顾客的利益，不断调整自身，满足顾客的需求。

（一）和顾客沟通的形式

1．建立顾客关系。不断的拓展业务，扩大市场，通过沟通建立关系以获得顾客。主动联系新顾客或潜在顾客，是获得顾客的重要方式。在与新顾客或潜在顾客沟通的过程中，要充分调动和满足顾客的期待，正确回应顾客的情绪和反应，尽最大努力获得顾客的信任，建立顾客关系。例如：给新顾客或潜在顾客介绍产品或业务时，可以通过打电话、发邮件和登门拜访的方式进行，需要注意的是登门拜访必须事先预约。在主动联系时要做好充分的事先准备工作，热情乐观、清晰明确表达意图，引起顾客兴趣和注意；对于具体的销售事宜，宜在面谈中进行。

2．维持顾客关系。提高顾客忠诚度，维持顾客关系，使新顾客成为老顾客、关注保持老顾客，这将降低开发新顾客成本，是获得业绩的简单有效的方法。

在与老顾客联系时，尽可能搜集老顾客的个人资料，显示出他对于组织的重要性；在旧话重提涉及当初个人关系和事件时，万一触及有关失当的事件，要理解他的不满情绪，并争取从恰当的立场重述事件，采取弥补措施，以热情友好、谦逊恭顺的态度，重新获得顾客关系。

3．与顾客信息交流。在与顾客业务来往中，有时会因为一些特殊的原因，需要与顾客进行业务信息交流。在这种交流中最为困难的是传递一些不利的消息，这些信息的传递往往会使顾客不满意、不开心，不好的情绪会给沟通带来困难和不利。在向顾客报告坏消息的时候，无论原因是否由你造成，最终都必须为顾客负责，而不应在乎谁该受责备，即使你无能为力也必须首先向顾客表示歉意、承担责任，并提出补救措施。

4．接受顾客信息反馈。与顾客进行沟通的重要方式是顾客信息反馈，包括顾客投诉。顾客的反馈是积极、有益的，但从顾客投诉获得的信息是有限的，对反馈意见的分析更强调正确提问的重要性。企业应将征求顾客意见的表格设计的更适用，易于理解和填写。也可采用公布投诉电话、网址等联系方式，尽量方便顾客的信息反馈。这样做，可以使组织有分析问题、解决问题的信息基础。

愿意倾听顾客的反馈，一直保持与顾客的密切接触，不断以新的概念来加强彼此的关系，顾客就会以高度的忠诚、持续的消费作为回报。

（二）与客户沟通的技巧

1. 称呼客户的姓名。记住别人的名字，而且能轻易的叫出等于给别人一个巧妙而有效的赞美，因为人们把自己的名字看得十分重要。记住客户的姓名，对客户来说是沟通中最重要的声音。

2. 了解客户需要。在一般情况下，与客户交往前就应通过资料的查询或是向其他人咨询了解客户的兴趣、爱好、生活状况、方式，尤其是对所要销售的产品的需求。只有清楚客户的需要，才能找到合适的应对措施，建立良好的客户关系。

四、与媒体沟通

随着时代的发展，仅凭广告已无法提升企业的知名度了，这就对当代公关工作提出了更高的要求。加强与媒体沟通，利用媒体加强组织的对外宣传，提升公司形象，有效利用舆论导向，已成为公关人员的重要工作内容之一。与媒体沟通要注意以下要领：

1. 开诚布公。与新闻界打交道的时候，“最佳的政策是诚实”，它是良好的业务基础和重要的常识，诚实意味着从不撒谎。如果因为某种合法的理由，你不能说真话，那就什么也别说。因为好消息和坏消息总是会产生的，如果从业人员在坏消息上是诚实的，那么在好消息上就更有可能得到媒体的信赖。

2. 适时提供资讯服务。获得新闻记者合作的最迅速、最有把握方式，就是当他们需要的时候，以他们可以方便使用的形式，给他们提供他们所需要的、有新闻价值的、有趣味的和及时性的资讯。

新闻是一种非常容易腐烂的商品，新闻不能等待任何人或者任何事。媒体如有信息，短时间内予以响应相当重要。把握机会是相当必要的。即使不是为企业客户服务发稿，如果记者有特定的资讯需求，应该尽量在短时间内就给予响应，就自己力所能及的范围适度地提供。记者在有新闻截稿时间的压力之下，就会第一个想到你，因此取得主动发言权。

3. 尊重媒体的工作。公关人员没有任何权利要求媒体压制或者封杀一篇报道。压制或者封杀这种做法极少起作用，而且只会带来反感。要想阻止不利的报道出现，就要通过沟通艺术的运用防止这类报道的产生，最佳方式是提高管理水平，杜绝引起报道的不利事件的发生。

如果媒体报道了一个不准确的或者误导的新闻，就应该设法矫正。许多新闻媒介，为了他们自己的公共关系利益，已经采取了公开发表或者广播矫正的政策。这时，公关人员也应该要求媒体将错误的信息在更新的背景信息下得到纠正。

4．建立良性互动

以专业为基础，与媒体记者在自己的专业领域中互相交流，和媒体进一步建立长期的互动关系。新闻记者已经形成了对于新闻客观性和新闻价值的出色辨别力，不要乞求他们发表报道或者抱怨有关报道的安排，在一个互相依赖和互惠互利的条件下建立和维持良性关系。

【本章小结】

本章介绍了公共关系沟通的基本法则，对于求职、离职的沟通作了深入探讨，从职场交际、业务沟通的角度对如何与上司、同事、下属和股东、合伙人、供货商、销售商、顾客、媒体等关系的沟通方法和技巧进行了详细介绍，涉及的内容与日常工作息息相关，对处理好职场人际关系具有指导意义。

【本章思考】

1．什么是沟通？公关沟通有哪些特性？

2．沟通的原则是什么？

3．求职时应注意哪些问题？

4．谈谈为什么要重视离职沟通？

5．“与上司亲密无间利于自己的发展”，这种观点你是否同意？为什么？

6．如何与媒体进行良好沟通？

附录一　公共关系案例

案例一

从奥美看今天的中国公关业

★　案例概述

美国奥美国际公关集团北京公司将数百平方米的办公平面分隔为数十个个人办公区，站在门口一目了然。这里布满了电脑、电话、传真机、复印机和埋头工作的男女职员，可就是看不到印象中漂亮的公关小姐。公司一位30多岁的高级顾问在接受记者采访时说，他是土生土长的北京人，10多年前，他还在大学英文系读书时就已选修公共关系课程。虽然当时公关在大学生中已经比较热门，但他从未想到还会有专门的公关公司。

确实如此，公关行业的成长与中国对外开放的进程是一致的，20世纪80年代后期，国门打开还不到10年，欧美跨国公司尚未涉足大陆，因此为他们服务的国际公关公司也未进入内地。整个20世纪80年代只有伟达和博雅两家美国公关公司在中国开展了有限的业务。但是，随着1992年我国加快开放步伐，情况迅速改观。中国国际公关协会副秘书长郭惠民教授回忆道："1992年起，美国爱德曼公司、奥美公司、福莱灵克公司、凯旋先驱公司、英国宣伟公司等相继进入中国市场，这些外资公司绝大部分名列全球公关业前10位。"

奥美公司就是1992年以后进入中国市场的数家公关公司之一。不过，准确地说，奥美是一个综合性的传播集团，公关只是它业务的一部分，除了运用媒介发布，展览推广、研讨会等公关手段外，奥美还可以调动其广告部门、电话行销部门、媒体研究部门、网络传播部门为客户提供360度的整合营销服务。今天，奥美中国公司将自己定义为"本土化的国际公司"。其雇员90%以上都来自中国大陆，北京分公司的高中级管理层中除一名美国人外全是中国人。

奥美的情况与中国国际公关协会的1999年度行业调查报告的结论是基本一致的。该报告说："1999年是外资公关公司管理和业务的调整期，在1998年原有外资公司在华负责人普遍进行调整的基础上，本地的资深公关人员开始充实到高级管理岗位，本地员工占公司雇员的比例高达90%以上。"

国际公关协会的调查还显示，在市场中，中外公关公司各具优势，既有竞争又有合作，总体来讲合作大于竞争，目前已经出现中外公司优势互补，同时为一家客户服务的趋势。调查报告说，外资公司在战略咨询、危机管理、公关策略方面继承保持优势，而中资公司则在展览设计、会议组织、宣传品制作等方面技高一筹。在组织大型活动、市场推广、新闻发布会等方面，中资公司已开始与外资公司抗衡。

中国国际公关协会副秘书长郭惠民以体操比赛的规定动作和自选动作作为比喻，评价了中外公司："中资公司长于自选动作，个人行为的创意和策划。外资公司则精于规定动作，套路规范，操作精细，但也容易落入陈式化，缺少创意和新鲜感。"但是，郭惠民强调："专业公司取胜的首要条件是做好规定动作，只有每一项服务都有板有眼，一丝不苟，才能维系长期客户。"（资料来源：马力. 掀起公关业盖头. 中国经济时报，2000 年 3 月 2 日）

★　案例分析

目前，在国内开展业务的公共关系公司中，外资公司运作专业，资金雄厚、技术先进、善于与客户沟通；中资公司更了解本地的人文环境，而且费用低廉，与媒介和政府打交道的经验也更丰富。双方各有所长。而随着加入 WTO，中国逐步融入全球化的进程，中国公共关系行业的发展面临着改革开放以来的最好机会。外资公司的"本土化"倾向和中资的"规范化"运作趋势，就说明了经济全球化对于中国公关业的积极影响。

一方面，公关行业将会给那些既懂国际惯例又懂中国国情的人提供更广阔的用武之地，而外资公司的"本土化"，也体现出了这方面的变化趋势。所谓外资公司的"本土化"，多表现为国际公关公司内部管理层和员工的本地化。这个案例所提及的奥美中国公司的雇员构成状况就说明了这一点。

另一方面，更重要的是，随着中国经济和市场体制与国际接轨，以及大批外资涌入中国市场，中国公关业越来越期待规范化的市场运作。在这样的期待下，本土公司和外资公司的运作方式会越来越趋同，界限将越来越模糊，而作为一种结果，中国公共关系行业自身的发展也会越来越规范、健康。该案例中提及的中国国际公关协会的 1999 年度行业调查报告的结论，就体现出了中国公关行业在这方面的认识和要求。

★　案例思考

1. 中国未来公共关系发展趋势将呈现什么样的态势？
2. 如何将外资公关公司"本土化"？
3. 请结合实际谈一谈，外资公关公司和中资公关公司各自的优势和缺点？

案例二

“一个世界，一个地球”：全球无时差

——斯沃琪数位表新产品上市公关案例

★ 案例概述

一、项目背景

1999 年 7 月，瑞士钟表制造商斯沃琪公司(Swatch)面向中国互联网用户推出其最新产品系列——网络时间数位表。这种数位表拥有本地时间表、闹铃、计时码表、公元 2000 年倒计时天数(还可重设为其他重要日期倒计时)等基本功能，其中最独特的功能莫过于它能显示国际网络时间。

由斯沃琪公司和美国麻省理工学院教授联合开发的国际网络时间，旨在为网上电子邮件用户和聊天室用户提供的一种无时区、无地域界限的全球时间。随着全球人们不断接受先进科技，不同时区间的交流逐渐频繁，但是，告知对方跨越时区的时间却由此变得困难。国际网络时间的概念正是针对这种情形而提供的一种无时区界限的全球时间体系。

国际网络时间由数位组成，一天被分为 1000 个数位，每个数位相当于 1 分 24 秒。国际网络时间@000 时从瑞士斯沃琪公司总部所在地毕尔市午夜开始。@000 时相当于北京时间早晨 7：00。数位是全球统一的。

推出这种产品面临几大挑战：

（1）1998 年 10 月 23 日在瑞士毕尔市斯沃琪公司曾对这种产品进行过全球推广活动，但其新闻效应在媒体中的影响已消失；

（2）明确国际网络时间的功能及必要性；

（3）与网络使用普及率低于 5%的国家(中国)的公众进行交流与沟通；

（4）要在一个新闻活动中突出斯沃琪公司的时尚形象；

（5）要平衡对国际网络时间和斯沃琪数位表产品本身的宣传报道力度。

二、项目策划

首先以“创造国际网络时间——斯沃琪数位时间的知名度；创造斯沃琪数位表产品的知名度并促进其销售”为其公关目标。以年龄在 16～35 岁之间从事电脑行业、网络用户或追求时尚者为目标公众。制定了相应的公关策略：即以多种形式的媒体报道来促进人们对国际网络时间的了解；以令人激动的、高科技的新闻活动使产品形象、人们兴奋度与数位网络时间高科技概念相匹配。

三、项目实施

1．为了突显此次新闻活动的与众不同，同时为了配合多媒体短剧的演出效果，活动组织者在北京、广州、上海分别选择了当地最热门的、充满时尚气息并配有专业的舞台灯光、高品质的音响和超大屏幕或电视墙的迪斯科舞厅或酒吧来举办此次新闻活动。

2．短剧的编写和导演特别邀请当地电视台的专业编导来执行，而演员的挑选也是根据主题的需要在三地分别选了二位当地和二位外籍半专业的演员，演绎网络倾情和电话会议两个短剧。在剧中，四位演员在全球不同的国家，不论是通过网络聊天来约定见面时间，还是召开电视会议商讨新产品全球上市时间，都遇到了一个相同的问题，即时差。从而引出此次活动想要表达的主题：国际网络时间。

3．虽然预算有限，但为了配合短剧的演出，活动组织者特别运用电脑制作了多媒体的背景画面并配有不同场景的音乐，在演员演绎的同时烘托气氛并帮助人们理解剧情。把多媒体短剧作为此次新闻活动的开场白，在引人入胜的同时带出高科技的形象概念，这也是此次活动想要表达的另一个主题。

4．在新闻发布活动结束后，来自电脑行业媒体、时尚媒体和综合新闻媒体的记者们并没有匆匆离去，因为现场放置的多部 iMac 电脑和数位表样品，不仅可以让记者们随意上网浏览斯沃琪公司的网页了解更多国际网络时间的信息，还可以现场使用数位表以了解数位表更多的其他优秀功能。

5．电台、电视台和报刊的许多记者们还在活动后，采访了斯沃琪公司的代表，整个活动现场自始至终都处在兴奋的气氛之中。

四、项目评估

1．效果：创造国际网络时间——斯沃琪数位时间的知名度。

（1）截止到 1999 年 9 月 27 日，全国已有了 83 篇有关的新闻报道，受众超过 2 亿，五家电视台播出了短剧，四家电台播出有关报道；

（2）印刷媒体方面，有关国际网络时间的报道覆盖率达 85%；

（3）电子媒体方面，有关国际网络时间的报道覆盖率达 100%。

2．效果：创造斯沃琪数位表产品的知名度并促进其销售。

（1）在上面提及的印刷媒体报道覆盖率中，65%以大字标题对斯沃琪数位表进行了报道，其中 40%包括了一张彩色照片，另 15%含一张黑白照片；

（2）在没有任何广告支持的情况下，斯沃琪数位表后来在中国的销售量达到目标销售量的 110%。

★　案例分析

该案例在策划执行中面临诸多挑战：第一是斯沃琪公司曾对这种产品进行过全球推广

活动，其新闻效应在媒体中的影响已消失；第二是在当时网络使用普及率较低的中国推广网络时间数位表，而且还要突出斯沃琪公司的时尚形象。

策划者敢于迎接挑战，通过多媒体短剧的形式进行推广宣传，取得了较好的效果。在北京、广州、上海等地分别选择了最热门的迪斯科舞厅或酒吧举办新闻活动，紧紧抓住了目标公众，突出了斯沃琪表的时尚形象。

新产品在上市中，应注意以下问题：

（1）产品的卖点是什么？抓住新产品的卖点，通过各种公关活动，着力进行宣传，以产生有利于产品销售的良好舆论环境。

（2）正确把握产品定位。产品定位决定了目标消费者，只有正确把握好产品定位，才能对目标公众开展相应的公关推广活动。

★ 案例思考

1. 该案例在策划中面临的挑战有哪些？
2. 新产品在推广过程中应如何考虑？

案例三

红色冲击波——杭州中萃食品有限公司的CI导入

★ 案例概述

杭州中萃食品有限公司主要生产美国可口可乐公司的系列产品。销量以每年平均38%的速度增长，在杭州市场上产品覆盖率达93%，产品质量又连获美国可口可乐公司的质量大奖，可谓连创佳绩。开业仅5年多的杭州"中萃"，其产品形象和组织形象的成功塑造，主要借助于CI的战略思想。

（1）理念个性。"中萃"将其理解成一种组织观念和组织精神。"中萃"在开业初就制定了自己"开创一流组织，培养一流人才，提供一流服务"的经营宗旨，倡导"追求卓越，创造最佳"的组织精神。

（2）行为个性。"中萃"围绕着提高工作效率、培养一流人才这一观念，在尊重员工人生价值的基础上实行制度化管理。组织机构设置严谨，共设四个大部，其中经理、主任只设正职，不设副职，每个人都有明确的岗位责任，并在制度上鼓励充分发挥各自的聪明才智和主观能动性，鼓励创新。在对外交往中，对客户、消费者等公众有礼貌、热情、负责，使人们直接感受到"中萃"优质的服务及良好的风范。"中萃"的每一位员工，上岗前均需经严格培训，其中，待人接物、言谈举止等方面的文明规范是一个重要内容。最简单的例子是：不论何人何时，只要一接通"中萃"的电话听到的必定是一句亲切的话语："你好！中萃"，内部电话之间也是"你好"，而不是"喂"。积极关心和参与社会公益活动，是"中萃"在行为个性方面的一大特色。"中萃"赞助教育、艺术、文化、体育及各种社会公益事业总金额达500余万元，如设立杭州青年教师奖；对希望工程、京昆艺术剧院等，公司在人力和财力上给予了鼎立支持。"开放式工厂"也是"中萃"形象塑造的一大特点。公司专门设有一条透过大玻璃窗能看见生产流水线全过程的"参观走廊"，并有专人接待讲解，主动邀请消费者前来参观，并为各大中学生提供社会实践课堂。几年来已经接待参观者35 000人次。

（3）视觉个性。统一的标志、色彩、字体不仅给人以整体、系统、集团化的感觉，同时对人的视觉又是重复强化的刺激，起到增强记忆的效果。如何实现组织视觉形象与产品视觉形象的有机统一，"中萃"几年来进行了实践和探索。

可口可乐至今已有109年历史，全世界187个国家都有可口可乐装瓶厂。可口可乐公司创造了一个全球统一的包装系统设计，品牌标志的核心基本元素为红底白字及一条穿越字体的动力弧线。在尽力保持传统风格的基础上，融入现代审美观念，公司最新设计了"Coke"的标志，新的"Coke"和"Coca Cola"标志更加和谐配合，迎合潮流。由于可口可乐公司已经有了统一的标志，并明确规定了它在各种不同场合的使用方法，所以“中萃”所要做的就是如何最大限度地使这一统一标志的效果发挥得淋漓尽致以及设计确定“杭州中萃食品有限公司”这一组织标志，并使两者统一起来。“中萃”取意于“Best of China”，“中萃”确定了本公司的标志为“BC”。“中萃”的 70 余辆送货车几乎都是红色的，因为红色是可口可乐的基本色，也是“中萃”的基本色。车上图案的字形、大小、位置等都有明确规定，使得哪怕是不识字的小孩也能一眼就认出这是“中萃”的车辆。“中萃”的购物场所布置也是红色的，红色的冰柜、水柜、现调机，红色的遮阳棚、立体模型，甚至在市区主要街道的会员商店，整个店面也是红色布置，犹如一道“红色冲击波”。

★ 案例分析

（1）此案例充分反映了 CIS 战略在组织形象设计和塑造上的重要作用。良好的组织形象是组织巨大的无形财富，能够提高组织的竞争能力，为组织赢得公众的支持，使其产品拥有稳定而广泛的市场。而良好组织形象的设计和塑造，需要借助于 CIS 战略。

（2）杭州中萃食品有限公司产品形象和组织形象塑造的成功，主要是由于其正确实施了 CIS 战略。

首先，杭州中萃食品有限公司制定了自己“开创一流组织，培养一流人才，提供一流服务”的经营宗旨，倡导“追求卓越，创造最佳”的组织精神等深入人心的个性化理念，为企业发展指明了方向，成为全体员工工作的动力。

其次，通过制定一系列严格的行为规范和管理制度，使公司的理念在每一个员工的工作中得到体现，并通过举行各种公益活动，开展社会服务，创造了良好的社会效益，使组织理念深入人心，赢得了广泛的社会赞誉，极大的提高了组织形象。

最后，在保持可口可乐传统视觉设计的基础上，又创造出与“杭州中萃食品有限公司”名称相统一的公司标志“BC”，给了公众强烈的视觉刺激，达到了良好的传播效果。最终在市场上形成了一道“红色的冲击波”。

★ 案例思考

1. 企业导入 CI 系统有什么重要意义？
2. 中萃 CI 的战略思想有哪些内容？

案例四

假如我是广州市长

★　案例概述

广州市委、市政府先后举办过直接为市长作参谋的“假如我是广州市长”征文活动（后定名为“市长参谋活动”），为政府职能部门出谋献策的“房改方案千家谈”、“菜篮子工程千家谈”等“千家谈系列活动”，讨论广州市风和广州人精神的“羊城新风传万家”和“羊城居委新形象”等大型公众活动等，运用报纸、杂志、广播、电视等媒介，动员了成千上万的市民参政议政，各抒己见，都收到了良好的社会效果，增强了政府与市民间的凝聚力。

试运用公共关系学中的相关知识分析评点这一案例。

★　案例分析

（1）此案例反映了政府公共关系中拓宽社会沟通渠道，吸引公众参政议政的问题。政府公关工作要尽可能争取公众的了解，这就需要加强政府自身的传播工作，提高政府的透明度，满足公众的知情权。各种大众传播媒介为社会沟通提供了广泛的参与方式，围绕公众关心的热点问题动员公众献计献策，集思广益，这也是政府公共关系的一种形式。

（2）广州市委、市政府通过举办“假如我是广州市长”征文活动，动员成千上万的市民参政议政，收到了良好的社会效果，这充分说明了政府与公众双向沟通的重要性，说明了公众参政议政活动在政府公关活动中的作用。因此，在开展政府公关活动时，应积极开拓公众参与性强的社会沟通渠道，让公众的意见能够充分地表达出来，为政府制定政策提供依据。开拓公众参与性强的社会沟通渠道，还有利于形成生动活泼、稳定和谐的政治局面与社会秩序。由此可见，政府公关工作就应该开辟一系列公众议政、参政的社会渠道。

★　案例思考

1. 政府机关怎样才能洞察民情？
2. 政府公关有哪些优势？

案例五

1036——传情五环

★ 案例概述

广东电台“城市之声”员工为台庆五周年设计了一个方案：立足将城市之声五周年台庆与申办奥运活动相结合，通过电子传播媒介，传达“城市人盼奥运”的城市之声电台的时代强音，并把这一理念传遍全世界。

围绕“一首歌曲——五个‘1036’系列活动”策划主题进行城市之声五周年台庆活动。一首歌曲即是以都市人热心申奥为主题，在活动中它将作为一条主线贯穿整个台庆活动始终。五个“1036”意指与主题有关的五个系列活动：1036 个五岁的孩子亲手画制的图画；1036 米长的都市人亲笔签名横幅；1036 个市民支持申奥的声音；1036 封孩子亲手寄出的信；1036 张录有主题歌的 CD 光盘。这些活动的实施与网络活动相结合，从而扩大影响与传播范围。

★ 案例分析

（1）公共关系的产生需要四个方面的条件，即文化心理条件、社会政治条件、经济条件和物质条件，这四个条件缺一不可。而公关活动就是组织与公众之间的传播沟通行为，传播沟通需要媒介，如广播、电视等如果没有这些大众媒介，公关活动也就无法开展。广东电台“城市之声”员工通过电子传播媒介把“城市人盼奥运”这一理念传遍全世界，这一公共活动恰好说明了媒介对于公关活动的重要性。电子技术的进步，广播、电视等电子传播媒介的普及，拉近了我们与世界的距离，使信息能够在短时间内及时向全世界传播，从而使公关活动的影响范围扩大。如果没有电子媒介，广东电台的这一公关活动也就不可能实施。

（2）“城市之声”利用电子传播媒介，将五周年台庆与中国申奥活动相结合，其着眼点就是向市民展现“城市之声”作为都市有声传媒在申奥方面做出的努力，从而展现“城市之声”独特的魅力、鲜明的形象，提高广东电台在公众中的形象地位，为“城市之声”的进一步发展拓展宽阔的道路。

★ 案例思考

1. 媒体开展公共关系的优势是怎样的？
2. 从公关的角度来看，广东电台这次活动有何意义？

案例六

周恩来的人格魅力赢得中国外交

★　案例概述

周恩来不仅有自己系统的外交思想，而且在长期外交实践中形成了自己颇具特色的外交风格，特别是他的人格魅力，也成为新中国外交的一种无形的资产和鲜明的有影响力的旗帜。

周恩来的外交风格可以概括为如下方面：原则坚定、策略灵活、实事求是、调查研究、光明磊落、说话算数、团结多数、广交朋友、平等协商、以理服人。也有人把他的外交风格作了如下概括：高瞻远瞩、首创精神、平等协商、求同存异、坚持原则、以理服人、光明磊落、言行一致、调查研究、多谋善断、广交朋友、热情真诚、洞察形势、真知灼见、豁达大度、放眼前程等。还有人把周恩来的外交风格归纳为：服人以理，待友以诚，立言以信。无论对周恩来的外交风格怎样概括，从他的实际表现中可以看出，以下的特色是十分鲜明的。

第一，高度的原则性。这是所有研究者一致公认的。他在外交过程中对于中国应该支持什么、应该反对什么，从来态度鲜明，这使外界乃至整个世界对中国的立场不会产生任何误解，而他关于反对殖民主义、反对霸权的立场，给世界留下了极为深刻的印象。

第二，不卑不亢的态度。在众多的外交场合中，作为一个泱泱大国的领导者，他既自尊、自信，又谦虚自处、平等待人的风格，为中国赢得了广泛的赞誉，被称为是“没有大国架子的大国风度”的人。

第三，“言必信、行必果”的言行一致作风。周恩来时时用这些古训告诫自己，因而在国际上被称为可以认真与之打交道的人。周恩来这种言行一致的作风不仅在国际舞台上增加了中国发言的分量，而且为中国争取更多的可以信赖的伙伴扩大了基础。

第四，平等协商、平等待人的特点。纵观其外交生涯可以看出，周恩来一贯倡导和坚持平等协商的原则。凡是双方或多方的共同的事情，他考虑到各国制度不同，思考问题的方式不同，认为只有在双方自愿和同意的情况下才能求得问题的解决，其办法，只有平等协商，而不能仗势凌人。他在对外交往中，总是以平易近人、和蔼可亲的态度与对方平等协商。可以说，正是由于他的这种态度，为我们新中国赢得了更多的朋友和可以信赖的合作伙伴。

人们对于周恩来个人的人格魅力和风采无不给以充分的肯定和高度的评价，认为他的音容笑貌，举手投足，一言一行，都能给对方留下极为深刻的印象，不仅受到中国人民而且受到世界各国政要和人民的由衷的钦佩和高度的赞扬，表现出了一个大国领导人的魅力和风采。对于这些，我们只要看一看 1998 年发行的《周恩来与中国外交风云》的电视纪录片，就可以充分领略到周恩来的魅力和风采，他不仅使我们中国人而且使所有的东方人都为之感到自豪。

1963年周恩来总理在访问非洲国家时，曾应邀顺访突尼斯。在对方举行的宴会上，由突尼斯总统布尔吉巴致辞，在讲述双方的友好之后，他突然公开批评起中国的某些政策来，使席间的气氛骤然紧张起来。按照外交惯例，这种行为是一种不友好的做法。但是，周恩来总理既没有离场也没有抗议，而是不动声色地注意听下去。因为他很了解布尔吉巴总统为人的特点，也考虑到他们可能是因为某些原因而这样做。周恩来总理当时所想的是，既然他请我们来，本意是要发展同中国的友好关系。故周恩来总理在随后的致辞中，一方面强调中国是爱好和平、为世界和平而努力的国家，另一方面又借刚才布尔吉巴总统的发言说，我们两国之间并不是在所有问题上都意见一致，但这种不一致并不妨碍我们两国间建立友好关系，并不妨碍我们为共同的和平目标而努力。周恩来总理的讲话不卑不亢，既强调了双方的共同点，肯定了与对方发展友好关系的目的，同时也承认我们双方之间存在分歧，但这种分歧在争取世界和平和友好的前提下能够获得解决。会议气氛一下子缓和下来，布尔吉巴总统也很受感动，因为他感到，周恩来总理在这种场合下，不仅没有去批判他的讲话，反而能够听取不同的意见，能够充分肯定他的积极方面，实在是有大国总理的气度。随后在友好气氛下，第二天的会谈进行得很顺利，很快取得共识，在会谈结束后所发表的联合公报中，两国宣布正式建立外交关系。

★ 案例分析

新中国成立后，年轻的共和国面临着国际生存空间的威胁，周恩来同志利用他娴熟的外交技巧和个人的人格魅力，在全世界范围内广交朋友，特别是他的平易近人、优雅的谈吐、得体的举止、他的音容笑貌、举手投足、一言一行，都能给对方留下极为深刻的印象，不仅受到中国人民而且受到世界各国政要和人民的由衷的钦佩和高度的赞扬，表现出了一个大国领导人的魅力和风采，而且也令当时的敌对国家的政要钦佩和高度称赞。

★ 案例思考

如何利用社会组织领导个人的魅力开展公共关系？

案例七

谁来做决定?

★　案例概述

佩佩年轻干练、活泼开朗，入行不几年，职位“噌噌”地往上升，很快成为单位里的主力干将。几天前，新老板走马上任，下车伊始，就把佩佩叫了过去：“佩佩，你经验丰富，能力又强，这里有个新项目，你就多费心盯一盯吧！”

受到新老板的重用，佩佩欢欣鼓舞。恰好这天要去上海某周边城市谈判，佩佩一合计，一行好几个人，坐公交车不方便，人也受累，会影响谈判效果；打车吧，一辆坐不下，两辆费用又太高；还是包一辆车好，经济又实惠。

主意定了，佩佩却没有直接去办理。几年的职场生涯让她懂得，遇事向老板汇报一声是绝对必要的。于是，佩佩来到老板跟前。

“老板，您看，我们今天要出去，”佩佩把几种方案的利弊分析了一番，接着说：“所以呢，我决定包一辆车去！”汇报完毕，佩佩发现老板的脸不知道什么时候黑了下来。他生硬地说：“是吗？可是我认为这个方案不太好，你们还是买票坐长途车去吧！”佩佩愣住了，她万万没想到，一个如此合情合理的建议竟然被打了“回票”。

“没道理呀，傻瓜都能看出来我的方案是最佳的？”佩佩大惑不解。

★　案例分析

佩佩凡事多向老板汇报的意识是很可贵的，错就错在措辞不当。注意，佩佩说的是：“我决定包一辆车！”在老板面前，说“我决定如何如何”是最犯忌讳的。

如果佩佩能这样说：“老板，现在我们有三个选择，各有利弊。我个人认为包车比较可行，但我做不了主，您经验丰富，帮我做个决定行吗？”老板听到这样的话，绝对会做个顺水人情，答应你的请求，这样岂不两全其美？

★　案例思考

为什么佩佩的方案没有被采纳?

附录二　公关员国家职业标准（新版摘编）

一、职业及职业鉴定

（一）职业名称： 公关员。

（二）职业定义： 从事组织机构信息传播、关系协调与形象管理事务的调研、策划、实施和评估以及咨询服务的从业人员。

（三）职业等级： 职业共设五个等级，分别为初级公关员（国家职业资格五级）、中级公关员（国家职业资格四级）、高级公关员（国家职业资格三级）、公关师（国家职业资格二级）和高级公关师（国家职业资格一级）。

（四）职业能力特征： 具有一定的分析、推理、判断、表达、交流和运算能力，学习能力强，形体知觉好。

（五）鉴定要求： 准备从事本职业工作的人员，以及正在从事本职业工作的专业人员。

（六）申报条件：

1．初级公关员（具备下列条件之一者）

（1）经本职业初级公关员正规培训达规定标准学时数，并取得合格证书。

（2）连续从事本职业或相关职业（新闻、广告、营销、管理、秘书）2 年以上。

(3) 取得经劳动保障行政部门审核认定的，中等以上职业学校公共关系或相关专业（新闻、广告、营销、管理、秘书）毕业证书。

2．中级公关员（具备下列条件之一者）

（1）取得本职业初级公关员职业资格证书后，连续从事本职业或相关工作（新闻、广告、营销、管理、秘书）2 年以上，经本职业中级公关员正规培训达规定标准学时数，并取得合格证书。

（2）取得本职业初级公关员职业资格证书后，连续从事本职业或相关工作（新闻、广告、营销、管理、秘书）3 年以上。

（3）具有公共关系专业或相关专业（新闻、广告、营销、管理、秘书）大学专科以上学历，并从事本职业工作 1 年以上。

3．高级公关员（具备下列条件之一者）

（1）取得本职业中级公关员职业资格证书后，连续从事本职业或相关工作（新闻、广告、营销、管理、秘书）2 年以上，经本职业高级公关员正规培训达规定标准学时数，并取得合格证书。

（2）取得本职业中级公关员职业资格证书后，连续从事本职业工作 3 年以上。

（3）具有大学本科学历，并连续从事本职业或相关工作（新闻、广告、营销、管理、秘书）2 年以上。

（4）具有公共关系本科学历，并从事本职业工作 1 年以上。

4．公关师（具备下列条件之一者）

（1）取得本职业高级公关员职业资格证书后，连续从事本职业工作 4 年以上，经本职业公关师正规培训达规定标准学时数，并取得合格证书。

（2）取得本职业高级公关员职业资格证书后，连续从事本职业工作 5 年以上。

（3）具有公共关系本科学历并连续从事本职业工作 5 年以上，或具有大学本科学历并连续从事相关工作（新闻、广告、营销、管理）6 年以上。

（4）具有公共关系（方向）硕士以及 MBA、MPA 学位并从事本职业或相关工作（新闻、广告、营销、管理）1 年以上。

5．高级公关师（具备下列条件之一者）

（1）取得本职业公关师职业资格证书后，连续从事本职业工作 5 年以上，经本职业高级公关师正规培训达规定标准学时数，并取得合格证书。

（2）取得本职业公关师职业资格证书后，连续从事本职业工作 6 年以上。

（3）具有公共关系本科学历并连续从事本职业工作 10 年以上，或具有相关专业（新闻、广告、营销、管理）本科学历并连续从事本职业工作 12 年以上。

（4）具有公共关系硕士（方向）及以上学历或 MBA、MPA 学位并连续从事本职业工作 5 年以上。

（5）具有大学本科学历，职业表现突出者或担任本职业高级管理职务（总经理或总监以上职务），为职业发展和行业建设做出重大贡献的资深专业人士，须由国家职业资格工作委员会公关专业委员会两名委员推荐。

（七）鉴定方式：分为理论知识（含职业道德）和技能操作考核两种方式。理论知识考试采用闭卷笔试方式，技能操作考核：公关员采用闭卷技能笔试方式；公关师、高级公关师采用现场实际操作方式。理论知识考试和技能操作考核均采用百分制，皆达 60 分以上者为合格。公关师和高级公关师还须进行专业评审，具体如下：

1．公关师：

（1）需提交一份专业技术报告（涉及本职业的、能反映专业能力的项目建议书、研究/开发成果或论文等，并需附上由两位公共关系或相关专业副高级专业技术职务任职资格及以上职称或已获得高级公关师资格两年以上的专家意见书）；

（2）由评审委员会对其所提交的专业技术报告和现场答辩进行审核和评判。

2．高级公关师：

（1）需提交一份专业技术报告（涉及本职业的、能反映专业能力的项目建议书、研究/开发成果或论文等，并需附上由两位公共关系或相关专业正高级专业技术职务任职资格或已获得高级公关师资格三年以上的专家意见书）；

（2）由评审委员会对所提交的专业技术报告和现场答辩进行审核和评判。

（八）鉴定时间：公关员各等级的理论知识考试（包括职业道德考试）时间为 90 分钟。公关员各等级技能考核时间为 120 分钟。

公关师理论知识考核（包括职业道德考试）时间为 90 分钟，技能操作考试时间为 90 分钟，专业评审时间为 30 分钟。

高级公关师理论考试（包括职业道德考试）时间为 90 分钟，技能操作考试时间为 60 分钟；专业评审时间为 60 分钟。

二、基本要求

（一）职业道德

1．职业道德基本知识

2．职业守则

（1）奉公守法，遵守公德；

（2）敬业爱岗，忠于职责；

（3）坚持原则，处事公正；

（4）求真务实，高效勤奋；

（5）顾全大局，严守机密；

（6）维护信誉，诚实有信；

（7）服务公众，贡献社会；

（8）精研业务，锐意创新。

（二）基础知识

1．公共关系基础理论

（1）公共关系的含义。

（2）公共关系的要素。

（3）公共关系的职能。

（4）公共关系的工作程序及其原则。

2．公共关系的发展简史

（1）中国公共关系的发展简史和现状。

（2）国际公共关系发展史。

3．公共关系职业道德规范

（1）公共关系职业道德规范的形成过程。

（2）公共关系职业道德规范的内容和基本要求。

4．相关法律、法规知识

（1）合同法的相关知识。

（2）反不正当竞争法的相关知识。

（3）消费者权益保护法的相关知识。

（4）涉外经济法的相关知识。

（5）广告法的相关知识。

（6）知识产权法的相关知识。

（7）著作权法的相关知识。

（8）劳动法的相关知识。

（9）国家有关新闻出版、信息传播等方面的法规。

三、工作要求

本教程只摘编了初级公关员、中级公关员的工作要求，其他级别的要求请查阅劳动与社会保障部颁布的《公关员国家职业标准》。标准对初、中、高级公关员和公关师、高级公关师的技能要求依次递进，高级别涵盖低级别的要求。

（一）初级公关员

职业功能	工作内容	能力要求	相关知识
沟通协调	接待联络	1. 能按礼仪规范进行接待活动 2. 能答复电话问询 3. 能起草贺信、贺电、请柬	1. 日常礼仪的基本内容和要求 2. 接待来访的程序和基本要求 3. 社交礼仪文书的类型和文体
	演讲介绍	1. 能准备组织演讲材料 2. 能简述组织基本情况	1. 演讲的类型和功能 2. 演讲的基本要求
	公众关系处理	1. 能处理简单问询 2. 能进行事务性联系	1. 公众关系协调原则 2. 公众关系协调的一般方法
信息传播	媒介联络	1. 能准备媒介联络资料 2. 能收集、整理、制作新闻剪报	1. 与媒介交往的原则和方法 2. 新闻剪报的基本要求
	新闻发布	1. 能准备有关新闻资料 2. 能联络新闻发布会场事宜	1. 新闻发布的程序 2. 与新闻发布有关的礼仪要求

（续表）

职业功能	工作内容	能力要求	相关知识
调查评估	方案准备	1. 能准备调查和评估所需资料 2. 能承担调查的联络工作	1. 调查的目的和意义 2. 调查的基本程序
	方案实施	1. 能进行一般性文献调查 2. 能进行问卷的发放与收集	文献调查法的步骤与技巧
	数据统计	能对调查数据进行简单的统计和整理	数据统计的简单方法
活动管理	策划准备	1. 能准备策划所需资料 2. 能安排策划会议	1. 专题活动的类型、特点 2. 专题活动策划的一般程序
	活动实施	1. 能联络活动现场 2. 能绘制活动场地布置图 3. 能使用投影仪、幻灯机、照相机和摄像机	1. 会场布置的基本知识 2. 印刷品的一般制作过程 3. 投影仪、幻灯机等设备知识

（二）中级公关员

职业功能	工作内容	能力要求	相关知识
沟通协调	接待联络	1. 能按礼仪规范进行中外接待 2. 能撰写社交公关文书	1. 中外礼仪的基本内容和要求 2. 社交文书的类型和写作要求
	演讲介绍	1. 能介绍组织的历史和现状 2. 能组织小型演讲活动	1. 演讲的基本技巧 2. 演讲活动的程序
	公众关系处理	1. 能处理日常公众问询 2. 能与主要公众进行信息沟通 3. 能安排领导与公众进行沟通	公众关系协调的主要方法和基本要求
信息传播	媒介联络	1. 能进行媒体联络 2. 能安排记者采访 3. 能追踪监测采访结果	1. 记者职业特点 2. 新闻传播的基本程序 3. 新闻追踪和监测的基本要求
	新闻发布	1. 能检查发布资料的准备情况 2. 能接待现场媒体采访活动	新闻发布的性质、特点
	宣传稿编写	1. 能撰写新闻通讯稿 2. 能编写组织内部刊物 3. 能编写组织对外宣传册	1. 新闻稿的类型和撰写要求 2. 新闻编写的基本要求 3. 公众的特点和心理需求

（续表）

职业功能	工作内容	能力要求	相关知识
调查评估	方案准备	1. 能提供与调查相关的背景资料 2. 能起草小型调查方案	1. 小型调查的基本程序 2. 调查方案的写作要求
	方案设计	1. 能设计小型观察调查提纲 2. 能设计小型访谈提纲 3. 能设计媒介文献调查方案	1. 调查方法的类型与特点 2. 调查方法的运用及其原则 3. 调查问卷文案写作知识
	方案实施	1. 能用观察法进行调查 2. 能用访谈法进行调查 3. 能进行各种媒介的文献调查	1. 观察调查法的步骤与技巧 2. 访谈调查法的步骤与技巧
	统计分析	1. 能对调查数据进行统计分析 2. 能编制调查评估图表	1. 常用的数据统计的方法 2. 调查评估分析的原则和方法
专题活动	活动策划	1. 能制定简单策划方案 2. 能编制行动方案和时间表	1. 专题活动目标和主题的确定 2. 策划构思的方法
	活动实施	1. 能按要求执行活动方案 2. 能收集活动物品市场信息	1. 音像宣传品制作的有关知识 2. 活动物品的市场信息
危机处理	舆论监测	1. 能监测媒体负面报道 2. 能监测公众关系中的消极信息	1. 危机管理的基本概念 2. 危机处理的程序和技巧
	危机传播	1. 能应对日常公众投诉 2. 能准备危机传播材料	1. 危机传播管理的原则 2. 危机处理中的新闻发布要点

附录三　推 荐 阅 读

1．贺红扬. 我在美国做公关：美国公关职场实战策略解析. 清华大学出版社，2004
2．[美]阿尔・里斯，劳拉・里斯著，罗汉，虞琦译. 公共关系第一，广告第二. 上海人民出版社，2004
3．[英]桑德拉•奥立佛著，李志宏译. 战略公关. 科学普及出版社，2004
4．[美]斯蒂芬・M・波伦，马克・莱文. 职场沟通艺术. 中信出版社，2003
5．董耀会，俞健红. 卡耐基成功处世艺术. 中国经济出版社，2004
6．Fraser P. Seitel. 公共关系实务（第8版）. 清华大学书版社，2001
7．[英]萨姆•布莱克. 公共关系学新论. 复旦大学出版社，2000
8．姚惠忠. 公共关系理论与实务. 北京大学出版社，2004
9．陈向阳. 公关顾问专业指南. 安徽人民出版社，2004
10．公关咨询业服务规范（指导意见）
11．中国国际公共关系协会会员行为准则
12．广告宣传精神文明自律规则、广告行业公平竞争自律守则

附录四　部分公共关系网站地址

1．中国公关网　www.chinapr.com.cn
2．中国国际公共关系协会　www.cipra.org.cn
3．上海市公共关系协会　www.chspra.com
4．中国环球公共关系公司　www.cgpr.com
5．蓝色光标公共关系机构　www.bluefocus.com
6．卓越营销公关顾问有限公司　www.etati.com
7．奥美公关　www.ogilvy.com.cn
8．北京斯曼公关顾问有限责任公司　www.smartpr-consulting.com
9．策动（国际）公关　www.incite.com.cn
10．北京势能咨询有限公司　www.popower.com.cn
11．美国公关协会(PRSA)　www.prsa.org
12．埃德曼公关　www.edelman.com
13．《国际公关》杂志社　www.prmagazine.com.cn
14．《传播》杂志　www.comon.cn
15．嘉利公关顾问公司　www.mrgc.com.cn
16．罗德公关公司　www.ruderfinn.com
17．帕格索斯传播机构　www.realpegasus.com
18．迪思传播集团　www.dsconsulting.com.cn
19．情报官世界　www.cioworld.net

参 考 文 献

[1] 许成钦．公共关系实务［M］．华中科技大学出版社，2004.

[2] 万力．国际公关策划［M］．民主与建设出版社，2002.

[3] 吴勤堂．公共关系学［M］．武汉大学出版社，2004.

[4] 林祖华．公共关系学［M］．中国时代经济出版社，2005.

[5] 熊源伟．公共关系学［M］．安徽人民出版社，2003.

[6] 沉志屏．策划管理空间——公关新论［M］．辽宁人民出版社，1999.

[7] 李兴国．公共关系实用教程［M］．高等教育出版社，2000.

[8] 廖为建．公共关系学［M］．高等教育出版社，2000.

[9] 舒咏平．公关托出名牌［M］．武汉大学出版社，1999.

[10] 郭惠民．国际公共关系教程［M］．复旦大学出版社，1996.

[11] 王珑．公共关系原理与实务［M］．重庆大学出版社，2004.

[12] 黄昌年．公共关系学［M］．上海交通大学出版社，2003.

[13] 廖为建等．公共关系学［M］．经济科学出版社，2002.

[14] 斯各特·卡特里普，艾伦·森特．公共关系教程（第8版）［M］．华夏出版社，2001.

[15]〔美〕桑德拉·黑贝尔斯，理查德·威沃二世．有效沟通（第7版）［M］．华夏出版社，2005.

[16]〔美〕斯蒂芬·M·波伦，马克·莱文．职场沟通艺术［M］．中信出版社，2003.

[17] 董耀会，俞健红．卡耐基成功处世艺术［M］．中国经济出版社，2004.

[18] 李平亚、仝德稷．公关实战精要［M］．中国经济出版社，2005.

[19]王刚．把握好为人的艺术与处世学问［M］．中国三峡出版社，2003.